CIUG

中国城市治理研究院

城市治理理论与实践丛书
中国城市治理研究系列

总主编 姜斯宪

陈 文 谷志军 等 著

奇迹城市
——深圳城市治理40年

上海交通大学出版社
SHANGHAI JIAO TONG UNIVERSITY PRESS

内容提要

深圳是中国改革开放的"窗口"和"试验田"。在改革开放 40 年间，深圳发生了历史巨变，创造了世界城市发展史上举世瞩目的奇迹。深圳作为中国改革开放的排头兵和先行区，在城市治理方面具有"问题先遇、探索先行、经验先出"等突出特点。本书系统梳理了深圳在改革开放 40 年进程中城市治理的经验和问题，主要从基层党建、经济发展、行政改革、法治建设、文化发展、社会治理、城管执法、流动人口管理、城中村治理等方面进行了深入全面的研究。

作为一部纪念中国改革开放 40 年的学术著作，可供政府机关、企事业单位、研究机构以及广大市民朋友参阅。

图书在版编目（CIP）数据

奇迹城市：深圳城市治理40年 / 陈文等著 . 一上海：上海交通大学出版社，2019 (2022重印)
ISBN 978-7-313-20635-0

Ⅰ.① 奇⋯　Ⅱ.① 陈⋯　Ⅲ.① 城市管理—研究—深圳
Ⅳ.① F299.276.53

中国版本图书馆CIP数据核字（2018）第 272093 号

奇迹城市：深圳城市治理40年

著　　者：陈　文　等
出版发行：上海交通大学出版社　　　　　地　　址：上海市番禺路951号
邮政编码：200030　　　　　　　　　　　电　　话：021-64071208
印　　制：苏州市古得堡数码印刷有限公司　经　　销：全国新华书店
开　　本：710mm×1000mm　1/16　　　印　　张：21.25
字　　数：308千字
版　　次：2019年8月第1版　　　　　　　印　　次：2022年6月第3次印刷
书　　号：ISBN 978-7-313-20635-0
定　　价：85.00元

"中国城市治理研究系列"
编委会

"城市治理理论与实践丛书" 序

    城市是人类最伟大的创造之一。从古希腊的城邦和中国龙山文化时期的城堡，到当今遍布世界各地的现代化大都市，以及连绵成片的巨大城市群，城市逐渐成为人类文明的重要空间载体，其发展也成为人类文明进步的主要引擎。

    21世纪是城市的世纪。据统计，目前全球超过一半的人口居住在城市中。联合国人居署发布的《2016世界城市状况报告》指出，排名前600位的主要城市中居住着五分之一的世界人口，对全球GDP的贡献高达60%。改革开放以来，中国的城镇化率也稳步提升。2011年首次突破50%，2017年已经超过58%，预计2020年将达到60%。2015年12月召开的中央城市工作会议更是明确提出："城市是我国经济、政治、文化、社会等方面活动的中心，在党和国家工作全局中具有举足轻重的地位。"

    城市，让生活更美好！而美好的城市生活，离不开卓越的城市治理。全球的城市化进程带动了人口和资源的聚集，形成了高度分工基础上的比较优势，给人类社会带来了灿烂的物质和精神文明。但近年来，人口膨胀、环境污染、交通拥堵、资源紧张、安全缺失与贫富分化等问题集中爆发，制约城市健康发展，困扰着政府与民众，日益成为城市治理中的焦点和难点。无论是推进城市的进一步发展，还是化解迫在眉睫的城市病，都呼唤着更好的城市治理。对此，党和国家审时度势、高屋建瓴，做出了科学的安排和部署。2015年11月，习近平总书记主持召开中央财经领导小组第十一次会议时就曾指出："做好城市工作，首先要认识、尊重、顺应城市发展规律，端正城市发展指导思想。"中央城市工作会议则进一步强调："转变城市发展方式，完善城市治理体系，提高城市治理能力，着力解决城市病等突出问题，不断提升城市环境质量、人民生活质量、城市竞争力，建设和谐宜居、富有活力、各具特色的现代化城市，提高新型城镇化水平，走出一条中国特色城市发展道路。"

卓越的城市治理，不仅仅需要政府、社会、企业与民众广泛参与和深度合作，更亟须高等院校组织跨学科、跨领域以及跨国界的各类专家学者深度协同参与。特别是在信息爆炸、分工细化的当今时代，高等院校的这一角色显得尤为重要。在此背景下，上海交通大学决定依托其在城市治理方面所拥有的软硬结合的多学科优势，全面整合校内外资源创办中国城市治理研究院。2016年10月30日，在上海市人民政府的支持下，由上海交通大学和上海市人民政府发展研究中心合作建设的中国城市治理研究院在2016全球城市论坛上揭牌成立。中国城市治理研究院的成立，旨在推动城市治理研究常态化，其目标是建成国际一流中国特色新型智库、优秀人才汇聚培养基地和高端国际交流合作平台。

一流新型智库需要一流的学术影响力，高端系列研究著作是形成一流学术影响力的重要举措。因此，上海交通大学中国城市治理研究院决定推出"城市治理理论与实践丛书"，旨在打造一套符合国际惯例，体现中国特色、中国风格、中国气派的书系。本套丛书将全面梳理和总结城市治理的重要理论，以中国城市化和城市治理的实践为基础，提出具有中国特色的本土性、原创性和指导性理论体系；深度总结及积极推广上海和其他地区城市治理的先进经验，讲好"中国故事"，唱响"中国声音"，为全球城市治理贡献中国范本。

相信"城市治理理论与实践丛书"的推出，将有助于进一步推动城市治理研究，为解决城市治理中的难题、应对城市治理中的挑战提供更多的智慧！

上海交通大学党委书记
上海交通大学中国城市治理研究院院长

"中国城市治理研究系列" 序

　　农业社会的田园牧歌已经渐行渐远，当今世界是一个以城市为中心的世界。城市是政治、经济和文化的主要载体，是社会网络体系的重要节点。城市的发展和进步，直接关系到国家和社会的发展。作为现代文明的标志性成果，城市推动了人类文明的持续进步，也是现代国家治理的中心所在。如何提高城市治理的水平，实现可持续的城市发展，更好地发挥城市在引领经济和社会发展过程中的作用，让城市管理更加卓越，让城市变得更加美好，已经成为世界各国政府都高度重视的问题。

　　弹指一挥间，从1978年改革开放至今，已有40个年头。40年风云激荡，中国的城镇化率从改革开放前的不足20%，持续迅速发展到今天的60%左右，越来越多的人走出农村，聚集在城市中，享受城市发展所带来的现代化文明成果，享受便捷和舒适的城市生活，但也深受各种城市病的困扰。40年来，伴随着工业化的进程，中国城镇化的快速发展给政治、经济、社会、文化和生态等各个领域都带来了意义深远的影响，构建了中国特色的城镇化发展道路，也探索形成了中国特色的城市治理经验。

　　中国是大国，也是文明古国。从传统意义上来说，中国的"大"，不仅仅是指疆域辽阔，也意指人口众多。这样一个大国的快速城镇化，面临着一元与多元、集权与分权、效率与公平、发展与稳定等关系的多重挑战。而对于一个文明古国的快速现代化来说，遇到的则是从伦理社会转向功利社会、从熟人社会转向陌生人社会、从超稳定社会转向风险社会等方面的重大难题。不管是大国的城镇化，还是文明古国的现代化，在高速发展的时代背景下，必然经历着社会转型与改革发展的阵痛，这也对中国的城市治理施加了更大的压力,提出了更高的要求与期待。

近年来,随着城市的重要性日益凸显,党和政府逐渐将工作重心转移到城市治理上来,正在实现从"重建设"到"重管理"的重要转变,先后多次召开高层次的城市工作会议,提出了城市治理的方略和部署,形成了推进城市治理的新契机。为深入贯彻习近平总书记在哲学社会科学工作座谈会上的重要讲话,落实十九大的重要精神,推进中国城市治理体系与治理能力现代化,上海交通大学中国城市治理研究院邀请国内外相关领域的专家学者,组织撰写了"中国城市治理研究系列"著作。

本书系立足于中国改革开放40年的伟大探索,紧扣当代中国社会转型和大国治理的特殊国情,聚焦于快速城镇化进程中波澜壮阔而又各具特色的城市治理实践,从政治、经济、社会、文化和生态等方面全面回顾、总结和分析中国城市治理的典型经验,阐释当代中国城市治理进程中的风云变幻,回应当前中国城市治理方面的重大问题,寻找解答中国城市治理发展道路的关键"钥匙",为城市治理方面的重大决策提供理论支持和经验支撑。

本书系以时间脉络为经,以发展阶段为纵轴,明确城市治理不同领域的重要时间节点,划分城市治理40年演进和发展的关键阶段;以事实梳理为纬,以要素分析为横轴,深入梳理改革开放40年相关治理领域的基本事实和主要经验,重点关注相关领域的改革举措、实践演变和制度变迁,结合具体实践阐述和诠释相关的理论观点,致力于探讨和提出有中国特色的城市治理逻辑。这是我们所有编著者共同的心愿和追求。但由于各方面的原因,我们可能离这个目标还有一定的距离,还有很多心有余而力不足的遗憾,因此期待各位同仁和读者的批评指正。

本书系编写工作自2018年3月份确定下来之后,时间紧、任务重、要求高。各位编著者快马加鞭,在日常繁忙的教学和科研之外,投入了大量的时间和精力,如期顺利完成了高质量的研究工作,展现出非同凡响的学术素养和职业水准。在此向他们表示由衷的敬意!

书系的编写和出版工作,得到了社会各方的关注,尤其是得到了上海市人民政府发展研究中心、上海交通大学文科建设处、上海交通大学出版社等方面领导的关心和支持,出版社的工作人员进行了认真、细致和专业地编辑,在此一并表示衷心和诚挚的感谢!

代前言
用深圳故事阐释中国道路

　　2018年是中国改革开放40周年,也是深圳经济特区创办38周年。深圳经济特区的创建与发展无疑是中国改革开放的精彩缩影。如果说38年前国家赋予深圳经济特区的历史使命是为党领导的社会主义国家推行市场经济进行制度"探险",那么随着党的十四大正式将社会主义市场经济确定为我国经济体制改革的目标后,深圳经济特区的历史使命也随之演变成为国家基本实现现代化开路,争当推动科学发展、促进社会和谐的排头兵。在深圳特区创建38周年之际,习近平总书记又对深圳作出重要批示,明确要求深圳市要牢记使命,勇于担当,进一步开动脑筋,解放思想,特别是要鼓励广大干部群众大胆探索、勇于创新,在全面建成小康社会、全面深化改革、全面依法治国、全面从严治党中创造新业绩,努力使经济特区建设不断增创新优势、迈上新台阶。这对深圳未来的经济社会发展和改革开放进程具有重要的里程碑意义,标志着深圳特区历史使命的新发展,也是党中央对深圳特区的新期待。在改革开放进程中所设立的经济特区的本质,就是获得中央授权的改革先行试验区。

　　我们深圳经济特区的社会科学工作者有幸目睹和参与了深圳经济特区建立和发展的历史进程,关注并跟踪了党中央赋予深圳特区的使命的逐步演进和发展过程,使我们能够有机会通过讲述深圳故事来记录中国道路,总结深圳经验来诠释中国制度,观测深圳实践来验证中国理论。国家改革开放的时代壮举和深圳特区广大干部群众的探索创新,给我们特区社科理论工作者提供了机遇、创设了平台、开拓了空间。自研究院(其前身是1999年成立的深圳大学当代中国政治研究所)组建以来,我们在深圳市委、市政府的大力支持下,在深圳大学的直接领导下,立足深圳、服务国家,研讨对国家具有重大理论意义的特区改革实践,探索对国家具有重大现实意义的深圳经验,努力用中国理论回答中国问题,用中国话语解读中国道路。

所谓立足深圳,就是依托深圳经济特区得天独厚的改革创新资源优势和地缘优势,直面市场经济先行地区的新兴政治现象,做经济特区发展的见证者、记录者、研究者,深度参与特区基层治理改革探索。从1999年初的大鹏镇镇长选举方式的改革探索开始,2003年我们对深圳市和北京市等区级人大代表竞选现象进行跟踪调研,2008年我们对"深圳政改"草案的出台进行因果分析,2011年我们对以"乌坎事件"为典型案例的群体性事件进行深入的探究,及时记录和跟踪这些具有较强象征意义的政治现象,确立了我们在中国政治学界的独特影响力;从积极参与"盐田区社区治理体制创新"到努力推进"南山区和谐社区建设",提出党和政府要尽可能地将体制外力量政治参与的诉求纳入体制内有序释放,将体制内执政党的组织资源有效嵌入体制外去代表民意、整合利益、引领社会等观点,为深圳基层政府多次赢得中国地方政府创新奖贡献了绵薄之力,体现了我们在深圳基层治理研究中的特定功能。

目前,我们正在积极呼吁学界关注盐田区的"GDP"与"GEP"双考核、双提升制度,推动生态文明建设的改革探索。正是由于我们作为相对独立的高校学术机构在参与推动地方政府创新、总结深圳经验、讲述深圳故事、传播深圳声音等方面,做了不少具体工作,出版了一系列论著,使我们研究所的年轻学者也能得到学界的多方扶持,争取到很多成长机会。在我们这样一个地方性高校,只有将近十个核心成员的小小研究机构,几乎每个成员都承担了国家社科基金项目,他们充分体验了与深圳特区共同成长的成就感。

所谓服务国家,就是敏锐地把握国家改革开放的时代脉搏,努力为党和政府的决策咨询服务,自觉将研究所打造成特色鲜明的高校"智库"。虽然在地理位置上,我们距离我国高校学术主流圈和国家政治中心较远,但我们一直努力开拓处于国家市场化改革前沿的地缘优势,尽力以服务国家需求为己任。长期以来,我们在中共中央组织部和中共中央编译局等有关部门的指导下,参与中组部年度重点调研课题研究和中国地方政府创新网络的建设。从2002年以来,我们先后参与了中组部年度调研项目16项,获得一等奖的项目有8项。

作为深圳的社会科学工作者,我们不仅深切地感受到了改革开放的历史进程给我们带来的机会,而且更深刻地理解了马克思主义经典作家关于"社会一旦有技术上的需要,则这种需要会比十所大学更能把科学推向前进"的论述,经济特区的市场取向和市场氛围,促使我们自觉地以"市场"理念来引领社会科学研究的改革,本着"不求圆满,但求卓越"的精神,在现有的各种特定约束条件下,低成本运作,高质量产出,主动开发四个"细分市场":一是为党和政府提供决策咨询的"高端市场",主要指承担党和政府有关部门委托的研究课题,也承担国家社科规划项目;二是让世界了解中国的"国际市场",尽力以研究对象的"本土化"特点争取研究成果的"全球化"意义,通过记录深圳故事阐释中国道路,总结特区实践传播中国声音;三是向社会公众普及社科知识,传播现代理念,弘扬政治文明的"大众市场",包括满足社会对各种学术讲座和专业培训的需求,在报刊上发表时政评论等;四是传统学者间相互交流的"学术市场",即发表专业论文、出版学术专著等。2018年在软科中国最好学科排名中,我校政治学专业在全国排名第37位,在广东省内排名第三,这对于我们这样一所没有政治学本科专业的地方高校已是极大的荣耀了。

我们非常荣幸地生活在中国改革的伟大时代,与改革的先锋城市——深圳经济特区共同成长,正在迎接中华民族伟大复兴,可以说这也是中国社会科学工作者的重大历史机遇,记录、分析、总结、诠释中国经济改革、社会转型、国家治理体系与治理能力现代化的历史进程,不仅将极大地推动中国特色社会主义理论体系的发展,而且将丰富人类对社会发展规律的认识。当前我们要把研究阐释习近平总书记系列重要讲话精神作为重中之重,不断深化对重大现实问题、重大理论问题和重大实践经验的研究,为深圳特区在实现国家"四个全面"的战略布局中增创新优势、迈上新台阶做出力所能及的贡献。

黄卫平

深圳大学城市治理研究院院长

深圳大学当代中国政治研究所所长

第一章

深圳基层党建40年

陈家喜　　肖丽达①

---

① 陈家喜,法学博士,深圳大学党委宣传部部长、城市治理研究院教授;肖丽达,深圳大学城市治理研究院硕士研究生。

深圳是中国改革开放的肇始之地,也是改革开放成就的集中体现之地。改革开放40年来,深圳率先对外开放,率先进行市场化改革,在推动经济社会快速发展的同时,也进行了党建领域的广泛探索。深圳特区在坚持党对改革事业的领导下,所进行的党的建设是在特定的经济社会结构下的一种适应性探索,也在不断地推动基层党建的持续创新。要推进市场化改革,就要加强党的建设,把党的建设作为推动创新创业的组织保障。在新时代和新常态的背景下,加强党组织对特区建设事业的领导权,持续不断推动党建创新,让深圳特区成为全国党建工作的窗口。

一、基层党建的发展及主要领域 ▷▷

早在经济特区设立之初,深圳市委就强调:"要建设好深圳经济特区,我们需要做许许多多的工作。当前最重要的,是要把特区的党组织建设好。"① 改革开放以来,深圳经济特区取得的成功,也正是党的建设的成功。没有特区党建的不断改进和完善,就没有深圳经济特区现在的成绩。40年来,深圳特区基层党组织的不断改革创新,解决党的工作难题,推动党的工作进程与时俱进。从党的历次代表大会的历程中可以看出不同时期党建工作的重点,深圳特区基层党建也在这个过程中不断地发展与进步。

(一)基层党建在不同时期的发展

从时间脉络出发,分别以历次党代会为节点,探索不同时期党建工作的发展脉络,可以看出不同时期深圳基层党建发展的主要方向和重点内容。1980年,深圳特区正式成立后,特区的建设处于起步阶段,特区党委把特区的党组织建设放在突出位置,以党建发展促进深圳的经济发展。

---

① 中共深圳市委办公厅.深圳特区发展的道路[M].北京:光明日报出版社,1984:19.

党的十二大报告强调"进一步健全农村党的基层组织"的问题,也是当时基层党建的目标和定位。党的十三大报告提出"要使党的基层组织成为坚强的战斗堡垒"。1991 年 9 月,深圳市通过了《中共深圳市委关于加强党的建设的意见》,对改革开放初期的党建经验进行总结,并指出"越是改革开放越要加强党的建设,把党组织建设成为领导深圳社会主义现代化建设的坚强核心和反和平演变的坚强堡垒"。

党的十四大报告指出"加强基层党组织建设,充分发挥党员的先锋模范作用",明确强调"各级党委要采取得力措施,努力把基层党组织建设成为团结和带领群众进行改革和建设的战斗堡垒"。深圳农村基层党组织的发展和深圳的城市化进程是分不开的。从 1992 年特区内的农村城市化后,村党支部开始向居委会党支部和股份公司党支部转变。

党的十五大报告指出,加强和改进党的基层组织建设,要围绕党的基本路线,为党的中心任务服务;用改革的精神研究新情况、新问题,改进工作方法、工作作风和活动方式;认真做好对党员的教育、管理和监督,增强解决自身矛盾的能力。2001 年,深圳市第三次党代会提出,以"三个代表"重要思想为指导推进党建工作,全面加强党的建设的伟大纲领,全市各级党组织做好各项工作,把深圳经济特区党建工作推上一个新的台阶。

进入 21 世纪,随着经济的快速增长,党的十六大报告提出"要坚持围绕中心、服务大局,拓宽领域、强化功能,扩大党的工作的覆盖面,不断提高党的基层组织的凝聚力和战斗力"。党的十六大报告还提出,不同类型的基层党组织,其功能的侧重点不同。2004 年,党的十六届四中全会从加强党的执政能力建设的高度,提出要增强基层党组织服务群众的功能,"使党的基层组织真正成为贯彻'三个代表'重要思想的组织者、推动者、实践者"。这是对基层党建服务于党的建设和党的路线的具体展开,也是对基层党组织建设的价值取向做出的符合时代要求的界定。

十六大以来,深圳市委按照党的基本路线和中央、省委的统一部署,以邓小平理论和"三个代表"重要思想为指导,全面贯彻落实科学发展观。2005 年,深圳又以提高党的执政能力与增强党的先进性为重点,全面推进党的建设新的伟大工程,为建设和谐深圳、效益深圳提供坚强的政治和组织保证①。2005年6月,深圳市南山区首设人大代表社区工作站。2006年1月,深圳市盐田区荣获第三届"中国地方政府创新奖"。盐田区"一会两站"的社区治理模式受到高度评价。从社区党建的发展进程中可以看出,深圳在2004年就实现了全市城市化,全市辖645个社区,已告别农村建制。2006年底,深圳市612个社区均已组建社区党支部,符合条件的成立社区党总支,管理党员13 000名,社区党组织组建率达100%,社区党建工作逐步成为基层党建的重点。

　　2007年,党的十七大要求基层党建围绕"凝聚人心、促进和谐"开展工作,为促进基层社会的和谐发展、科学发展提供坚实的组织基础和政治保证。提高基层党组织的执政能力,构建基层社会的领导核心,增强凝聚力,这也是基层党建发展的时代性主题。从2007年开始,南山区着力推进"一核多元"的社区党建模式,即以社区党组织为核心、社区各类基层党组织为主体、各类社会经济组织多元参与并充分发挥作用。同时,深圳市南山区开展了和谐社区的创建活动,并取得了一定的成效,获得了第四届"中国地方政府创新奖"。同年,深圳市委、市政府为贯彻十七大精神,推出两大重要改革创新举措,即深化事业单位体制机制改革和加强社工人才队伍建设,并印发了推进社会工作人才队伍建设的"1+7"文件和深化事业单位改革的7项实施方案。2010年,深圳在全市各类机关党组织、社区党组织和"两新"组织党组织换届选举中全面推行公推直选,逐步提高事业单位、国有企业党组织领导班子公推直选的比例。2011年,深圳市南山区建立了社区居委会、业委会、老年协会、物业管理公司等各类自治组织及居民群众共同参与社区建设的"一核多元"社区党建模式,推进了基层党组织工作的创新,扩大了基层党组织的覆盖面,增强了党员队伍的生机活力。"一核多元"社区党建新模式与党的执政能力提升的要求相契合。2011年3月,深圳盐田区被确定为全省第二批党代会常任制试点县(区),以加强党代表工作室建设为基础,以发挥党代表作用为核心。在党代表的带领下,基层党组织与社区居民的联系更加紧密,及时了解和掌握群众意见和建议,团结群众改革创新。

---

① 深圳市委党校课题组.改革开放30年深圳经济特区党的建设回顾与思考［J］.特区实践与理论.2008（1）: 19-29.

党的十八大以来,习近平总书记强调抓基层、打基础、强党建,全面推进从严治党。深圳结合本地实际,展开了基层党建新的创新探索,形成了一系列新型的经验,丰富了基层党建的建设实践。为加强城市基层党建,2017 年 5 月,深圳市委办公厅出台《关于大抓基层大抓支部强化城市基层党建的若干措施》,按照调查研究、学习交流、决策部署三个步骤,对全市基层党建情况进行一次"大起底",全面摸清底数、找准问题、提出对策、推动解决①。

(二)基层党建在不同领域的探索

改革开放以来,深圳特区在基层党建的具体实践中,发展出许多新的方式。同时,也对党建组织领域进行了新拓展。非公企业、"两新"组织、互联网企业、社区等成为深圳特区新的党建主体。在这些党建主体中,各有各的特点和优势,党建工作应当适应主体特点,并在工作过程中注重党风廉政建设,发挥党组织的领导核心作用。

1. 非公企业党建

深圳自改革开放以来,大力发展经济建设,形成了独特的经济结构。深圳拥有众多的外资企业、私营企业和社会组织,这些企业和社会组织在深圳的经济发展中发挥着重要的作用。为了应对私营经济发展对党的组织建设提出的新要求,1994 年中央颁布了《中共中央关于加强党的建设几个重大问题的决定》。这是最早提出在非公企业开展党组织建设的规范文件。深圳经济特区最先实行对外开放和市场经济改革,包括外商独资企业、中外合资企业以及中外合作经营企业等外资经济,以及私营企业在内的非公有制经济也率先蓬勃发展起来。越是改革开放,越要加强党的建设。伴随着深圳特区非公企业的快速发展,非公企业党建工作也摆上了议事日程。1995年 4 月,深圳在全国率先成立私营企业统管党委;1996 年 6 月,深圳又成立了个体工商户党组织统管党委——市个体劳动者协会党委,统一管理特区范围内的个体工商户党组织和党员;2003 年 6 月,深圳成立"中共深圳市民

营企业经济工作委员会"①。此外,深圳市还出台了《关于加强园区党建工作的指导意见》,依托全市309个产业园区设立党委,建设369个党群服务中心,改变了逐个企业去抓党建存在的资源分散、阵地不足,以及党组织建了散、散了建的问题,实现了非公企业党的组织和工作全覆盖。

随着改革开放的不断深入,深圳园区非公企业蓬勃发展,其地位和作用日益突出。截至2017年,深圳市共有园区309个,入园规模以上非公企业8.7万家,就业人口有320多万人,总产值占全市GDP的50%以上②。深圳市委充分认识到园区经济举足轻重的地位,高度重视园区党建工作,坚持以党建促企业和谐发展,充分发挥园区党员的先锋模范作用以及党组织的战斗堡垒作用。2017年3月,深圳市在龙岗召开园区党建现场观摩会,并印发《关于加强园区党建工作的指导意见》,进一步巩固和发展了以区域化、集约化为特征的园区党建模式③。

在新时代建设网络强国的背景下,党中央高度重视互联网党建,抓好网络社会组织建设。党的十九大报告及习近平总书记在网络安全和信息化工作座谈会上的讲话明确指出,要"打造共建共治共享的社会治理格局","加快网络社会组织建设","网上网下要形成同心圆"。深圳是拥有互联网企业最多的城市,共有33万多家网站,网民规模达到1 036万人,从事互联网行业的党员呈现年轻化、学历高、思想多元等特点。2018年4月,深圳市互联网行业联合会以及互联网行业联合会党委成立④,统一管理全市互联网企业党建工作。这是深圳市创新党建工作与构建网络综合治理体系的又一重大举措。深圳现有从事互联网和相关服务的企业1 917家,互联网企业共建立党组织491个,党员人数共16 271人⑤。互联网行业联合会党委的成立,

---

① 陈家喜,左瑞婷.深圳特区党建创新的进程与脉络[J].特区实践与理论,2015(4):55-58.
② 新华网.深圳:给流动党员"安家"[EB/OL].[2019-05-01].http://www.xinhuanet.com/2017-02/05/c_1120413569.htm.
③ 张越.广东深圳:着力推进园区党建区域化集约化[J].非公有制企业党建,2017(3).
④ 深圳市互联网行业联合会党委、深圳市互联网行业联合会双双成立[N].深圳晚报,2018-04-19.
⑤ 深圳市互联网行业联合会党委、深圳市互联网行业联合会双双成立[N].深圳晚报,2018-04-19.

将集中在互联网行业开展符合其发展特点的党建工作,创新党建路径,扩大党组织的覆盖面,成为团结互联网行业力量、构筑网上网下"同心圆"的示范标杆,成为网络社会组织健康有序发展的示范标杆。

2. 社会组织("两新")党建

随着改革开放和社会主义市场经济的不断发展,新经济组织、新社会组织("两新"组织)日益壮大。深圳市委也一直在"两新"组织方面积极探索党建创新工作,并成立了相应的党组织,出台了许多相关的文件。2015年9月,中共中央办公厅印发了《关于加强社会组织党的建设工作的意见(试行)》。在深圳市委的高度重视下,深圳制定了《关于加强社会组织党建工作的若干措施》,依托登记管理机构的网络优势,深圳市社会组织党委成立,以"燎原计划"为抓手,全面铺开社会组织党建工作①。全市目前共建立社会组织党组织894个。针对"两新"组织的特点,深圳市积极探索党建工作的出路,进一步扩大党组织在这两类组织中的覆盖面,实现党组织参与组织决策、经营管理和文化建设等方面的工作,使得党建工作推动"两新"组织在深圳市的健康发展。2016年,为有效扩大党组织在行业协会中的覆盖面,深圳将尚未组建党组织的296家行业协会,按照"行业相近、优势互补、便于管理"的原则,划分为质量创新类、先进制造类等18个大类,每类筹建一个联合党委,并从市直机关单位遴选出18名熟悉党务、经验丰富的局处级党员干部担任"第一书记"。18位"第一书记"在半年时间走访了252家行业协会,成立行业协会联合党委4个、行业党委2个、行业协会党支部106个,有效扩大了党组织在行业协会中的覆盖面②。

社会组织工作制度的不断优化。中共中央办公厅先后印发《关于加强社会组织党的建设工作的意见(试行)》《关于改革社会组织管理制度促进社会组织健康有序发展的意见》,突出了社会组织在党的基层建设中的重要位置。2015年,深圳市委"两新"工委下达《关于同意成立中国共产党深圳市社会组织委员会和纪律检查委员会的批复》后,深圳专门成立

---

① 党建覆盖深圳6 988个社会组织 确保社会组织正确发展方向[N].晶报,2017-09-18.
② 郑柱子.深圳市党建工作已覆盖近7 000个社会组织[EB/OL].(2017-09-18)[2019-05-01].http://www.cnr.cn/gd/gdkx/20170918/t20170918_523953785.shtml.

市社会组织党委,统筹管理市级社会组织党建工作,协调指导各区(新区)社会组织党建工作。随后,深圳开始实施全市社会组织党建工作的"燎原计划",印发《关于加强流动党员管理的意见》《关于加强行业协会党建工作的意见(试行)》《关于加强异地商会党建工作的意见(试行)》《中共深圳市社会组织委员会、深圳市社会组织管理局关于学习贯彻全市社会组织党的建设工作座谈会精神的通知》等文件,全面部署社会组织的党建工作。

深圳"两新"组织还结合本地实际,提出党建的出发点,即"努力使党组织、党员成为党的路线、方针、政策的宣传者,'两新'组织发展的促进者,劳资双方关系的协调者,政府与业主、员工的沟通者"。随着由改革到创新的深化,深圳市强调"党建工作要围绕企业生产经营中心,促进企业科学发展"。这不仅为企业党建提供了有效的指导和服务,而且使得党建成为企业创新发展的重要驱动力。针对"两新"组织党员的特点,深圳特区在坚持和完善"单位管理"这一传统模式的基础上,按照条块结合、体制内与体制外结合、组织覆盖与工作覆盖结合的思路,探索实行了6种党组织组建和党员管理模式,分别为单位管理、属地管理、行业管理、挂靠管理、社区管理和双重管理。

3. 社区党建

社区党建在城市现代化建设中一直起着强本固基、打造战斗堡垒的重要作用。自改革开放以来,深圳市一直在探索更新社区党建工作的方式方法,寻找适合特区发展的道路。2004年11月,深圳颁布实施的《中共中央组织部关于进一步加强和改进街道社区党的建设工作的意见》,成为推动全国城市社区党建的指导性文件。该文件明确提出"不断扩大党在城市工作的覆盖面"。深圳于2004年就实现全域城市化,全市辖645个社区,告别农村建制。2006年底,深圳市612个社区均已组建社区党支部,符合条件的成立社区党总支,管理党员13 000名,社区党组织组建率达100%。自2006年以来,深圳南山区招商街道党工委在社区党建方面积极探索新的模式,以社区党委(总支)为核心("一核"),社区"两新"组织、退休老同志等各类党支部、社区居委会、业委会、老年协会、物业管理公司等各类自治组织及居民群众（"多元"）共同参与社区建设的"一核多元"社区党建模式①，进而创新党组织的设置形式，理顺社区各组织间的关系，扩大基层党组织的覆盖面，增强党员队伍的活力。此外，深圳罗湖区在全区创新社区党建方式，形成以社区党委为核心，社区居委会、工作站和党群服务中心各司其职的"四位一体"社区核心治理结构②。这一结构模式正是整合各方资源进行协同治理的基层党建创新举措。

深圳市探索的"一核多元"党建模式，将社区中的多元主体，包括政府、群团组织、社会组织、居委会、管理处、社区居民等多元共治力量集中起来，实现资源在基层整合、问题在基层解决、服务在基层拓展、民心在基层聚集，由此形成并构建了适合基层社区发展的大党建新格局。党的十九大报告提出，中国特色社会主义进入新时代，我们党一定要有新气象、新作为。党的基层组织是确保党的路线、方针、政策和决策部署贯彻落实的基础，基层组织工作机制和模式的创新，对基层党建切实发挥战斗堡垒作用有着重要的意义。

4. 党风廉政建设

党风廉政建设一直是党建工作中的一项重点工作，它为各项事业的顺利发展保驾护航。自改革开放以来，深圳市出台了许多相关文件来加强党风廉政建设。如2000年颁布的《中共广东省委办公厅、广东省人民政府办公厅印发〈关于严禁党和国家机关及其工作人员接受和赠送"红包"的暂行规定〉的通知》，是针对送"红包"现象的发生，将制止送收"红包"作为领导干部廉洁自律的一项重点工作来抓，坚决刹住接受和赠送"红包"的不正之风③。2002年颁布的《深圳市反腐保廉预防体系总体思路》，提出了2003年至2005年全面推动反腐保廉工作的实施思路，各部门从实际出发，采取渐进的方式，分步骤、分阶段地实施构建计划，全面落实反腐保廉预防工作。2006年，为推进党风廉政建设，提高政府和社会公共事务的透明度，

---

① 深圳南山区："一核多元"社区党建模式［EB/OL］.（2011-08-11）［2019-05-01］.http://theory.people.com.cn/GB/40557/227442/227546/15387954.html.

② 深圳罗湖 质量党建为老城注入新活力［N］.南方日报，2018-02-02.

③ 中共深圳市委办公厅深圳市人民政府办公厅关于认真贯彻落实《中共广东省委办公厅、广东省人民政府办公厅印发〈关于严禁党和国家机关及其工作人员接受和赠送"红包"的暂行规定〉的通知》，深办发〔2000〕9号，2000-12-15.

深圳市颁布了《深圳市"阳光工程"实施意见》。2011年发布的《关于建设廉洁城市的决定》以完善惩治和预防腐败体系为主线，以党员领导干部和党政机关、司法机关为重点，大力加强反腐倡廉法治建设、社会领域反腐倡廉建设、社会诚信体系建设、社会道德建设、廉洁文化建设，全面提升反腐倡廉建设的科学化水平①。

深圳市自改革开放以来，在反腐倡廉工作当中，一直坚持零容忍、全覆盖、无禁区，并不断创新体制机制，完善监督体系，织密制度"铁笼"。进入新时代，习近平总书记指出，新形势下我们党的自身建设面临一系列新情况、新问题、新挑战，落实党要管党、从严治党的任务比以往任何时候都更为繁重、更为紧迫。深圳市作为市场经济的先行区，在党风廉政建设方面也时刻把握力度，建设新时代下全面从严治党的制度体系和根基。深圳市建立市委巡察工作制度，及时发现问题并督促整改、移交问题线索，排查"裸官"并按规定调整其岗位，将巡察结果作为干部考核依据，实现党内监督常态化。此外，狠抓"关键少数"，对党员干部尤其是"一把手"的监督管理更加严格，陆续完善和实施领导干部个人事项报告、因私出国（境）联审、党员干部"八小时以外"监督、党员干部操办婚丧喜庆事宜监管等各类监督机制②。

二、基层党建的经验总结 ▷▷

（一）立足经济特区的特殊使命，始终坚持党对改革事业的政治保障

作为中国最早和最大的经济特区，深圳既具有特殊的经济使命，也具有特殊的政治意义。深圳在经济上要率先进行商品经济和市场经济的试验。同时，深圳在政治上要始终坚持党的领导和社会主义制度，展现社会主义的制度优越性。这一点在创办经济特区之初即被中央特别强调，"试办经济特

---

① 中共深圳市委、深圳市人民政府《关于建设廉洁城市的决定》（2011年7月17日），深发〔2011〕14号，2011-08-15.
② 深圳以党建创新推动全面从严治党［N］.深圳特区报，2017-03-14.

区,在经济上,意识形态上,有一个谁战胜谁的问题,……经济特区的管理,在坚持四项基本原则和不损害主权的条件下,可以采取与内地不同的体制和政策,特区主要实行市场调节"①。1992年,邓小平同志再次视察深圳后也明确表态,"对办特区,从一开始就有不同意见,担心是不是搞资本主义。深圳的建设成就,明确回答了那些有这样那样担心的人。特区姓'社'不姓'资'"②。因此,加强党的领导和党的建设,是深圳经济特区坚持社会主义方向的重要标志。

如果说改革初期中央对于深圳特区的政治要求是坚持社会主义方向,那么此后则要求深圳特区担负更多先行先试的创新使命。习近平总书记先后多次对深圳工作作出重要批示,突出其"窗口作用、试验作用、排头兵作用",同时对深圳党的建设工作也提出新的要求。特别是2015年1月,习近平总书记对深圳工作专门作出重要批示,勉励深圳"在全面建成小康社会、全面深化改革、全面依法治国、全面从严治党中创造新业绩,努力使经济特区建设不断增创新优势、迈上新台阶"③。因此,中央要求深圳所发挥的排头兵作用不仅要体现在经济发展和对外开放领域,而且要体现在党的建设领域。

在改革开放的不同时期,深圳特区始终把党的建设置于至关重要的位置,把党的建设作为维护特区快速发展的政治保证。改革之初,深圳市委就明确:"要建设好深圳经济特区,我们需要做许许多多的工作。当前最主要的,是要把特区的党组织建设好。"④1991年9月颁布的《中共深圳市委关于加强党的建设的意见》再次强调,"越是改革开放越要加强党的建设,把党组织建设成为领导深圳社会主义现代化建设的坚强核心和反和平演变的坚强堡垒"⑤。2015年,深圳第六次党代会提出,率先落实全面从严治党各项

① 广东省政协文史资料研究委员会.经济特区的由来[M].广州:广东人民出版社,2002:40-44.
② 邓小平文选:第3卷[M].北京:人民出版社,1994:372.
③ 习近平总书记对深圳工作作出重要批示[N].南方日报,2015-01-08.
④ 中共深圳市委办公厅.深圳特区发展的道路[M].北京:光明日报出版社,1984:19.
⑤ 中共深圳市委关于加强党的建设的意见[J].特区党的生活,1991(11):2-8.

任务,为特区事业发展提供坚强组织保证,充分发挥党在深圳经济特区各项事业中的领导核心作用。2017年1月,深圳市委六届七次会议再次强调,改革开放以来,深圳经济社会发展所取得各项成绩,最核心的是毫不动摇坚持和完善党的领导。未来,深圳将推动全面从严治党向纵深发展,打造城市基层党建的"深圳品牌",打造全面进步全面过硬的城市基层党建先行区,成为向世界彰显中国共产党先进性、纯洁性的"精彩样板"①。从改革初期开展"三资企业"党建到拓展社会领域党建,从推动基层党建创新到探索信息化时代的互联网党建和"智慧党建",深圳特区把党的建设作为发挥窗口作用、试验作用和排头兵作用的重要组成部分。

(二)立足市场化的经济结构,不断探索党对新经济领域的组织覆盖

作为社会主义市场经济的"试验田",深圳在全国仍然坚持计划经济的背景下率先实行"四个为主"的经济体制:建设资金以利用外资为主,经济结构以中外合资、合作经营企业和外商独资企业为主,特区的产品以出口外销为主,经济活动在国家计划指导下以市场调节为主。围绕这一体制,深圳特区先后开展了企业所有制、劳动合同、工资、物价等各种市场改革实验②。此后,深圳又不断深化行政审批改革,推进商事登记制度改革,调整政府与市场的关系,不断优化市场环境。

市场经济的充分发育,不仅会带来经济结构的巨大变化,而且带来了就业结构、社会结构、利益结构的多元分化,并对党的建设提出新的挑战。与国企和事业单位党建工作相比,中外合资、外商独资、私营企业、混合所有制企业等非公有制经济领域开展党的建设面临诸多难题,如管理层的消极抵制、组织进入的障碍、党员利益纽带的缺失以及党员骨干培育成长困难等。

深圳率先进行市场化改革,最先面临非公经济领域党建工作的难题,也率先进行非公经济领域的党建工作探索。早在1982年,深圳就开展涉外企业党组织建设工作,提出涉外企业党组织的建立要与企业的组建同步进

---

① 中国共产党深圳市第六届委员会第七次全体会议决议[N].深圳特区报,2017-08-25.
② 陈家喜,黄卫平.深圳经济特区的政治发展(1980—2010)[M].北京:商务印书馆,2010:19.

行①。1985年,深圳颁布规定,对中外合营企业党组织的地位、作用、权利、任务、组织设置、领导体制、活动方式和党员教育的内容做了明确规定。1992年,深圳又围绕外商投资企业、中外合资、合作经营企业制定党建工作的文件,同时也积累了丰富的经验,如坚持精简、高效、兼职的原则配备中外合资企业党的干部,坚持按照业余、小型、分散、时效原则开展党的活动,按"内外有别"原则改进党组织的工作方法,等等②。这些经验做法伴随着市场化改革和非公经济的扩大,逐步在全国范围内推广。

随着市场化改革的进一步展开,深圳非公经济也得到进一步发展,开展园区党建工作成为非公领域党建落实的重要措施。深圳园区党建在组织建设上形成全覆盖格局。园区党建根据不同类型采取不同的党组织组建方式:单一产权和投资管理一体的,依托产权单位建立党组织,这种类型的园区党委占比约为30%;产权多元、产权经营权相分离的,依托物业公司或运营单位建立党组织,其占比约为15%;没有统一产权、没有管理机构的,依托龙头企业建立党组织,其占比约为50%③。全市309个产业园区设立党委,建设了369个党群服务中心,实现园区规模以上非公企业党组织覆盖率100%,带动全市规模以上非公企业党组织覆盖率增至95%④。

深圳园区党建在工作机制上形成区域化党建格局。一方面,市、区"两新"组织党工委发挥统筹协调作用,整合规土、科创、民政、工商联和工青妇等部门形成合力;另一方面,园区内党政机关、设在企事业单位和社会组织的党组织,以及其他各类党组织,共同参与园区党建工作,形成共驻共建格局。每个园区在建立党组织的同时,也同步建立党群服务中心。该服务中心既是党员群众开展党务和服务的场地,也是园区党组织的办公场地,实现组织建设、阵地建设和服务供给有机结合⑤。以园区党建为主轴推进非公领

---

① 海天出版社.深圳经济特区组织人事制度改革实践与探索［M］.深圳:海天出版社,1986:130-143.

② 中共深圳市委组织部.充分发挥外商投资企业党组织的作用［J］.党建研究,1993(2):35-37.

③ 广东深圳:着力推进园区党建区域化集约化［EB/OL］.(2017-03-22)［2019-05-01］.http://www.fgdjw.gov.cn/fgdjw/system/2017/03/22/021131384.shtml.

④ 深圳:勇当尖兵探索城市基层党建新路［N］.深圳特区报,2017-09-19.

⑤ 广东深圳:着力推进园区党建区域化集约化［EB/OL］.(2017-03-22)［2019-05-01］.http://www.fgdjw.gov.cn/fgdjw/system/2017/03/22/021131384.shtml.

域的党建工作,在克服小微企业党建工作松散化、形式化、空壳化局面的同时,积极引导基层党组织领导班子与企业行政领导班子"双向进入,交叉任职",党组织与行政管理团队形成良好互动。

(三)立足开放性的社会结构,努力强化党对城市社会的政党整合

改革开放以来,深圳从边陲渔村发展为国际化大都市,既创造了世界城市发展史的"深圳速度",也带来了社会结构的巨变,形成独特的开放性社会结构。自特区成立起,深圳人口增长步伐便基本与经济发展的步伐一致。据统计数据显示,1979年,深圳全市人口总数只有31.41万人,其中常住户籍人口为31.26万人,常住非户籍人口为0.15万人。截至2016年底,深圳市人口总数为1 190.84万人,其中常住户籍人口为384.52万人,常住非户籍人口为806.32万人,常住非户籍人口是常住户籍人口的近两倍。深圳目前已成为全国外来流动人口最多的城市,大量外省流动人口不断涌入深圳打工创业。因此,深圳也被看成典型的"移民城市",开放性、多元化、异质化的社会结构给深圳经济发展增添了新的活力,同时大量的流动人口也给社会管理和党建工作带来了巨大的压力。如何立足开放式的社会结构,加强执政党对城市社会的整合,突出对基层社区和社会组织的吸纳,便成为特区党建面临的突出问题。

加强城市社区党建工作,强化党在基层社会的组织建设。从1992年6月,深圳启动经济特区农村城市化进程,推动村委会向居委会转制的同时,也开展党的基层组织建设。从2002年开始,深圳开展"居站分设"社区体制改革,基层党组织的设置也发生了重要转变。深圳将街道党委向党工委、居委会党支部向社区党支部转制,并要求在党员人数50人以上的社区设立党总支,党员人数在100人以上社区的设立党委。2006年底,全市55个街道全部建立了党工委,612个的社区都建立了党组织,管理党员13 000名,社区党组织组建率100%[①]。基层党建与特区城市化进程同步进行,为城市化的发展提供了有力的组织基础。

---

① 汪开国.深圳调查:中共深圳市委党校调研报告集(2006—2007年)[M].深圳:海天出版社,2008:190-199.

为了强化社区党委对于社区内流动力量的整合作用,深圳从 2010 年开展区域化基层党建工作,借助社区党委的力量构建区域性党组织,整合辖区内的园区、楼宇、企事业单位和社会组织力量,发挥整合凝聚作用。一是构建以社区党组织为核心的党内协商平台。深圳全面推行"社区综合党委＋兼职委员"制度,在社区股份公司、居委会、物业公司、社区工作站等设立党组织,这些党组织负责人兼任社区综合党委兼职委员,既突出社区综合党委在社区事务中的领导核心作用,又强化了社区各类主体参与社区治理的主动性和积极性。二是构建以党员干部为纽带的党群联系机制。深圳推进"五进社区",即市委、区委委员进社区,党代表进社区,机关党员进社区,党员义工进社区,党务工作者进社区,开展联系、服务群众工作。

为了进一步提升社区党委对基层社会的整合能力,从 2015 年底以来,深圳推进党建标准化工作,深化社区党建工作。一是向社区党委赋权增能,巩固其在社区治理中的领导核心地位。全市 645 个社区统一设社区党委,明确社区党委对社区工作负全面责任,行使社区人事安排权、重要事项决定权、领导保障权和管理监督权,推荐居委会和股份合作公司等组织的领导成员人选,按照"四议两公开"程序对社区重大事项进行决策。二是构建集约党群服务平台,凸显社区党组织在服务群众的中心地位。深圳在全市 645 个社区建社区党群服务中心,按照"统一场所、统一系统、统一内容、统一制度、统一保障、统一标志",把社区党群服务中心打造成一站式、综合性、多功能的社区公共服务中心。三是推动组织建设、党员管理、治理结构、服务群众和工作职责标准化,社区党群服务中心在中心名称、服务标志、工作流程规范等方面均实行统一的标准,提升党组织在基层社会的形象。

（四）立足改革先行区的定位,持续推进基层党建的创新

改革上的先行一步,让深圳特区担负重要的任务。率先改革,先行先试、勇于创新、走在前列是中央赋予深圳的特殊使命。1992 年邓小平同志发表南方谈话时就指出,"深圳的重要经验就是敢闯"①。进入新时代,习近

---

① 邓小平文选:第 3 卷［M］.北京:人民出版社,1993:372.

平总书记多次对深圳工作作出重要批示，均将"排头兵"和"走在前列"作为关键词。如2012年12月，习近平总书记视察广东时提出，广东和深圳要继续在改革开放中发挥窗口作用、试验作用、排头兵作用。2017年4月，习近平总书记对广东工作作出重要批示，要求广东和深圳做到"四个坚持、三个支撑、两个走在前列"。其中，"两个走在前列"是指在全面建成小康社会、加快建设社会主义现代化新征程上走在前列。2018年3月，习近平总书记在两会期间参加广东代表团审议时，提出广东和深圳要"在构建推动经济高质量发展体制机制、建设现代化经济体系、形成全面开放新格局、营造共建共治共享社会治理格局上走在全国前列"①。习近平总书记还进一步要求，要创新社会治理体制，把资源、服务、管理放到基层，把基层治理和基层党建结合起来，加快形成社会治理人人参与、人人尽责的良好局面。从对外开放到经济发展，再到社会治理以及基层党建，中央对于深圳改革先行区的定位和要求不断拓展。

深圳特区作为改革先行区，既体现为改革开放的窗口和市场经济的试验田，也体现为改革领域的先行地。如继经济特区之后，深圳又先后被中央授予综合配套改革试验区、自由贸易试验区（前海—蛇口）等头衔，赋予其在经济贸易、对外开放、政府体制和社会治理等诸多领域先行先试的特权。在特区发展的不同阶段，深圳在党建领域都进行了卓有特色的探索，充分发挥了改革试验区的使命担当。比如，探索非公经济领域的党建，实行多种形式的党组织组建方式，探索党的建设与市场经济的有机融合。在基层党建领域，推行"十百千万行动"、"一核多元"党建模式、"质量党建"模式、三级党员服务中心、党代表工作室、党员会客厅、党建组织员、"跟党一起创业"、"书记项目"和"党建述职"等，再到区域化党建和社区党建标准化，逐渐形成基层党建的深圳品牌。

近年来，深圳还率先探索信息化背景下的党建工作创新，运用互联网工具加强党建工作。2013年，深圳市南山区率先探索"智慧党建"，构建

---

① 习近平李克强栗战书汪洋王沪宁赵乐际韩正分别参加全国人大会议一些代表团审议［N］.人民日报,2018-03-08.

以"云（E 网通党建云）、网（南山先锋网）、图（党建电子地图）"为核心的"两平台、四板块"，包括党员联系服务群众信息化平台（智慧问政、智慧服务、智慧互动）和党员教育管理服务信息化平台（智慧管理）。其中，南山先锋网设有书记信箱、党建脑库、党建地图、党建微博、党员志愿服务、积分排名、工作动态、党代表工作室、党建百宝箱等板块，为党员群众提供在线党务服务。党建电子地图标注信息涵盖党组织、党员服务中心、党代表工作室、U 站、志愿服务项目等。此外，手机客户端可为党组织提供微党课等学习资源，为党员提供实时查询党组织信息、支部党员群聊等系统服务，实现党务服务"到手上"；为党务工作者提供轻量版的在线工作平台，让在线党务工作"全天候"①。在南山"智慧党建"探索的基础之上，深圳进一步拓展互联网党建创新，于 2018 年 4 月成立互联网行业联合会党委并发布《互联网党建白皮书》，规划"智慧党建"的新模式。该白皮书提出，根据互联网企业的特性，提倡主要职能部门、业务模块、分支机构单独设立党支部或党小组，探索以业缘、趣缘、产业链、事业群为基础建立网络党支部或党小组；同时提出采取"互联网 + 组织活动"模式，建立线上党群服务中心，利用微信、微博等新媒体开设党建微会议、微课堂等，用党员易于接受的形式开展组织生活②。

三、完善基层党建的路径选择 ▷▷

通过梳理深圳经济特区改革开放以来的党建创新工作，不难发现其中的主要路径：通过不断整合政府、群团组织、企业、群众等多方资源，实现各方协同开展党建工作；开创特色的党建实践，致力于打造深圳品牌；积极服务群众，以群众作为党建工作的扎实基础；作风建设也是党建工作中应当引起重视的方面，要从严治党，建设廉洁、高效的基层党组织。

---

① "智慧党建"平台打通 联系群众 "最后一公里"［N］.深圳特区报,2015-04-27.
② 深圳发布互联网党建白皮书［N］.深圳特区报,2018-04-20.

（一）整合多方资源，实现党建协同开展

在深入推进国家治理体系和治理能力现代化的大背景下，基层党建工作也应实现现代化，以党组织、政府、企业和社会协同治理为特征的新模式成为城市社区治理现代化的主要探索方向①，也成为特区党建工作发展的新方向。深圳市探索的"一核多元"党建治理模式便是通过整合社区综合党组织、居委会、社区工作站、社区服务中心、物业管理公司、驻区单位等多元主体，共同开展社区党建工作，形成一个作用于基层党建的复合治理形态。此外，为了促进基层党建协同治理模式的有效运行，通过构建多元主体参与共享机制、利益和生活共同体机制和基层社会服务管理机制，推动基层党建与城市社区治理实现结构性融合、功能性融合和机制性融合②。

在进行多方资源整合的同时，深圳特区也紧抓党建工作的质量。2015年，深圳罗湖区委出台了实施质量党建"1+7"系列文件，围绕城市基层党建抓什么、怎么抓、谁来抓、如何评价等问题，做出了系统设计和整体安排。2016年11月，深圳罗湖区的"质量党建促全面从严治党落实落地"从全国2 000余个党建案例中脱颖而出，获评第四届全国基层党建创新最佳案例，成为广东省唯一获评此奖项的案例。罗湖区开展的质量党建就是把质量标准、质量管理、质量评价贯穿基层党建当中，通过把"质量"与党建创新相融合，实现基层党建工作的"四个转变"：从注重数量扩张向强化质量效能转变，从粗放式管理向精细化、标准化管理转变，从封闭分散的传统运作模式向开放包容的信息化运作模式转变，从问题导向逐步向需求导向、价值导向转变③。同时，罗湖区创新开展"党建项目认领"和民生微实事，通过"问需、问计、问政、问效"，民生项目由群众自主决定，从过去"为民做主""自拉自

① 卫志民.中国城市社区协同治理模式的构建与创新——以北京市东城区交道口街道社区为例[J].中国行政管理,2014(3):58-61.
② 孙肖远.城市社区治理的模式转型与机制构建[J].理论探讨,2016(5):16-20.
③ 深圳罗湖区："质量党建"促全面从严治党落实落地[EB/OL].(2016-11-28)[2019-05-01].http://dangjian.people.com.cn/n1/2016/1128/c406978-28902890.html.

唱"的民生服务模式,转向了居民共治共享①。数据显示,2015年底以来,罗湖区共开展社区居民议事会720场,审议通过社区各类提案项目1 890个,促成1 268个服务类项目和622个工程类项目落地,每年居民议事会可决议资金超过1亿元。

(二)开展创新实践,打造党建特色品牌

品牌建设是基层党组织建设的一项重要内容,是创新党的建设的载体,是推进基层党建工作的有效途径,全党应该充分认识基层党建品牌建设的必要性②。深圳市龙城街道依托园区党群服务中心,着力打造"智慧党建、趣味党建、健康党建、公益党建、创新党建"五大品牌,在党建工作创新的过程中也不忘树立品牌意识,打造党建的标杆。开展党建品牌建设工作,通过寻找理论与实践、经验与特色的结合点,进行更深层次的挖掘,有助于让基层党建工作从具体环节方面取得新的突破,进而发挥带动和引导作用,促进整个经济特区乃至全国党建工作的发展。

深圳特区也在不断打造属于自己的党建品牌,"智慧党建""党建标准化"等是特区开创的特色党建品牌。快速发展的互联网时代和信息化社会对党建工作提出了新的要求。深圳南山区在积极探索党建创新的道路中,结合区情党情实际,运用"互联网+"的思维和技术推进"智慧党建"示范城区建设,打造"两平台、四板块",实现南山区基层党建工作的精细化管理、人性化服务和长效化运作③。"智慧党建"运用信息化平台和互联网技术,实现基层党建工作的高效化管理。目前,"智慧党建"已实现对全市2.9万个党组织和52万名党员全覆盖信息联网管理,每个党支部、每个党员缴纳党费、开展活动等信息都可一键提取、全景展示。深圳宝安区在党建的平台上和形式上不断创新,紧跟时代趋势,成立了"党建+360服务联盟"。它是宝安区以党建为引领,重构宝安的治理体系,实现"和谐善治"的一项全新探

---

① 深圳罗湖 质量党建为老城注入新活力[N].南方日报,2018-02-02.
② 韩强.谭建.基层党建品牌化建设思考[J].中国特色社会主义研究,2014(2): 90-93.
③ 深圳南山."智慧党建"让党务不打烊[J].紫光阁,2018(3): 69.

索①。深圳市直机关工委在全国首推"党建创新指数",并把它作为引领党建工作创新发展的抓手和平台②。这些创新形式不断为党建工作注入新的生机活力。

针对社区党组织权力弱化、功能虚化、地位边缘化等问题,深圳市于2015年12月底出台了《关于推进社区党建标准化建设的意见》,在全市642个社区推进社区组织建设、党员管理、治理结构、服务群众和工作职责"五个标准化"建设。社区统一设立党委,对社区党委书记实行事业岗位、事业待遇,每年安排每个社区用于党组织服务群众的专项资金200万元,设立645个社区党群服务中心。不到一年时间,全市社区统一设立了党委和社区党群服务中心,完善了组织机构、人员待遇、服务经费、活动阵地"四大保障",社区党建标准化建设取得了初步成效③。此外,深圳市委提出创新"标准+"模式,即在原来逐个领域抓党建标准化建设的基础上,破解各领域基层党建整体性、协同性、互动性不够等问题,并研究制定了《关于推进城市基层党建"标准+"模式的意见》以及党群服务中心建设管理、街道干部队伍建设等11项制度,深入推进基层党建标准化,发挥共建优势,以党建促资源整合,实现共享共用。

(三)积极服务群众,打牢党建基础

基层党组织是最贴近广大人民群众的组织,其工作做得好不好,直接关系到群众对党的满意度。在基层党建工作中,强化社区综合党委的利益整合和服务群众功能④,打造贴近基层群众、服务基层群众的重要平台。深圳市在进行基层党建创新的同时,非常注重服务功能,积极探索服务型党组织的建设。通过建立服务群众的信息平台、打通表达社情民意的渠道,不断维

---

① 深圳宝安:创新"党建+"形式 引领党建新发展[N].南方日报,2017-12-25.
② 深圳市直机关工委.首推党建创新指数 引领党建创新发展[EB/OL].(2016-10-14)[2019-05-01].http://www.zzdjw.org.cn/n1/2016/1014/c153945-28779827.html.
③ 加强特区党建 引领改革发展——深圳推进全面从严治党工作综述[N].深圳特区报,2016-10-26.
④ 陈家喜.基层党建要适应社会结构变迁[N].深圳特区报,2010-11-16.

护与群众之间的关系。在党建标准化建设中,服务群众就是其中一个重要的标准。党员联系服务群众信息化平台、智慧服务、智慧问政都是"智慧党建"平台建设的具体措施。

深圳特区在探索与群众之间的关系方面下足了功夫。从2017年起,在近一年的时间里,1 050个党群服务中心已经覆盖到全市每个角落。按深圳建成区900平方公里计算,平均不到1平方公里就有一个党群服务中心,党员群众能够很方便地找到组织、找到家①。在党群服务中心设置服务群众的便民办事活动场所、党代表接待室等,发挥联系服务群众、凝聚党心人心的作用,让人民群众在城市生活得更方便、更舒心、更美好,使人民群众更加自觉地热爱党、跟党走。2018年2月,社会组织系统的党群服务中心也在深远顾问集团挂牌,这是首家社会组织党群服务中心,为社会组织党组织联系群众,加强党的领导和建设提供了新的阵地②。目前,深圳市已建成完整的三级党群服务中心联盟,为市、区、街道、社区党组织抓党建提供赖以发力的支点,为基层党组织提升组织力,更好地服务、教育和凝聚群众提供功能齐全的共享空间和红色家园③。

(四)加强作风建设,契合从严治党要求

习近平同志强调"工作作风上的问题绝对不是小事,如果不坚决纠正不良风气,任其发展下去,就会像一座无形的墙把我们党和人民群众隔开,我们党就会失去根基、失去血脉、失去力量"。改革开放以来,深圳坚持把党风廉政建设与经济社会发展工作结合起来,做到"两不误、两促进",把特区广大党员在党的建设日常教育活动中焕发出的积极性、创造性引导到做好各项工作上来。十八大以来,深圳以中央八项规定为准绳,以作风建设为突破口,以党的群众路线教育实践活动、"三严三实"专题教育和"两学一做"学习教育为重要抓手,立破并举促进基层党建工作有序推进。

改革开放以来,深圳不断严抓作风建设,在真抓实干中真转真变。2016

① 深圳市党群服务中心启用一个月 凝聚党心民心[N].深圳特区报,2018-07-31.
② 深圳社会组织系统首家党群服务中心挂牌[N].深圳特区报,2018-02-09.
③ 深圳市党群服务中心"满月"累计服务党员群众6 408人次[N].深圳特区报,2018-07-31.

年5月,深圳市纪委公开曝光了7宗"为官不为"案例,涉案人员均受到不同程度的党纪处分,怠政懒政、庸碌无为、重大决策部署和重大项目落实不力等具体问题都被明确列入追责之列。同年5月,市委通过《关于支持改革创新、建立容错纠错机制的若干规定(试行)》,允许突破常规解决"老大难"问题,鼓励广大干部敢闯敢试、勇于担当、干事创业。同时,坚持从严选拔,科学选人用人,制定实施"六必谈五必核四必清""654"干部考察法,通过家访了解、延伸考察、疑点追问等方式,把干部考准考实,防止"带病提拔";建立干部现实表现电子档案,录入7大类28项信息,掌握干部的"全息图像",避免因工作人员变动影响对干部的历史评价①。

越是改革开放,越是加强党的建设。改革开放40年,深圳不仅创造了经济增长速度的历史纪录,而且进行了党建工作的重要探索。党的十九大报告提出,实现伟大梦想,推进伟大事业,进行伟大斗争,都必须依赖于伟大工程的建设,党的建设伟大工程在"四个伟大"当中起着决定性作用。深圳特区党的建设40年的探索经验进一步证明,执政党建设不仅是推动改革前进的重要保障,而且是推动经济发展和社会整合的重要动力。同时,经济社会的巨大变化也为基层党建创新提供了不竭动力。

---

① 深圳以党建创新推动全面从严治党[N].深圳特区报,2017-03-14.

第二章

深圳经济发展40年

张树剑①

---

① 张树剑,法学博士,深圳大学城市治理研究院副教授。

从一个小渔村发展到经济总量突破2万亿元的国际化一线创新城市，深圳克服了很多人文、地理资源的先天不足。经济发展始终是这座城市的主线，而且深圳的经济发展一直紧扣世界经济的新趋势，在私营经济、金融创新、共享经济、科技引领等方面，在全国甚至在全球都处于领先的地位。与之相伴的体制供给、社会资本积累等治理要素与经济发展相得益彰。

深圳40年的发展大致可以划分为三个阶段：第一阶段是1978—1992年，探索确立市场经济体制的阶段；第二阶段是1993—2014年，全面高速、高质量增长时期；第三阶段以习近平总书记在2015年1月对深圳发展作出重要批示为起点，进入全新的阶段。如今展现在世界面前的深圳不仅是一个经济高度发达的现代化大都市，更是一个平等、包容和值得信任的友善之都，这对于深圳下一步的经济增长而言是一个重要的基础。因此，全面总结深圳过去40年经济增长的经验，深挖促进深圳经济稳定发展的深层次原因，对于深圳经济社会的进一步发展，对于国家正在实施的粤港澳大湾区发展战略规划以及中国其他区域的跨越式发展将具有极其重要的意义。

一、率先探索社会主义市场经济体制 ▶▶

从1978年到1992年是深圳率先进行社会主义市场经济体制探索的重要历史阶段。在党的十四大确立社会主义市场经济体制之前，深圳由于拥有"特区"的政策环境优势，作为改革开放的试验田，已经提前开拓、实践社会主义市场经济体制，这为之后长时间的改革和发展奠定了体制性的基础①。社会主义市场经济体制是深圳经济长期健康增长的制度保证，也是深圳最根本的公共品供给机制。深圳40年经济发展中对社会主义市场经济体制的探索从本质上看是对生产关系进行调整，以适应生产力发展，最终按

---

① 杨开忠.改革开放以来中国区域发展的理论与实践[M].北京：科学出版社,2010：287.

照邓小平同志关于特区建设的总要求,实践了"建设资金以吸收和利用外资为主、经济结构以中外合资和外商独资经营企业为主、企业产品以出口外销为主、经济活动在国家计划经济指导下以市场调节为主"的四大方针,特别是对"以市场调节为主"的重大探索,对国家在之后确立并长期实践社会主义市场经济体制起到了奠基性的作用。

改革开放之初,深圳以开放促改革。一开始深圳以市场为取向,以蛇口工业区为起点,以基本建设管理体制和价格体制改革为突破口,在全国率先开展了工资制度、劳动用工制度、基建体制、土地使用和住房制度、价格体制、企业体制、劳动保险制度、干部人事制度以及政府机构等方面的改革,突破了传统计划经济体制的束缚,为经济特区的对外开放和建设发展扫除了障碍,并对全国改革开放产生了重要影响①。这种从蛇口工业区发端的市场经济体制模式,打破了计划经济的平均主义,让深圳建设者始终秉持着"时间就是金钱、效率就是生命"的价值理念。深圳于20世纪80年代创造了多个"第一",创立了第一家股份制企业,第一个取消票证制度,第一次进行国有土地使用权拍卖,成立了第一家证券公司。历史证明,深圳关于市场体制的探索为国家的全面改革开放树立了成功典型。

所有制改革是深圳探索的最重要的体制改革之一,为深圳40年经济高质量增长奠定了框架性基础。因为在改革开放早期深圳并没有得到中央和广东省的特殊财政支持,按照1980年5月发布的《广东、福建两省会议纪要》的精神,经济特区的管理在坚持四项基本原则和不损害主权的条件下,可以采取与内地不同的体制和政策,特区主要是实行市场调节。所以,深圳大力推进所有制改革,发展混合所有制经济,引进"三资"企业,鼓励民营企业发展,使深圳的经济发展呈现多种经济成分相互交融,公有制与非公有制经济在相互竞争、相互促进中共同发展,促进了生产资料社会化占有程度的提高②。借助毗邻港澳的优势,深圳大量引进外来投资,发展本地重要产业,鼓励本地民营科技企业的创办,并于1987年率先出台了《关于鼓励科技人员

---

① 孙长学.深圳经济特区的体制改革探索及其示范价值[J].改革,2018(5):18-26.
② 郑通扬.论市场经济要素与经济体制改革——深圳社会主义市场经济体制框架初探[J].管理世界,1998(9):44-47.

兴办民间科技企业的暂行规定》,鼓励科技人员以专利等知识产权入股创业。这一举措为深圳最终能拥有全球著名的高科技、金融企业打下了坚实的基础,也为深圳的长期增长吸纳了巨额的资金,还为深圳吸引到了一批又一批的人才,包括华为在内的大型高科技企业当年都受到这一文件精神的鼓舞。

1993年到2014年是深圳实践社会主义市场经济体制的重要创新阶段。"小政府、大社会"模式实现了政府对市场经济的最少干预与最强支持。民营经济在深圳经济发展初期便占据了重要的地位,并且催生了深圳市场经济体制改革的多项重要内容。现在民营经济已经成为深圳经济社会发展的支柱。无论是在数量、规模、创新力还是在国际化程度上,深圳都已经培育出一批世界级本土民营企业。这对深圳乃至整个华南经济起着产业引领和产业集聚的作用,并且全面提升了深圳在全球产业链布局中的话语权。多种经济成分共赢的这种局面的形成,靠的就是深圳多年来努力形成的"小政府、大社会"模式。改革开放后,深圳全面深化改革,完善现代市场体系,为民营企业、高科技企业和外资企业消除各种隐性壁垒,在更高、更广泛的层面提供优质公共品,建成了更加包容的营商环境和政企关系。

深圳在探索和发展市场经济体制的过程中,注重削弱利益集团对经济多元化发展的阻碍,为市场经济发展积累了最重要的社会资本——信任,从而为资本、技术和人才的持续流入打下了较好的社会基础。因为深圳建市历史较短,优势产业基本集中在民营高科技企业,这样的产业从起步到发展再到壮大非常容易受到利益集团的冲击。利益集团对这些产业发展的阻碍的主要表现就是通过其政治资源和经济资源形成产业政策障碍①。改革开放之初,深圳就吸收了中国香港和新加坡的相关经验,在全国率先成立政府监察局,探索解决政府决策、执行与监督三者之间的相互制约机制,有效地遏制了市场经济和开放发展过程中政府以及利益集团的腐败和无效率问题,对提升政府内部运作的透明度和效率起到了不可估量的作用,让深圳党政

---

① 陈水生.动机、资源与策略:政策过程中利益集团的行动逻辑[J].南京社会科学,2012(5):26-42.

机关长期保持清廉、高效的工作状态,为市场经济健康良性发展保驾护航。同时,作为公共品供给制改革的重要一环,深圳率先启动了事业单位的分类改革,不断深化事业单位内部的人事制度改革,取消事业单位行政级别,实行人员岗位聘用制等。

产权改革与国有企业改革为深圳产业发展打下坚实基础。深圳在改革开放之初,便大力发展高新技术产业,而这样的产业体系特别需要综合配套的政策支持。特别是在产权、国有企业改革方面,深圳坚定实行股份制改革,这为深圳吸纳了大量的建设资金,同时为深圳的全国金融中心建设奠定了基础。深圳特区建立之初的十多年间,基本建设投资达 231 亿元,其中国家财政投资只有 3.5 亿元,绝大部分资金通过自筹和银行融资来筹措。投资主体的多元化,使特区形成了与内地不同的企业组织结构。为了充分体现各方面投资主体的权益,深圳特区多数企业从建立之初就采取了股份制形式的企业制度。并且,国有企业逐步试行了向企业内部职工和社会公开招股集资,解决了长期性资金来源问题①。

经过调整,国有企业从一些竞争性领域逐步退出,转而集中做好与城市发展相关的公共服务保障产业,为民营企业提供发展空间。这些符合市场经济发展规律的长远战略促成了如今深圳作为国际化高新技术产业创新之都,为深圳一直以来的产业结构调整和经济增长提供了坚实的基础。深圳的股份制改革、国企改革探索和资本市场建立,为之后国家建立国有资产投资管理专门机构和资本市场监管体制积累了相当重要的经验。1987 年 7 月,深圳成立了全国第一家国有资产管理机构,之后逐步探索"三级授权经营制",将计划经济体制下政府和企业的"行政隶属"关系转变为市场经济体制下委托人和代理人之间的"资产纽带"关系,以投资收益取代了全面干预②。深圳国有企业权限逐步下放的决策使得国有经济投资规模和投资效益明显增长。2005 年,《深圳市属国有企业投资管理暂行规定》出台后,深圳国有企业投资额和增长率在 2006 年和 2007 年明显上升,固定资产扩张

---

① 张鸿义.深圳股份制改革与证券市场发展[J].管理世界,1992(1):6-10.
② 苏东斌.国有企业产权改革的深圳模式:三级授权经营制[J].经济研究,1995(8):50-58.

率约为16%。2012年,深圳市再次出台了《投资管理规定和加强市属国有企业投资综合监管的指导意见》后,深圳国有企业投资额和增长率在2013年和2014年再次出现明显上升,这表明监管政策的出台对市属国有企业投资具有促进作用①。

改革开放之初,深圳对于融资市场的探索是颇有风险的。按照当时的计划经济体制,即使是银行的资金,也是按计划分配下拨的。在建设资金极其缺乏的情况下,深圳在内资和外资的融资方面都积累了相当不错的实践经验。首先,在内资体制上,人民银行深圳市分行自设立起就是国家一级分行,并且对信贷资金具有实质的管理、分配权力,还被授予了自主制定利率的特权和对其他银行主要领导拥有人事决策权,这增强了人民银行促进深圳经济协调、稳定增长的积极作用。其次,深圳于1985年在全国建立了首个外汇调剂市场,这一方面解决了建设发展初期外汇紧缺的现状,另一方面尝试利用市场机制稳定了当时特区的金融市场秩序。最后,在外资方面,特区跨越了直接引进外资银行的机制,直接引进了大量的外汇资金,完善了特区的金融体制,培育了特区的金融竞争机制。这为之后资金市场的多元化发展以及深圳建设全国金融中心积累了经验。深圳不断探索并完善金融市场体制,通过金融反哺效应服务深圳和内地的经济发展,尤其是珠三角区域和广东的实体经济,为广东经济的跨越式发展做出了贡献②。全球经济一体化和信息技术革命对于国际资本流动具有强大的推动作用,在中国经济进入"新常态"之后,深圳作为全国改革开放的排头兵,面临高速增长之后的经济转型升级要求,新经济形态要求深圳继续利用好自身产业发展的优势,加快发挥金融集聚效应来应对新一轮经济转型③。

计划经济体制最大的特点之一就是物资由国家统一定价和调拨。而市场经济最敏感的就是价格体系。深圳经济特区建立伊始的大规模城市

① 产耀东.深圳经济特区国有企业投资监管制度的演变及效果分析[J].深圳大学学报(人文社会科学版),2016(3):36-42.
② 张鸿义.深圳金融中心建设的总结、评价与展望[J].开放导报,2015(2):37-44.
③ 徐晓光,许文,郑尊信.金融集聚对经济转型的溢出效应分析:以深圳为例[J].经济学动态,2015(11):90-97.

建设对生活、建筑物资的大量需求，与此前资源短缺时期实行政府调拨、统一定价的计划供给体制形成了尖锐矛盾，这严重影响深圳的建设与发展。此种情势迫使深圳于1979年尝试进行价格体制改革，进行一系列以建立宏观调控下的市场价格体系与价格体制为目标的价格改革①。这场基础性改革包括了生活资料和生产资料的价格管制分类分批放开，利用市场机制积极发展商品市场，逐步建立起完善的价格体系，为经济发展奠定了基础。

深圳特区建设是伴随着经济高速增长的城市化过程。深圳早在改革开放初期就借鉴香港的土地制度经验，率先对行政划拨、无偿长期使用的土地制度进行了一系列改革，于1987年颁布了《深圳经济特区土地管理体制改革方案》，提出用经济、法律与行政手段相结合的综合管理代替单一的行政管理，变分散、多头管理为统一管理，实行土地商品化经营，全面推行土地有偿使用，采用公开拍卖、招标、协议等办法，将国有土地的使用权转让给使用者，允许土地流通、转让、买卖与抵押，在国内率先放开土地市场②。深圳土地供给机制的不断改革对于城市可持续发展做出了巨大的贡献，对全国的土地交易市场机制改革影响深远。在深圳进一步地朝着新发展目标前进的过程中，随着城市建设用地的日益紧张，深圳需要进一步创新和完善土地供给机制。珠三角地区快速的工业化和城市化进程，导致这一地区建设用地需求大，仅依靠集体土地转为国有用地，不仅指标受到严格控制，而且审批周期长，难以满足实际建设需要。所以，集体土地很快也成为开发建设的重要对象③。深圳于2015年成立了城市更新局，建立城市更新政策体系，打开"农地"入市，规范存量土地的利用和管理④。深圳旧工业空间的再生产是城市转型的直接空间载体，不仅是对城市物质空间的更新和景观环境的再造，

① 付莹.深圳重大改革创新史略（1979—2015）[M].北京：社会科学文献出版社,2017：2-3.
② 付莹.深圳重大改革创新史略（1979—2015）[M].北京：社会科学文献出版社,2017：32.
③ 龚华,李贵才.快速城市化背景下土地利用总体规划转型研究——基于深圳市的经验与启发[J].城市发展研究,2015（12）：65-69.
④ 付莹.深圳重大改革创新史略（1979—2015）[M].北京：社会科学文献出版社,2017：39.

而且是城市产业经济升级、社会组织优化、政府城市管理水平提升的重要实践过程①。

二、人力资源、社会资本与服务创新对经济增长的贡献 ▷▷

深圳是将劳动力、人才要素与产业优势发展结合得最好的城市之一。深圳建市时间很短，本地并无对劳动力和人才进行大规模培养的历史经验和条件，但深圳的国际化发展思维和对人才平等对待的理念让新来的人才对这个城市充满了信任。这些流入的人才很快便能为产业的发展做出有效的贡献。这种人才与资金、技术、产业的对接并非简单的投入产出关系，其中的城市社会资本发挥了极其重要的媒介作用②。这样的一种要素持续供给状态为深圳构建以企业为主体、以市场为导向、政产学研相结合的区域创新体系具有十分重要的支撑作用。截至2017年底，深圳常住人口为1 252.83万人，相比2016年底的1 190.84万人，激增近62万人。对于实际居住人口已经超过2 000万人的深圳来说，劳动力人数还在不断增加，可见这个城市的人力资源政策导向与经济发展的结合度很高。而同期的上海和北京则同时出现自1978年以来的首次常住人口数下降的现象。

随着建市之后的经济体量越来越大，深圳的发展最需要的就是大量的劳动力。率先大规模移入深圳的劳动力主要来自附近地区，这些外来劳动力到深圳参与经济建设，同时安家落户，在此过程中，外来人口并没有受到太多政策上的阻挠。他们在这个城市找到了可以重建信任的空间，进而利用这些信任构建长久的人际发展网络。当社会处在从计划经济或者说是再分配经济向市场经济过渡时期，社会转型的本质特点之一就是由国家计划控制的资源配置方式转向市场配置资源的方式。

---

① 严若谷.快速城市化地区的城市工业空间演变与空间再生研究——以深圳旧工业区升级改造为例［J］.广东社会科学,2016（3）: 44-51.
② 刘伟.社会资本与区域创新:理论发展、因果机制与政策意蕴［J］.中国行政管理,2018（2）: 65-70.

　　中国历代对于人的自由迁徙、居住的管治是相当严格的。计划经济时代对于劳动力的供给和流动也是采取严格的管理措施。这样的政策环境对于深圳建设社会主义市场经济体制是非常不利的。因此，深圳开始大胆改革，不但在劳动用工方面如此，甚至从 1982 年开始面向全国大规模招聘政府干部。深圳经济特区从改革开放之初打破计划管理体制下劳动用工的统包统配制度开始，先后进行了一系列针对劳动用工制度和用人机制的创新试验。这些创新包括实施适应外商投资企业自主选择用工形式的劳动用工合同制；为探索"双向选择"的市场化就业机制而率先成立劳动管理总站、劳动服务公司，负责劳动力管理；颁布我国第一个政府规章性质的劳动合同用工制度——《深圳市实行劳动合同制暂行办法》；成立国内第一家企业化经营的劳动力公司；率先成立劳动监察队伍，率先实行大学毕业生自主择业和就业单位双向选择机制，建立全国首家常设性人才市场，首度推行积分入户制度[①]。在近些年的体制改革中，深圳不断探索和完善劳动争议调解指导工作协调机制。劳动用工制度的改革解决了劳动者自身的就业和生活需求问题，更为深圳长期健康、快速的经济增长奠定了良好的基础。

　　改革开放以来，深圳的劳动力数量一直呈现上升态势，且增长速度较快。其中，以"六五""七五""八五"三个时期增长最快，年均增长率分别是 17%、27.3% 和 22.3%；之后的"九五""十五""十一五""十二五"时期，年均增长率有所回落，分别是 9.7%、3.9%、5.6% 和 3.6%；到了"十三五"时期，年均劳动力增长又回到 12% 的两位数水平。深圳的劳动力增长情况与同期的国内生产总值增长情况基本相似，"六五"至"十三五"时期的国内生产总值年均增长率分别为 50.3%、22.4%、30.9%、15.9%、16.3%、13.3%、9.6% 和 22.6%[②]。这说明劳动力增长对经济增长有正向影响。这一点我们可以从深圳劳动力人数与人均国内生产总值的趋势图可以看出，随着劳动力数量的增加，人均创造的价值也在增加（见图 2-1）。

---

① 付莹.深圳重大改革创新史略（1979—2015）[M].北京：社会科学文献出版社，2017：16-17.

② 深圳市统计局.深圳统计年鉴2017[M].北京：中国统计出版社，2017：277.

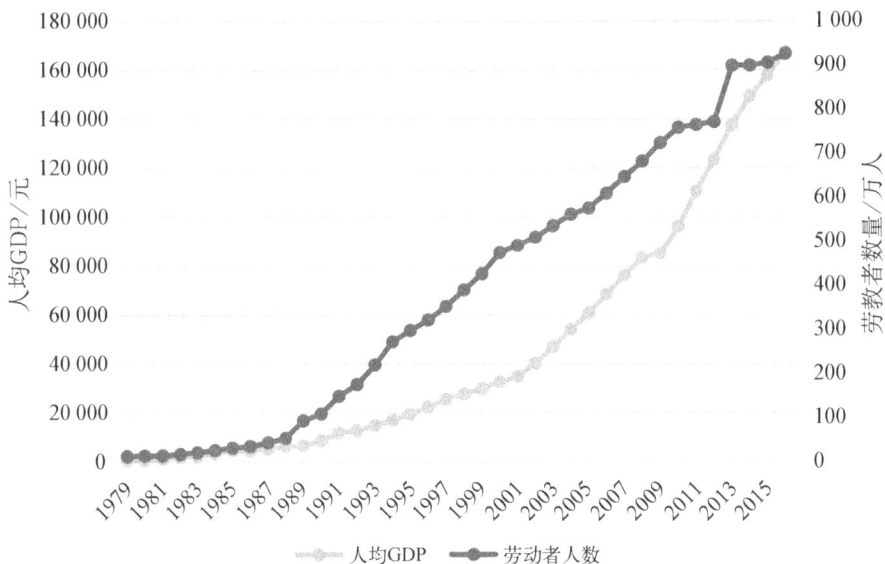

图2-1　深圳市劳动者数量与人均GDP趋势图

　　此外,还可以从劳动力数量和劳动平均工资两个数据的走势可知(见图2-2),随着劳动力数量的增加,劳动平均工资同样增加,这说明劳动力的急剧增加并没有形成劳动力冗余,也没有降低人均劳动力获得报酬的能力。相反,劳动平均工资随之增长,说明劳动力的大量迁入对经济增长和劳动收入增加做出了正向的贡献。

　　也有学者从全要素生产率的角度就深圳的劳动力对经济增长的贡献率做过研究,得出了相似的结论,即劳动力增长对深圳GDP增长的贡献呈现出先增长、后下降,并最终回到较低水平的变化趋势[①]。这一方面说明劳动力的大量涌入对深圳的经济增长做出的贡献是不可替代的,这些劳动力作为经济建设者的同时也是消费者,他们参与社会文化和精神的建设,逐渐形成各种共同体。另一方面,随着深圳经济从高速发展到高质量发展的转型,产业不断升级,劳动密集型产业不断淘汰,取而代之的是医疗、教育、科技创新、咨询服务、金融等行业,这些智力密集型行业的发展对于深圳来说至关重要。在这些行业主导下的深圳经济,其发展不能仅靠劳动力数量的增加

① 王帅,任颐.深圳经济可持续发展的动力分析[J].经济体制改革,2014(2):54-58.

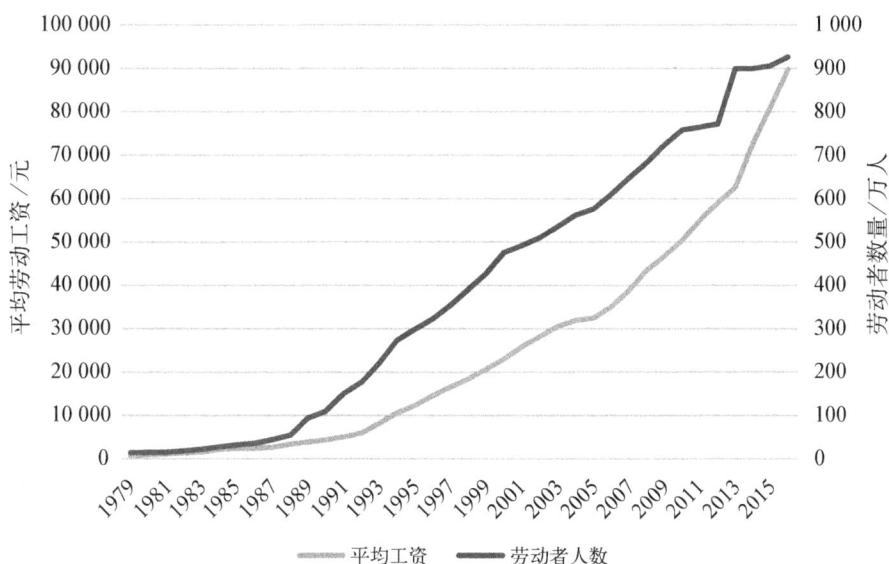

图2-2　深圳市劳动者数量与平均劳工工资趋势图

来支撑,要有针对性地引进更多的专业人才,提高与人才有关的研发投入,两者结合才能为深圳经济做出更大贡献。而且,随着劳动力数量的急剧增加,城市总人口也在不断攀升,这本身也从生活、住房、就业甚至交通、治安、环境等各方面给深圳带来了"大城市病"。因此,劳动力对于城市经济发展的作用不可替代,但是劳动力的结构和数量要随着经济结构的转型和升级而有所调整,这样才能不断适应一个城市的发展方向。

以社会劳动者人数比例来看。从2013年开始,深圳第三产业从业者的占比达到51.4%,之后每年的数据都在逐年上升;从地区生产总值的结构来看,从2008年开始,深圳第三产业总产值占比达到50.3%,之后每年的数据都在逐年上升。这说明深圳经济发展已经实质转型为以服务业为主,对劳动力和人才的需求也将会随之转变。近年来,深圳一直倡导湾区经济发展模式,并提出与世界上最大的几个湾区进行对标。如发展相对完善的旧金山湾区的服务业占比已经超过93%,经济结构相当现代化,并且优质科技创新服务业高度集聚,大量的全球产业链起点都在旧金山湾区,而湾区本身并不承担生产、销售,甚至连研发都已经不在湾区进行。深圳未来也会朝着这个目标前进,因此对于优质劳动力和人才的补充,必须有超前的规划。

高级人才资源的供给对深圳的经济增长和科技创新具有不可替代的作用。在高新技术发展方面的关键指标——国际专利的申请上,深圳已经在国内处于遥遥领先的水平。2017年,深圳国际专利申请量占全国的43%,在全球仅次于东京,位列第二。这对于深圳本地的产业形态和深圳的国际经济竞争力有巨大的支撑作用。深圳本身并不是一个具有悠久历史文化的地方,但是多年来,深圳在经济发展的基础上,通过与国内外一流大学、科研院所进行合作,由政府给予土地、资金和政策上的扶持,建成各种形式的教育、科研合作机构和大专院校,大力发展高等教育、产学研平台等,通过大学、科研院所吸纳人才,再通过人才吸引人才,最后实现人才集聚效应。深圳在研究与发展经费(R&D)的投入力度方面也相当大。2016年,按全社会R&D统计口径计算,深圳的投入经费为842.97亿元,占广东全省总体投入的41.42%,而同期广州市的投入水平仅为457.46亿元①。这对深圳经济的长远发展具有重要的支撑作用。

深圳是一个充满创新氛围的城市,其长期的经济增长主要动力来自科技和体制的创新。城市文化是否有利于创新,并不完全取决于其发展历史的长短,更重要的是社会的人口结构、经济形态、文化格局以及因此而形成的对于新事物的开放态度。移民社会的特征为深圳文化精神的形成提供了社会基础②。从建市以来一直到现在,深圳政府始终秉持着"来了就是深圳人"的人力资源理念。这种高度信任的社会资本可以帮助新移民快速从价值观上融入这个城市,继而为城市的经济增长做出贡献。深圳一直出台各种优惠政策、人才引进计划等,吸引来自全世界各地的优秀人才,特别是科技创新、金融、法律、咨询业的人才。

深圳政府非常重视把人力资源、科技创新和公共品供给机制结合起来考虑。深圳拥有完整的科技创新体系,人才、科技创新对其经济增长的贡献率较高。人才的不断加速集聚,让深圳已经成为一个具有国际较高水准的创新型城市。一般来看,社会资本与人力资本之间是密切相关和动态发

---

① 广东省统计局.广东统计年鉴2017[M].北京:中国统计出版社,2017.

② 谢志岿,李卓.移民文化精神与新兴城市发展:机遇深圳经验[J].深圳大学学报(人文社会科学版),2017(5):32-37.

展的,两者之间存在正相关关系。较高的人力资本和受教育水平有助于形成密集的社会网络,进而有助于社会资本的形成;而较高的社会资本又能够进一步使人们获得良好的教育机会,从而促进人力资本的积累①。深圳政府将公共服务融入社会资本培育当中,对于社会公共治理体系进行大胆改革。从20世纪90年代成立深圳市社团总会、出台全国首部行业协会条例以来,深圳先后进行了构建"一会两站"社区治理模式,实行行业协会民间化改革,实行行业协会直接登记及扩大直接登记范围,在机构、办公场所、人员和财务等方面与原业务主管单位全面脱钩,切断各行业协会与政府职能部门的行政依附关系,使行业协会真正拥有独立的社团法人地位②。如备受社会关注的食品安全治理领域,深圳监管部门致力于推动治理策略从单一监管向社会共治转型,转变监管理念,积极寻求社会共治主体,将部分监管空间让渡给企业和社会组织③。这样的做法使政府通过对行业协会提供间接支持,增强行业协会的公信力,达到对经济发展过程进行行业监管的效果。

三、区域发展理念对经济增长模式的影响 ▶▶

　　1978年之后,中央通过逐步向地方放权,让地方的经济快速增长起来。深圳的经济增长就得益于这种区域发展理念。中国的区域发展历程可以概括为强调效率目标的非均衡发展阶段(1979—1990年),坚持"效率为主,兼顾公平"的非均衡协调发展阶段(1991—2006年),统筹国内国际两个大局、坚持"发展和协调相统一"的互动发展阶段(2007年至今)④。这与深圳40年的经济社会发展历程基本一致。改革开放后的放权首先从特区开始实

① 崔巍.社会资本、信任与经济增长[M].北京:北京大学出版社,2017:181.
② 付莹.深圳重大改革创新史略(1979—2015)[M].北京:社会科学文献出版社,2017:188-190.
③ 谢康,刘意,肖静华,等.政府支持型自组织构建——基于深圳食品安全社会共治的案例研究[J].管理世界,2017(8):39-44.
④ 于文浩.改革开放以来中国区域发展战略的历史考察[J].中国经济史研究,2015(6):126-131.

行。深圳特区地处沿海,紧紧抓住了与港澳的"前店后厂"的合作机遇,吸收大量港澳外资发展经济,走外向型经济发展道路。一开始是各个地区各自为政寻求突破式发展,之后转而进行区域产业调整、协作发展,形成合作共赢的城市群经济带,最后以湾区的模式在经济高速增长的基础上打造优质美好的生活圈。深圳就得益于这样一条由点到面的发展道路,不断完善经济增长与政府公共品供给的关系,逐渐起到引领湾区经济发展的作用。

城市群主导的区域经济发展形态已经成为世界各国经济发展的基本模式。深圳的优势产业发展离不开周边地区的产业支撑。深圳经过40年的高速增长,经济总量已经超过同处珠三角地区的香港和广州,事实上成为粤港澳大湾区的领头羊,并且人才还在源源不断地涌入深圳。以腾讯、华为、中兴、华大基因、大疆科技、比亚迪汽车等企业领军的深圳高新技术产业,一方面引领中国经济走向世界;另一方面为粤港澳大湾区打造坚实的产业链基础和优质的产业生态。深圳带动了周边地区的经济发展和产业升级,并且这种辐射效应还在逐渐增强。

2011年2月18日,广东省委、省政府批复《深汕(尾)特别合作区基本框架方案》,正式设立深汕特别合作区;2015年7月23日召开的广东省政府常务会议审议通过了《广东深汕特别合作区管理服务规定》,深汕特别合作区的法律地位正式确立,履行职能从行政授权转化为法律授权,并且将税收政策权力交由深圳行使。这对于粤港澳大湾区"9+2"城市群的协作治理具有较好的借鉴作用。在粤港澳大湾区建设成为世界一流的金融中心、贸易中心、航运中心和科技创新中心、世界知名大湾区和城市群的大背景下,深圳应当进一步加快完善各项公共品供给机制和区域协调机制,肩负好引领大湾区城市群发展的责任。

从1980年到2016年,深圳的实际GDP年均增长率在22%,达到2万亿元人民币的级别。拥有125家上市公司(市值规模合计达4 000亿美元,其中包括腾讯、中兴等企业)的南山区人均年收入高于香港,每年吸引大量大学毕业生到此就业、定居。深圳市在研究与发展(R&D)经费的投入上一直保持在GDP的4%的比例,而南山区的这一指标值则超过6%,且绝大多数的经费来自私营企业。深圳申请国际专利的数量已经远远超过英国和法国,仅位于美国、日本之后①。深圳一直注重与北京、香港甚至海外的著名高校合作办学或创办科研院所,给予其政策和土地支持,从而弥补深圳本地缺乏科研机构的不足。这是深圳保持先进制造业优势的重要原因之一。

深圳具有丰富的先进制造业的产业经验,规模以上工业增加值一直稳居广东省第一、国内第二。深圳应该继续做强先进制造业,同时要引导大湾区内的协作分工。珠三角地区在广东省相对比较富裕、先进,在粤港澳大湾区发展战略规划出台之际,深圳更应该考虑的是如何将湾区的先进制造业与粤东、粤西、粤北的发展联动起来,激发广东以及周边较不发达地区的合作积极性。深圳特区是改革开放政策的重要载体,政策的配给和传导成为区域增长极效应发生的首要机制。特区发展的优势构成了区域内产业梯度转移的基础,通过产业梯度的转移,有效促进了周边区域的经济社会发展②。

深圳已形成以信息技术及其相关配套产业为基础的产业集群。2008年,深圳市信息技术产业产值已达到 7 839.2 亿元,产值约占全国电子信息产业的六分之一。深圳既是中国信息技术制造业的基地,也是出口贸易基地以及零部件、技术和信息的集散地,并拥有一批具有国际竞争力的信息技术企业巨头,如华为、中兴、腾讯等领军企业。在全球金融危机来临时,这些企业不但没有受到毁灭性打击,反而逆势而上。2008年,深圳通信设备、计算机及其他电子设备制造业增加值为 1 607.14 亿元,占规模以上工业增加值的比重为45.6%。深圳的研发投入在持续加大,产品呈现高端化特点,如集成电路、磁头、存储设备产品保持较高的增长速度,它们在2008年的增长率分别为48.6%、34.3%和31.8%③。珠三角地区与电子有关的企业不但能够将客户端知识溢出转化为内部的知识,而且具备将其转化为创新的动力和新的市场机会的能力。这一特质表明珠三角电子产业区已经初步具备产

① Jewel in the crown: Welcome to Silicon Delta, Shenzhen is a hothouse of innovation[J]. The Economist, 2014, 4(14): 41-48.

② 徐溯,郁俊莉.经济社会发展中的区域增长极效应研究——以深圳特区为例[J].中国地质大学学报(社会科学版),2013(3):101-108.

③ 王珺,丘海雄.珠三角产业集群发展模式与转型升级[M].北京:社会科学文献出版社,2013:78.

业集群的基本特征①。因此首先可以考虑在粤港澳大湾区基础建设过程中产生的一些重要制造产业链,如高速交通、信号系统、信息通信等产业;其次可以让粤东、粤西、粤北与珠三角地区之间形成较好的产业互补,承接产业转移。香港和深圳的人力和土地成本偏高,将新产业的支撑点放到粤东、粤西、粤北等地区也是非常合理的,香港主要偏重于金融市场和专业服务领域的带动作用,深圳主要发挥在新科技和应用技术方面的引领作用,使粤港澳大湾区的产业协作能够发挥积极的效应。

深圳拥有丰富的金融产业发展经验,能够很好地服务于自身长期的经济增长。改革开放初期,深圳主要采取吸收外资发展外向型经济,利用政策和区位优势,率先进行金融、外汇、保险等行业管理体制改革,大力推进区域金融产业的协作发展。1982年,香港南洋商业银行在深圳开设分行,成为内地第一家外资银行。2004年,中国人民银行深圳支行正式成为香港银行人民币业务的清算行,使香港的人民币业务从非正规的、自发的业务逐渐纳入正规的银行市场。深圳率先引进外资银行开展工业贷款和信用证、押汇业务;率先设立人民银行深圳特区分行行使中央银行职能;成立中国工商银行深圳市分行,率先经营外汇业务;创办我国第一家企业集团所属银行,第一家由国家投资、企业和私人三方合股的区域性股份制商业银行,全国第一家城市合作商业银行,国内首家委托专业担保公司经营管理的信用互助社,以及CEPA框架下的首个香港银行内地分行;成立首家为境外机构调剂外汇余缺点交易机构——外汇调剂中心;创办全国第一家企业所属的股份制保险机构,建设深圳保险创新发展试验区,探索商业车险定价机制等一系列改革②。

与香港地区相关产业的紧密互动,是深圳特区自建立以来经济社会发展的一种特殊优势。深圳从最初学习、模仿香港,到如今经济体量上与香港相当,成为国家进一步深化改革开放事业的发展样板。当年在特区的区位

---

① 李郇.珠江三角洲创新空间:企业组织与网络[M].北京:社会科学文献出版社,2015:91.

② 付莹.深圳重大改革创新史略(1979—2015)[M].北京:社会科学文献出版社,2017:49-50.

选择上，中央之所以把深圳选为经济特区，香港在其中起了重要作用。深圳充分利用香港作为国际经济中心的辐射效应，借鉴香港在经济发展方面的经验和做法，加速深圳特区的开发建设。香港自由、开放、多元化的市场经济模式，对深圳深化改革、建立和完善以市场调节为主的经济运行机制产生了重要作用；深圳利用香港国际金融中心的条件引进了大量的发展资金；利用香港经济结构调整和劳动密集型产品的转移，为深圳的外向型经济发展提供了良好的机遇，促进了深圳工业尤其是外向型工业的迅速发展①。在粤港澳大湾区建设的新时期，香港和深圳保持适度的竞争态势是不可避免的，但应避免同质化的恶性竞争。深圳和香港应该利用珠三角已有的完备的产业和市场基础，致力于建造区域共同市场。从社会资本的基本理论角度看，在人文、经济、市场、价值观等方面，粤港澳大湾区都具备协作基础，这将非常有利于大湾区建成金融中心、商贸物流中心和制造业中心。

广东省自贸区的建设是打造这一共同市场的一个发展机遇，而深圳前海、珠海横琴、广州南沙之间的协作是大湾区服务贸易自由化的一个重要途径。特别是在金融开放创新与人民币国际化战略实施方面，深圳应该加大与港澳的深度融合，学习港澳透明、法治化的金融体系，在资金的自由流动、人民币离岸金融中心、金融监管体系创新等方面，走在全国的前列，为国家深化改革事业积累经验。深圳自身已经具备金融业发展的巨大基础，2016年其金融总资产已达12万亿元人民币，金融业增加值占GDP的15%，深圳证券交易所的市值达3.41万亿美元的规模，超过香港联交所的市值。深圳是国内私募基金最发达的地区，管理资金规模达1.2万亿元人民币，并且深圳的金融业主要支撑来自民营企业，其市场机制灵活，创新能力强。这些优势使得深圳必须考虑如何与港澳资本对接，与港澳合作发挥协同效应，通过珠三角贸易优势项目，在东南亚和"一带一路"国际市场力推人民币结算体制。

珠三角区域尤其是深圳，因为经济发达，人口迁入趋势明显，医疗服务的需求巨大。与北京和上海相比，深圳由于相对缺乏医学院校和大型医院

---

① 张思平.论深圳特区发展中的"香港因素"[J].管理世界,1992(2):37-41.

的软件和硬件基础,在医疗人才的供给方面相对欠缺,这与该地区高度发达的金融和高科技产业对全球相关行业人才的吸引力形成鲜明的对比。医疗卫生服务是粤港澳大湾区优质生活圈打造的重要公共品,也是形成优质社会资本的重要前提之一。深圳借区域优势大力发展医疗卫生服务行业,一来可以提高本地区居民的生活满意度,增加社会资本;二来可以服务国家战略,增强与港澳的合作,通过港澳与海外医疗、医药市场的天然联系,为国家医疗卫生体制改革提供发展经验。珠三角地区尤其是深圳有相当发达的民营投融资机制,政府应当做好顶层设计,由市场发挥资源配置的主导作用,在医学教学机构、医疗机构的设立以及医疗人才的培养方面,处理好政府与市场的关系,建立对市场的常态化监督机制。深圳作为先行先试的改革特区,理应以身作则,可以尝试针对民营医疗机构在医疗用地、融资、医疗服务定价、医疗科研等方面出台政策细则。医疗人才的缺乏和公私营医疗资源的不对称则是另外一个制约民间医疗在市场中发挥作用的因素。对此,政府可以考虑在保证监管和明确权责的基础上,鼓励民间医疗机构和公立医院的人才资源流通,推进医师多点执业,缩小两者之间的差距。此外,政府也可以牵头促成有实力的民间医疗机构与医学院校开展合作,形成战略合作伙伴关系,仿照公立医院和医学院已有的"定向培养"机制,为民间医疗机构提供人才和技术支持。

　　深圳面临的高质量医疗人才短板还有一个比较特殊的区域背景,与深圳邻近的香港和澳门对整个珠三角地区的人才具有较强的吸引力,导致珠三角地区尤其是深圳的整体人才流失比较严重。港澳地区有着较好的社会发展环境以及完善的高等院校、医院执业环境,同时采取了与新加坡类似的低税率政策,这对人才的流入具有较强的正面影响。但目前珠三角地区的经济发展趋势非常有利于海外相关人才反流至以深圳为中心的珠三角大湾区。这些医疗人才进入珠三角地区服务的方式很大程度上会偏向私人执业,进入私立医院和社会养老机构等。因此,这些地方政府在海外医疗人才的引进和消化工作中,必定要在社会管理、许可经营、市场竞争关系协调等方面进行深化改革,要从硬件和软件方面进行政策的配套保障,扭转国内人才通过香港流失海外的不利局面,使得珠三角地区在未来人才培养和引进工作中保持核心竞争力。

　　首先,细化对海外医疗人才集中的私立医院和私人养老机构的监管细则,明确政策意图,在监管上创造一个良好的环境,配合医疗改革的深入,考虑将这些私立医院和私人养老机构纳入公立医院体系的医疗云数据库中,共享一个数据平台,在医疗管理、人才培养和使用等方面上互通有无。其次,目前深圳对口接收海外医疗人才的医院数量依然很少,仅有港大深圳医院一家,需要持续鼓励建立综合性强、符合接收高端海外医疗人才标准的私立医院。因此,在医疗投资的资金跨境调度方面,深圳市可以深化深港金融合作,根据投资方的经济实力和投资规模对配额灵活调整,与此相配合,在土地核准、工商审批等方面进一步优化流程。现阶段公立医院无论是在规模还是医疗水平上都还占据着绝对优势,为了让这些私立医院、私人养老机构能够尽快在市场上立足,获得民众的认可,政府应当在医疗市场中对它们一视同仁,把它们看作是医疗体系中不可缺少的一部分,有意识地引导它们形成自身的经营优势,满足市场不同层次的需求。

　　香港与深圳的个人所得税的差距,使得深圳非但难以从香港吸引人才,反而会使本土人才向香港流失。深圳若要以积极的姿态向港澳甚至其他发达地区争夺医疗人才,应针对医疗人才降低个人所得税的征收标准。利用财政手段调节税收,这样有利于从港澳引进优秀的医疗人才,缓解当地医疗人才紧缺的现状。深圳可以参考新加坡"海外工作者纳税人计划"和特殊住房福利等政策,让珠三角地区成为医疗人才引进和流动的高地,使得这些医疗人才真正将珠三角作为其职业发展的归属地。

　　为了充分吸收香港地区完善的医疗人才培养和流动机制及经验,深圳政府应当在粤港澳大湾区一体化建设的有利条件下,与香港特别行政区政府联合制定医疗人才协作培养和流动保障机制,设立针对各类医疗人才的专项基金、助学金、奖学金以及奖教金,吸引香港地区医学院校和医院参与深圳地区的医疗人才培训工作中来。然而,目前的情况是深港两地人才受制于相关政策,无法做到顺畅的双向流动,具体表现在:内地赴港人才签注的手续复杂,即使持商务签注也无法受聘于香港的任何公司,只有通过单一的"输入内地人才计划"才能获得工作机会。这无疑阻碍了两地医疗机构和人才的交流活动。另外，深港两地在医疗环境、居住环境等方面存在较大差别，深圳缺少针对外来尤其是香港地区的优秀医疗人才的生活社区。

四、科技创新的支撑作用及经济发展的未来之路 ▷▷

深圳经济40年的高速增长，与它走科技创新的发展路径是密切相关的。建设创新型城市对于中国实施创新驱动战略、建设创新型国家具有重要意义。深圳作为中国建设创新型城市的第一个试点城市，其创新发展成效显著，形成了独具特色的"深圳模式"。深圳创新发展得益于其开放、包容、多元的创业文化，各类创业创新人才的集聚，科技创新与金融创新的深度融合，形成以企业为主体、产学研一体化的创新模式和良好的创新环境①。中国真正的科技创新型代表性企业大多集中在深圳，比如腾讯、华为、中兴、华大、比亚迪、大疆科技等，这些企业从创业起家到如今站在世界同行的前列，得益于深圳40年来走的这条鼓励创新的道路。反过来，这些企业扎根深圳继续攀登高峰，也进一步支撑了深圳在下一轮世界经济发展当中占据有利地位。

科技创新是衡量区域综合竞争力的重要因素，影响着区域社会经济的可持续发展。有研究对2001年和2013年珠三角区域城市科技创新综合能力从投入、产出等角度进行过测算，结果显示深圳的科技创新综合能力占据了遥遥领先的地位。2001年，深圳投入和产出能力分别为0.428和0.42，而同年广州的投入和产出能力仅为0.279和0.347。珠三角城市群区域创新能力尚不能与发达国家城市群相提并论，但在国内具有一定优势。从技术密集型制造业的贡献程度来看，珠三角地区与京津冀和长三角地区相比，水平高并且发展快。1988—1997年，珠三角地区技术密集型制造业的贡献为46.37，低于长三角的56.68，略高于京津冀的42.46。而在2000—2011年，

---

① 辜胜阻，杨嵋，庄芹芹.创新驱动发展战略中建设创新型城市的战略思考——机遇深圳创新发展模式的经验启示［J］.中国科技论坛，2016（9）：14-19.

珠三角地区技术密集型制造业的贡献达到 93.52，大大高于长三角地区的 68.69 和京津冀地区的 55.41，表现出后来居上的势头，体现出珠三角城市群在产业创新方面的突出成绩①。而深圳在综合创新能力方面位居全国第一，引领珠三角区域科技创新发展。

虽然科技创新越来越成为经济社会发展的支撑，但深圳并不是一个拥有众多著名高校的城市，高等教育和科学研究的原生能力并不强。然而深圳极其重视引入国际国内一流高等院校和一流人才扎根深圳，为深圳经济发展做出长远贡献。深圳政府通过给予政策和土地资源优惠，吸纳高校和相关人才到深圳创办科研院所和知识创业型企业，为深圳经济的转型和升级提供重要的智力支撑。自 2000 年起，深圳积极引进北京大学深圳研究生院、清华大学深圳研究生院、哈尔滨工业大学深圳研究生院以及武汉大学、南京大学、中国地质大学、华中科技大学、香港城市大学、香港科技大学、北京大学汇丰商学院等为代表的大学园区和产学研基地。这些科研院所从招收研究生开始，逐步招收全日制本科学生。从 2011 年建成南方科技大学开始，又有香港中文大学（深圳）落地深圳，深圳北理莫斯科大学、中山大学深圳校区获教育部批准正式设立并开始招生，哈尔滨工业大学（深圳）获教育部原则同意以独立招生代码开展本科教育，清华—伯克利深圳学院、天津大学—佐治亚理工深圳学院、深圳墨尔本生命健康工程学院、湖南大学罗切斯特设计学院（深圳）等特色学院建设也迅速推进。高等院校和科研院所的创办，成了深圳经济发展过程中的一项重要的政府工作。为此，深圳政府将投入巨额的教育发展资金，这必将为深圳今后长远的经济社会发展奠定坚实的基础。

深圳在过去 40 年取得了重大的经济发展成就，从社会资本建设对经济增长点贡献理论来看，下一步深圳应该完善的主要任务之一就是平衡、共享发展的问题。举例来看，深圳 2013 年的人均国内生产总值达到 2.2 万美元，但其实仅仅相当于中国香港和新加坡 1994 年和 1995 年的水平。所以深圳的发展任务依然相当繁重。越来越多的人口迁入珠三角，特别是深圳及周

① 姚士谋.中国城市群新论［M］.北京：科学出版社，2016：263-272.

边地区,如何让这些迁入的劳动力过上更好的生活,让大湾区内的居民对政府的公共品供给机制有更加强大的信心,这对深圳未来经济的高质量增长有着决定性的意义。

按照党的十八届五中全会和十九大提出的五大发展理念,其中共享发展是五大发展理念的核心,是对中国改革开放的深刻总结,也是对当代社会主义理论与实践的正确反思。像深圳这样的发达地区,完全应该率先创出一条共享发展的道路,要避免因为发展引起的社会分化、收入不平等现象。共享发展理念包括经济发展,但又超越经济发展。近年来,深圳财产性收入在分配中的作用持续强化,财富分配两极分化程度高于国内城市的平均数,深圳福利体系尚未形成独立的财政预算账户,基本公共服务供给总量严重不足,结构不均衡,资源配置错位,深圳人均医疗、教育等资源及政府直接用于医疗、教育方面的支出不仅低于国际平均水平,也低于国内大城市的平均水平。深圳的公共决策公民参与程度比较低,市民难以从公开披露的信息中了解政府动态,更无从监督政府的财政支出和重大公共政策的执行①。即使在城市中心区域,深圳依然有几十万幢城中村居民楼,其中居住着大量为这个城市服务业做出贡献的中低收入者,他们当中的大部分人因为没有深圳户籍而无法同等享受城市发展成果,这对深圳的长远发展是不利的。

深圳的常住非户籍人口远远超过户籍人口的数量,教育、医疗、住房、养老等社会福利政策如果长期对占多数的非户籍人口不公平,会对深圳经济增长造成无法挽回的损失。邓小平同志曾经强调"我们允许一部分地区、一部分人先富起来,是为了最终达到共同富裕,所以要防止两极分化。如果我们的政策导致两极分化,我们就失败了"。因此,发展广义的福利体系会更好地支撑下一步深圳的经济增长,其中具有基础性作用的便是财税体制的深化改革,即从"经济建设型财政"向"民生发展型财政"转型。当经济增长方式发生变化时,公共财政应该伺机而动,将财政收入增长过度依赖固定资产投入的模式,向着力构建扩大内需的长效机制,促进经济增长向"包

---

① 张思平.共享深圳报告——从速度深圳、质量深圳迈向共享深圳[R].2013.

容性增长"模式转变①。当深圳的政府财政收入增长速度远远高于企业利润和居民收入增长速度的时候,应当思考完善财税体制,通过这种杠杆效应增加民间收入和社会保障收入,增强社会的凝聚力和普遍的信任感,增加社会资本。

现阶段,自贸区体制、深港通等公共品的不断推出,以及国家粤港澳大湾区建设战略的出台,都对深圳提出了更高的发展要求。在不久的将来,深圳将引领粤港澳大湾区发展。大湾区历来属于私营经济发达地区,但区域内的公共服务水平不均衡。而大湾区内的居民富裕程度和文明程度较高,经济发展程度决定了人们对于优质公共品的需求规模很大,质量要求也很高。按照国家对大湾区共建宜居、宜业、宜游的优质生活圈的战略目标要求,深圳要加大与大湾区内各地区就公共品协作供给的合作力度,不断增加区域社会资本,促进粤港澳大湾区经济融合发展。

---

① 范永茂,葛洪.构建现代城市一元公共财政体制——对深圳特区一体化进程的思考[J].
经济体制改革,2014(3):137-141.

第三章

深圳行政改革40年

谷志军　汪永成①

① 谷志军,管理学博士,深圳大学城市治理研究院副院长、廉政研究院副院长,副教授;汪永成,法学博士,深圳大学研究生院执行院长、当代中国政治研究所教授。

深圳特区40年来的行政改革是观察中国行政改革和发展的一个窗口。回顾和总结深圳行政改革的经验教训和面临的挑战,对分析和研究中国政治行政发展的特点、动力和方向具有重要启发意义。

40年来,深圳的行政改革大体可以分为四个阶段:1980—1992年为"准特区时代",这一阶段的行政改革主要是通过党政机构改革促进政府职能转变,推进"去计划经济体制化"进程;1993—2002年为"特区时代",这一阶段的行政改革主要是政府行为的改善,通过行政审批制度改革、依法行政等方式转变政府职能,推动市场经济体制的深化发展;2003—2012年为"后特区时代",这一阶段的行政改革是在竞争压力推动下的政府体制创新,目的是为了提高城市的综合竞争力;2013年以来为"新特区时代",这一阶段的行政改革是在四个全面战略布局下推动的全方位深化改革。本章主要对以上四个阶段进行简要回顾和总结,并对今后深圳行政改革和发展的基本趋势和主要内容进行探讨。

一、行政改革的发展历程 ▷▷

(一)"准特区时代"(1980—1992年):使命驱动的党政机构改革

深圳经济特区建立于1980年。中央政府赋予经济特区的使命就是作为中国改革开放的试验田,发挥窗口和示范作用。在这一使命的驱动下,在整个"准特区时代",深圳进行了以党政机构改革为主要内容、以"去计划经济体制"为主要目标的行政改革。

深圳特区一开始就坚持对外开放和市场化取向的经济发展道路,企业结构以外资为主,产品销售以出口为主,资源配置以市场为主。但是,在经济特区建立之初,政府管理体制基本上是原有高度集中的计划经济体制的"复制品",政府机构基本上是按产品分类和按部门上下对口设置的业务主管局。为了解决旧的管理体制及其机构体系与外向型经济发展不相适应的矛盾,从 1981 年开始,深圳经济特区先后进行了五次机构改革①。

1. 第一次机构改革(1981—1982 年)

这一阶段,深圳特区处于初创阶段,经济基础薄弱,经济社会发展水平较低。这次改革的重点是精简机构,简政放权。改革的主要任务是针对旧体制中存在的各种弊端实行简政放权,撤销专业经济管理机构,将一批专业经济管理局改为经济实体。根据精简、高效的原则对原有机构进行了初步的改革,改革的目标是减少中间环节,提高办事效率,主要的改革举措包括:① 撤销、合并重叠的行政机构。深圳在全国率先打破按行业设置政府经济管理机构的旧模式,对政府机构进行大规模精简,撤销、合并重叠的机构,初步尝试实行行政大系统管理新体制。原深圳市属行政机构中设有 7 个区委,辖 24 个公社。改革后,撤销全部的区级建制,成立市属一县(宝安县)和一城区(罗湖区)。1982 年,撤销的一批政府专业主管机构有文教办、财贸办、农业局、农机局、畜牧局、水电局、商业局、粮食局、对外贸易局、水产局、交通局、公路局、工业局、轻工业局、第二轻工业局、建筑工程管理局、建筑材料工业局、物质局、林业局、社队企业管理局、城市建设管理局、房地产管理局、基本建设委员会、对外经济技术联络办公室等,市政府局级行政机构由原来的65 个减少为 18 个,机关行政人员由原来的 2 237 人减为 867 人。② 撤销官商不分的行政机构。深圳原有的粮食局、商业局、物资局、工业局、旅游局、供销社等 18 个专业主管局被撤销,全部改为独立核算、自主经营、自负盈亏的经济实体,使政府对企业的管理由直接管理为主转向以间接管理和市场导向为主。如工业局撤销后,成立了机械汽车配件公司和电子工业公司,成为独立的专业公司,独立进行经济活动。③ 改革领导体制,精干领导班子。改善党和政府的领导体制,逐步实现党政职能分开。市委常委、副市长以上领导由原来的 19 人减为 8 人。部局部门负责人设一正两副,副职不超过 3 人(市公安局设一正四副),处、科设一正一副,特别需要的设一正两副。④ 基本撤销不必要的中间层次和审批环节中的市属综合性中间机构。如财办、经委、文教办、农办等全部撤销,在市政府办公厅内设相应的工作处,

---

① 李容根.八大体系:深圳行政管理体制改革探索[M].深圳:海天出版社,1998:70-75.

负责相应的行政职能。市和市属部局机构实行两级管理,市属部下设处不设科,局下设科不设处,处科配备精干工作人员,独立工作,减少层次。

改革后,政府部门由原来的53个减少到17个,减少近67.92%;政府机关工作人员由原来的2 237人缩减到867人,减少近61.24%。这次改革旨在通过精简政府机构,向企业和市场让渡政府权力,改革政府办企业、政府对企业经营活动直接进行干预的旧体制。

2. 第二次机构改革(1983—1985年)

这次改革的主要内容是从发展外向型经济的需要出发,围绕加强政府经济综合管理部门,建立健全决策咨询体系。1984年4月,深圳市委颁布了《深圳市机构改革方案》,其主要改革举措有:① 建立和健全党委部门岗位责任制,做到分工合理、职责分明、人员精干,提高工作效率,同时设立对外友好协会、对外贸易促进会、特区建设顾问委员会等机构。② 进一步实行政企分开,精简政务,充分发挥各职能部门的作用,提高工作效率。一是设立四个委员会,作为咨询审议机构,即统管全市工业的工业发展委员会,负责规划特区社会经济发展的社会经济发展委员会,统一领导城市规划工作的城市规划委员会,作为市委、市政府智库机构的特区咨询委员会。二是设立五个办公室。撤销市政府办公厅财贸处、文教处、农牧处和特区建设公司,分别成立基建办公室、财贸办公室、文教办公室、农牧水办公室、交通办公室,加强政府的宏观调控工作。办公室不作为一级行政机构,直接受分管副市长领导。三是加强财政、银行、税务、工商、统计、审计等综合部门建设。1984年,深圳市政府局级行政机构包括:办公厅、公安局、民政局、司法局、财政局、税务局、工商行政管理局、劳动局、物价局、计划局、统计局、审计局、城市规划局、教育局、卫生局、文化局、环境保护办公室、外事办公室、侨务办公室、口岸办公室、人事局和工业发展委员会。市政府局级行政机构由原来的18个增加至22个。这次改革提高了政府的宏观调控能力和科学决策能力。

3. 第三次机构改革(1986—1987年)

这次改革的重点是调整政府行政管理层次,减少中间环节,强化其监督职能,完善咨询决策体系。1987年3月,深圳市颁布《深圳市级行政机构改革方案》，其基本内容是减少行政管理层次，变原来的三级管理为二级管理，实行政府、局（委、办）两级管理，各委、局、办为同一级平行机构。政府分别在计划、工业、进出口、城市规划和基建、城管、引进外资、机构编制、经济体制改革等九个方面设立委员会或领导小组，作为决策审议、咨询和协调机构，并下设办公室（局）作为办事机构，同时又作为政府职能部门。此外，还增设了贸易发展局和引进外资办公室作为市政府主管进出口贸易、引进外资工作的职能机构。改革后，市政府工作机构有39个，市委工作机构有9个，群团机构有6个，机关工作人员编制为2 376个。

经过这次改革，政府经济管理的行政架构由原来三级管理（市政府—市长办公室—局）调整为二级管理（市政府—委、办、局），大大简化了办事流程和办事手续。同时，根据经济发展需要，组建贸易发展局、引进外资办公室、监察局等部门。这次改革后，市政府的行政机构增加到39个。

4. 第四次机构改革（1988—1990年）

这次改革是根据中共十三大关于党政分开的精神，改革领导体制，划分党政职能，理顺党政关系，精简党政管理部门。1988年9月，深圳市颁发了《深圳市直党政机构调整方案》，其主要内容是将市委宣传口的行政事业干部管理职能划归人事局，将新闻出版、广播电视管理职能移交给政府，将市委组织部的国家机关和事业单位副局、正处级干部管理工作移交给市人事局，组建经济发展局统一领导全市工业、贸易和外资引进工作，撤销市基本建设领导小组、市政府基建办公室和市国土局、规划局，并重组市建设局和建筑工业局，市建工局、房管局、环保局由市建设局归口管理，市物价局与市工商行政管理局合并，实行一套班子、两块牌子。本次改革后，市政府的行政机构调整为41个。

5. 第五次机构改革（1991—1993年）

在中共十四大前后，深圳被列为国家和广东省机构改革的试点城市，按照中央政府的统一部署进行行政机构改革。1992年3月，深圳市下发了《关于印发深圳市直机构改革方案要点的通知》。翌年9月，深圳市编委批复下发各部门"三定"方案。这次改革的重点是转变职能，理顺关系，减少政府对企业的微观干预，加强宏观调控。本次改革的基本内容包括：加强党的领导,理顺党政关系;转变政府对企业的微观干预,理顺政企关系;转变政府对事业单位的管理职能,理顺政事关系;调整党政机关部门之间的职能配置,理顺其相互关系;进一步划分市与区(县)的职能,理顺市与区(县)的关系;进一步发展社会中介组织,完善社会自我管理机制。改革后,市政府工作部门调整为40个,市委工作机构调整为8个,群团组织调整为5个,机关工作人员编制为3 077个。通过本轮机构改革,市政府的机构为40个①。

(二)"特区时代"(1993—2002年):利益主导的行政行为改善

1992年中共十四大以后,中国经济体制改革的目标模式已经确立。在这一背景下,1994年有学者呼吁对中国经济特区的政策进行调整,主张取消各种减免税和优惠政策,实际上经济特区拥有的各项政策优惠优势也在日渐丧失。同时,以上海为龙头的长江三角洲地区迅速崛起,深圳经济发展的高速增长态势不断回落。从1993年开始到2001年中国加入世界贸易组织(WTO),深圳处于实际上的"特区时代"。

在市场经济改革目标已经确立,全国多层次、多渠道、全方位开放的新格局已经形成的新环境下,在特区的优惠政策正在弱化的同时,投资成本不断上升、社会治安形势严峻、投资环境逐渐恶化、政府部门办事效率低下、"三乱"(乱收费、乱罚款、乱摊派)现象突出,一些部门"门难进,脸难看,事难办",腐败现象开始蔓延。在这样的背景下,深圳的行政改革进入一个新的阶段,其改革的目标是深化经济体制的市场化,改革的主要内容是通过改善行政行为来转变政府职能。

1. 审批制度改革

审批是计划经济体制下政府管理社会经济的基本手段和方式,带有浓厚的计划控制色彩。中国的审批制度具有审批范围广、事项多、环节多、受法律制约性低等特点。深圳通过审批制控制了企业发展的许多必要条件,如企业用人、用地、用资金、用水、用电、进出口配额等。政府通过名目繁多的审批,一方面将企业紧紧控制在自己的手里,让企业对政府具有很强的依

---

① 李容根.八大体系:深圳行政管理体制改革探索[M].深圳:海天出版社,1998:70-75.

赖性；另一方面也使自己的职能聚焦在微观控制等传统领域而不能自拔，影响了市场经济的发育。在这一背景下，从 1997 年开始，深圳市政府对全市各类审批事项进行了调查、清理和论证，并于 1998 年 1 月正式出台了《深圳市政府审批制度改革实施方案》，率先在全国进行行政审批制度改革。1999 年 3 月，深圳市政府正式发布了《深圳市审批制度改革若干规定》，标志着深圳的审批制度进入实质性改革运行阶段。2001 年，国务院批转监察部、国务院法制办、国务院体改办和中央编办的《关于行政审批制度改革工作的实施意见》，明确了行政审批制度改革的指导思想。2001 年，深圳又进行了第二轮审批制度改革。

深圳两次审批制度改革取得了显著成效：第一次改革将政府审批（核准）事项由原有的 1 091 项减少到 628 项，减少了 42.4%；第二次改革在第一次改革的基础上（加上国家和广东省下放的 44 项）再减少了 277 项，两次改革共减少审批（核准）事项 740 项。其中第二轮改革在市、区、镇（街道）三级同时进行，得到了社会各界的大力支持，在全国产生了较大影响①。通过审批制度改革，深圳政府的审批事项明显减少，审批的规范化程度明显提高，简化了审批环节，提高了办事效率，在国内引起了广泛关注，得到了中央政府、省政府较高的评价，被认为是深圳转变政府职能的新突破。但是，审批制度改革也存在一些问题。一方面，一些根本性的行政审批没有变化，仅仅从数量的缩减得出行政审批制度改革取得根本性突破的结论似乎并不科学；另一方面，深圳政府审批制度的改革受到广东省乃至整个国家审批制度的制约，在没有进行整体审批制度改革之前，传统行政体制在很大程度上消解了审批制度改革的创新程度，使得深圳的审批制度改革成效大打折扣。

2. 推进依法行政

1994 年，深圳市成立了依法治市领导小组，颁布了《深圳市依法治市方案》，将依法行政作为依法治市的中心环节提上议事日程。之后，深圳在

---

① 梁世林.定位、退位、到位——深圳政府审批制度改革要解决的关键问题［J］.特区理论与实践,2002（1）: 21-36.

依法行政方面取得了较大的进展,先成立了市政府行政复议办公室,后在政府各部门设立法规处,同时还出台了一系列控制政府权力运行的规章制度。特别是1999年1月,深圳市政府提出了政府机构和其行政行为实现九个法定化的目标,即实现政府机构组织、职能、编制的法定化,行政程序法定化,行政审批法定化,行政收费法定化,行政处罚法定化,政府招标采购法定化,政府投资行为法定化,行政执法责任法定化,政府内部管理法定化。2001年,深圳开始实施《深圳市行政机关工作人员行政过错责任追究暂行办法》。根据这一规定,行政机关工作人员的63种行为将被追究行政过错责任。虽然这些改革措施的目标到目前都尚未达到,但是这一时期深圳在用法律控制政府行政权力方面取得了比较好的成绩,政府行为法治化程度走在了全国的前列。

3. 完成第六次机构改革

2001年7月,深圳公布并实施了《深圳市市级党政机构改革方案》。这次改革是根据中央的统一部署进行的,改革的目标任务是:形成结构合理、关系协调、职责清晰、精干高效的党委部门运行机制,加强和改善党的领导;建立管理科学、运转协调、廉洁高效、行为规范的行政管理体系,建设高素质的专业化行政管理干部队伍,逐步建立适应社会主义市场经济体制的地方行政管理体制。

这次改革虽然也涉及政府机构的设立、撤并等内容,但是其中心内容是精简人员编制。在这次改革中,根据上级政府的意见,深圳市各级机关行政编制精简了10%,其中市级机关行政编制精简了16.9%。同时,本次改革强调转变政府职能、理顺党政关系、提高行政效率。这次改革主要是为了完成中央政府精简人员编制的统一安排(实际上,当年深圳的人员编制与全国其他地区相比是比较少的),是一次被动执行性的改革,其特色不明显,力度也不大,在全国几乎没有什么影响。

(三)"后特区时代"(2003—2012年):竞争压力下的政府体制创新

进入新的世纪,深圳的行政环境发生了更加深刻的变化。首先,2001年底,中国正式加入世界贸易组织,这对政府理念、政府职能、政府行为、政府政策、政府体制以及政府服务的法治性、透明性、公正性等都提出了新要求。其次,深圳面临着更加激烈的竞争态势,国内各个地区、各个城市之间在发展经济和吸引投资方面新一轮的竞争日益激烈,呈现百舸争流之势。深圳不仅要面对上海、江苏、浙江等地区的挑战,而且要面对东莞、顺德等周边城市的挑战。"在加入世贸组织之后,国家给予特区的优惠政策在实质上已消失,特区也只有象征性的涵义了。"①深圳进入了"后特区时代",时任深圳市委书记的李鸿忠认为,特区的新内涵应该是从依靠"特殊政策"发展的地区转换成"特别能改革、特别能开放和特别能创新"的地区。

2002 年 11 月,一篇名为《深圳,你被谁抛弃?》的网文发表。在这篇文章中,作者毫不留情地指出了深圳面临的尴尬局面:金融、高新技术的龙头企业把总部迁出深圳,深圳对人才的吸引力落后于北京、上海等城市;与此同时,政府部门效率低下、城市环境日益恶化。这篇文章之所以在深圳乃至全国都产生了极大反响,就是因为它比较真实地揭示了深圳政府面临的竞争压力和危机性挑战。在竞争压力和危机的推动下,深圳行政改革的速度和内容等,与前一阶段有了明显的不同。

1. "行政三分制"设想与第七次行政改革

在第六次行政管理体制改革推行不久的 2001 年 11 月,中央编制办公室确定深圳等 5 个城市为新一轮政府机构改革的试点城市。2001 年 12 月,深圳成立了"深圳市深化行政体制改革、创新公共行政体制试点工作领导小组",深圳历史上的第七次行政管理体制改革由此拉开了序幕。这次改革的设计者在先后考察了英国、新加坡以及中国香港等国家和地区的基础上,以香港的政府架构为模式起草了改革方案。这一改革方案的主要内容是,整个政府按照大行业、大系统分成决策、执行和监督三个"职能块"。每个决策部门对应设立几个执行部门。每个决策部门将设两类咨询机构,一类专门提供决策咨询,一类专门制约局长权力。监督部门直属市长管理,主要包

---

① 特区,你如今还"特"吗?[N].人民日报,2003-06-18(5).

括行政监察和会计检查（审计）机构①。该方案后来被新闻媒体和学术界称为"行政三分制"。显然，这一改革方案是根据中共十六大"按照精简、统一、效能的原则和行政决策、执行、监督既相对分离制约又协调高效运转的要求，探索建立现代行政组织结构和运行机制"的精神制定的，目的是解决传统体制下政府部门集决策、执行、监督为一体的行政权力运作模式所导致的"政府权力部门化""部门权力利益化""部门利益审批化"的问题。

本次改革的设想方案一经媒体披露便在国内外产生了强烈的反响。在谷歌（Google）网站上，有关"行政三分"的消息有105 000条，人们纷纷用"再造政府""特别试验""再次成为中国改革的试验田"之类的话语表达对深圳行政改革寄予的期望。但是正式的改革方案一直到2004年5月经中央编办和广东省批准后才正式公布并实施，其主要内容是：① 重新调整党政机构。重新组建、新设立和调整了一些机构。如设立应急指挥中心、行业协会服务署等。改革后，市政府的工作部门为35个。② 健全行政运行机制。一是建立健全政府行政决策咨询机制，实行重大决策的咨询、论证和责任制。二是完善政府部门间的联席会议制度。三是改进政府运作机制，主要是推行目标管理责任制，建立健全政府绩效目标体系及绩效评估、测评、审计制度。四是强化对政府行政的监督制约机制。如探索建立社会性的监督委员会，在管理人、财、物的机构中，探索建立不同人员组成的审议会或理事会，对重大问题进行集体审议，并对其行政行为进行监督。③ 进一步转变政府职能。由过去偏重于发展经济转向发展经济与社会管理并重，推进社会整体发展，积极构建服务型的责任政府；强化政府职能的公共性，推进政府公共事务的社会化和市场化等。

这次改革有许多令人耳目一新的地方，如在国内率先明确提出"建立健全政府行政决策咨询机制和广泛的社会参与机制"，强调政府职能的公共性，建立社会性的监督委员会等。但不难发现，正式公布实施的方案虽然隐约可见"行政三分制"的影子，如设立类似香港政府执行机构的"建筑工务

---

① 深圳行政三分有望两年内见成效，政府改革魄力大［EB/OL］.（2003-01-24）［2018-02-01］.http://www.southcn.com/news/gdnews/gdtodayimportant/200301240165.htm.

署""行业协会服务署"等,最后的结果却与原先设想的"行政三分制"有非常大的差别,甚至可以说推翻了"行政三分制"的设想,此次改革方案的反响也一般。

这次改革的最终方案多易其稿,先后酝酿了三年时间。为什么设计过程如此复杂、缓慢?为何改革的初衷与最后的方案反差如此大?或许这说明:一方面,随着渐进改革的持续深入,改革所要解决的问题越来越复杂,同时也衍生出一些新的矛盾和问题;另一方面,在新的环境下,推动改革的动力与抑制改革的阻力之间的博弈也日趋尖锐。

2.《深圳市综合配套改革总体方案》与2009年市政府大部门制机构改革

2008年通过的《珠江三角洲地区改革发展规划纲要(2008—2020年)》提出,经济特区要继续发挥"试验田"和示范区作用,在重要领域和关键环节先行先试。该规划纲要特别提出,要"支持深圳市等地按照决策权、执行权、监督权既相互制约又相互协调的要求,在政府机构设置中率先探索实行职能有机统一的大部门体制,条件成熟时在珠江三角洲地区及全省推行"。这一表述实际上再一次肯定了2003年"行政三分制"的改革思路。

为了落实上述改革思路,深圳市在2008年开始起草《深圳综合配套改革总体方案》。时任深圳市委书记刘玉浦在方案起草阶段就提出,新形势下的综合配套改革试验把行政管理体制改革提到了突出的位置,意在"实现行政管理体制改革的突破"①。2009年5月,国务院正式批准了《深圳综合配套改革总体方案》,"深化行政管理体制改革,率先建成公共服务型政府"被列为深圳改革的首要内容。改革的基本思路是:"以转变政府职能为核心,全面创新行政管理体制,实现政府职能向创造良好发展环境、提供优质公共服务、维护社会公平正义转变,实现政府组织机构及人员编制向科学化、规范化、法制化转变,实现行政运行机制和政府管理方式向规范有序、公开透明、廉洁高效转变,努力建设人民满意的服务型政府。"根据这一改革总体方案,深圳公共管理领域的改革重点,除了在其他文件中已有的建设法治政

---

① 深圳正制定"综合配套方案",行政管理先试点[EB/OL].深圳新闻网,2008-12-26.

府、创新公务员管理制度、深化事业单位改革等内容外，特别强调了要按照职能有机统一的原则，优化政务流程，整合政府机构，完善大部门管理体制，实现政府职能、机构与人员的合理配置。建立健全决策、执行、监督既相互制约又相互协调的权力结构和运行机制，实现决策相对集中，执行专业高效，监督有力到位。显然，这一表述不仅旨在落实中央关于大部门管理体制的改革部署，而且"决策相对集中，执行专业高效，监督有力到位"的表述发展了2003年"行政三分制"的改革思路。

2009年7月31日，经中央编委和广东省委省政府批准，《深圳市人民政府机构改革方案》（以下简称《方案》）正式向外公布，新一轮行政改革随即启动。这次改革在探索实行职能有机统一的大部门体制基础上，按照决策权、执行权、监督权既相互制约又相互协调的要求，市政府将设置31个工作部门，并根据部门职能定位分别命名为"委""局""办"。其中，"委"是主要承担制定政策、规划、标准等职能并监督执行的大部门；"局"是主要承担执行和监管职能的机构；"办"是主要协助市长办理专门事项，不具有独立行政管理职能的机构。与以往几次机构改革相比，本次改革具有如下五大特点。

（1）以转变职能为核心。本次改革紧紧抓住政府职能转变这个核心，提出"坚持市场化改革方向，凡不该政府做的，政府要坚决退出，即使市场暂时做不好的，政府也要充分放手，积极创造条件支持社会组织和企业去做"。既从宏观上厘清政府、市场、社会的边界，又从微观上改革行政审批制度。按照这一思路，这次改革从行政审批事项的清理入手，对各部门职能逐一梳理分析，31个政府工作部门及相关部门共取消、调整、转移284项职责及行政审批事项①。其中包括科技企业孵化器认定、对外贸易经营者备案登记等行政审批事项194项；政府不再承担或不再直接办理的有关等级评定、标准推广、业务培训、办展办会等事务性职责共90项。调整后，既大幅降低了市场准入门槛，给企业松了绑；又向社会和市场让渡了更大空间，还权还利于民，为企业、社会组织的培育发展创造良好的条件，给政府转型打下了

① 深圳市人民政府新闻办公室.深圳政府机构改革相关背景材料［G］.2009-09-08.

坚实的基础①。

（2）是改革涉及面广，力度大，向纵深推进。除教育、民政等个别机构暂不做调整外，深圳市政府其他工作部门、直属机构等都纳入了调整范围，共减少机构 15 个，大大低于中央规定大城市为 40 个左右的机构限额。即使暂不做调整的部门，也将按照转变职能的新要求重新进行"三定"。此次机构改革着重解决制约深圳经济社会发展中的深层次矛盾和问题，进一步明确新形势下政府的定位，建设人民满意的政府；既强调完善经济管理，又把加强城市管理、社会管理、公共服务职能放到突出位置；既着力优化行政管理体制机制，又重在解决特区内外二元化发展问题。

（3）在较多领域探索实行大部门体制。在发展和改革、科技工贸和信息化、财政、规划和国土资源、交通运输、卫生和人口计生、人居环境、人力资源和社会保障、文体旅游、市场监管 10 个领域，实行职能有机统一、功能定位准确、部门数量精简的大部门体制。在其他领域也按照大部门体制的要求做了一些调整。

（4）努力探索建立决策权、执行权、监督权既相互制约又相互协调的运行机制。改革方案提出，"委""局"等市政府机构统称为工作部门，并根据部门职能定位做出区分，"委"主要承担制定政策、规划、标准等职能，并监督执行的大部门；"局"主要承担执行和监督职能。通过相关职能及其机构的整合，合理配置和运用决策权、执行权、监督权，以解决某些方面权力过于集中、缺乏有效监督以及执行不力等问题，"在完善行政运行机制方面进行新探索"。

（5）注重理顺部门职责关系，明确和强化责任。这次改革坚持把强化责任落实作为改革的重点，切实解决部门职责交叉和权责不一致的问题。坚持一件事情原则上由一个部门负责，确需多个部门管理的事项，分清主办和协办关系，明确牵头部门。按照权责一致、有权必有责的要求，在赋予部门职权的同时，明确其要承担的相应责任。

深圳的改革将促使政府由经济建设型、行政管理型向公共服务型转变，

---

① "深圳市人民政府机构改革，31 个工作部门挂牌"［N］.广州日报，2009-09-09.

充分发挥深圳作为"经济特区""综合配套改革实验区"的先行先试作用，力争在全国新一轮改革发展中继续走在前列①。这说明，深圳经济特区试图通过自身的努力，继续发挥"改革试验田"的作用，这次改革是对自身地位的一次重新审视和回归。

3. "后特区时代"其他层面的政府改革

除了两次大规模的政府机构改革以外，2002年以来，深圳市政府先后出台了多项改革措施，改革的力度和频率呈加速之势。

（1）建立行政责任体系。2005年10月，深圳市委、市政府出台了《关于在全市掀起"责任风暴"，实施"治庸计划"加强执行力建设的决定》。在此基础上，为了实现对行政管理全方位的系统控制，2005年底，深圳市政府出台了《关于健全行政责任体系加强行政执行力建设的实施意见》及配套文件（即"1+6"文件）②，认为"政府是抓落实的责任主体，建立完善政府系统内部责任管理体系，是落实责任风暴，治庸计划，提高行政执行力的关键环节"。该实施意见提出要从制度上构建科学、刚性、可操作的行政责任体系③。深圳行政责任体系的总体构想是："确定政府职责，明确内部责任分工，为全面履行政府责任奠定基础；实行目标管理，以目标管理统领政府工作全局；加强行政监督，充分发挥行政监督在行政管理过程中的预防和纠偏作用；加强考核评估，构建科学的评价机制，推动政府责任的层层落实；推行行政问责制，对失职失责行为给予惩戒，为政府责任的落实提供有力保障。"④

深圳构建的行政责任体系有两个显著特点：第一，试图形成从责任设定到责任履行、责任考核、责任监督、责任追究的有机整体和完整链条。"职责""目标""监督""评估""问责"五个要素不是简单的并列关系，而是符合现代公共管理的规律，具有逻辑和时序上的继承性和连续性，构成一个

---

① 深圳行政权三分，精简三分之一局级机构［N］.中国评论新闻网，2009-08-06.

② 6个配套文件分别是：《深圳市行政过错责任追究办法》《深圳市人民政府部门行政首长问责暂行办法》《深圳市行政机关工作人员十条禁令》《深圳市实施行政许可责任追究办法》《深圳市人民政府关于推行行政执法责任制的意见》和《深圳市人民政府关于进一步加强政务督查工作的意见》。

③ 深圳市人民政府公报［R］.2005.

④ 许宗衡.健全行政责任体系，建设责任政府［J］.求是，2007（20）：41-42.

相对完整的行政责任链条。第二，试图形成具有反馈控制功能的闭环系统。上述行政责任链条并不是单纯的连续性关系，是通过调校机制具备了反馈功能，形成了两个闭环 ①。一个是从绩效评估反馈到责任设定和目标管理的闭环，首先根据管理效率、服务质量和群众满意程度等方面情况，对政府部门管理过程中投入、产出、中期成果和最终成果进行考核评估。然后根据评估结果，及时对政府职能、部门责任、工作目标进行调校，使其职能更加明确、责任更加清晰、目标更加合理，从而提高行政行为的绩效。另一个是从责任追究反馈到部门执行的闭环，通过对失职失责行为的责任追究和履职优秀行为的激励，促进部门和工作人员增强责任心，更好地履行职责。这两个闭环都应同时具有正、负反馈的功能，发挥奖勤罚懒的作用。

（2）推行部门责任白皮书制度。深圳市政府认为，要全面推行"目标明确、责任清晰、制度保障、绩效考核"的目标管理，使每一项工作都有目标要求、有责任主体、有工作进度、有监督考核，必须使广大市民对各个政府部门的职能、责任、重大安排具有知情权，并且进行有效监督。基于这一认识，市政府开始推行部门责任白皮书制度。

2006年，深圳市政府首先在人民群众比较关注、与市民生活息息相关的公安、交通、环保、食品安全、城管五个部门试行部门责任白皮书制度。白皮书通过报纸、政府公报、政府网站按年度向社会公布六个方面的内容：一是上一年度工作目标及任务的完成情况；二是本部门或领域当前的形势和管理现状；三是本部门工作职责；四是本部门推行的公共政策；五是本年度工作目标和工作任务；六是组织及保障措施。通过公布以上信息，接受社会监督。2007年，政府将这一制度的实施范围扩大到16个部门，并对各部门完成白皮书确定的目标任务的情况进行考核。

在地方政府推行部门责任目标白皮书制度，是一项重要的政府制度创新，具有重要的意义。

第一，它是建立责任政府、提高行政执行力的重要举措。部门责任白

---

① 许宗衡.健全行政责任体系，建设责任政府[J].求是，2007（20）：41-42.

皮书的内容实际上也就是责任目标管理的核心内容。将这些内容向社会公布，有利于市民对各部门的履责情况进行有效监督，促使各部门及其工作人员进一步提高责任意识，认真履行职责，从而推动目标管理责任制的落实和行政执行力的提高。

第二，它是建立阳光政府、推进政务公开的有效形式。通过这一形式，政府部门就重大公共政策、重要工作事项及重大问题向社会作出解释和说明。有关部门通过白皮书这一形式，每年将本部门的职责、目标、任务及完成情况向社会公开，在阳光下施政，保障了人民群众的知情权、监督权。

（3）积极开展政府绩效评估试点。2008年2月召开的党的十七届二中全会通过了《关于深化行政管理体制改革的意见》，明确提出，要"推行政府绩效管理……建立科学合理的政府绩效评估指标体系和评估机制"。在这方面，深圳较早地进行了积极探索，在2006—2009年将绩效评估作为推进政府体制改革、建立责任政府的重要举措。

2006年6月，深圳市成立了市政府绩效评估系统项目建设领导小组，研究开发"深圳市政府绩效评估系统"，积极推进综合评估。市政府将2007年确定为"行政绩效年"，根据"总体规划、先易后难、试点先行、分步实施"思路，选择政府职能清晰、内部流程规范、与企业和居民工作生活联系紧密的市贸工局、教育局、公安局、司法局、劳动保障局、国土房产局、建设局、规划局、交通局、农林渔业局、卫生局、环保局、工商局、质监局、食品药品监督局、城管局16个市政府直属单位和6个区政府试行政府绩效评估。从行政业绩、事务性行政效率、执行力建设、行政成本4方面共24个子项对市政府直属单位进行综合评估，从经济调节、市场监管、社会管理、公共服务4方面共42个子项对各区政府进行综合评估。

为了做好试点工作，成立了由市长任主任的深圳市政府绩效评估委员会，下设办公室，具体负责政府绩效评估的日常工作。在评估方法上，绩效评估工作试点坚持内部评估和外部评估相结合。内部评估由被评估单位实时将工作完成情况、年度绩效报告报给市评估办后，由市评估办负责对绩效报告情况、重大任务执行情况等进行检查和评估；外部评估由市评估办组织人大代表、政协委员、特邀监察员，邀请评估专家，委托第三方咨询机构对被评估单位的绩效报告及实际执行情况进行评估。通过对随机抽取的公众代表、服务对象等开展满意度调查,采集对被评估单位的评价意见。2007年3月,政府绩效评估工作全面启动,"政府绩效评估系统"正式投入试运行。2007年5月,市政府下发了《深圳市政府绩效评估指导书(试行)》和《深圳市政府绩效评估指标体系(试行)》,在建立科学、合理和便于操作的综合绩效评估体系和方法方面做出积极尝试,也为"深圳市政府绩效评估系统"投入试运行后的相关工作提供指导。2008年6月,首次政府绩效评估报告公布,完成了"深圳首次进行的政府绩效评估工作"。2008年,绩效评估已经覆盖所有政府职能部门。同年,深圳政府部门绩效评估工作外部评估首次由市统计局承担,通过开展公众满意度调查的方式,在全市设立14个调查点,聘请大学生作为调查员,发放10 207份问卷,广泛收集民情民意。这种由专业统计机构实施的公众满意度调查,是深圳市政府的一次大胆创新,更有利于增强绩效评估结果的科学性、权威性和公信度。

通过上述试点工作,基本构建起深圳市政府绩效评估体系框架,建立了相对稳定的评估组织体系,制定了评估指标体系,"实时、动态、便捷、直观"的评估信息技术平台也已显雏形,并且按照"科学合理、公正透明、简便易行"的原则顺利推进,取得了预期成效。已有的实践证明,深圳市推行的政府绩效评估因其计划性、导向性、过程性、可控性等优势,在强化政府绩效管理、推进政府绩效提升、真正落实执政为民等方面发挥了重要作用。

深圳在政府绩效评估方面的探索在全国产生了积极反响。有专家指出,政府绩效评估工作无疑是深圳推行的一场"新政",其核心是量化的考核和问责制的真正建立,它将对深圳未来发展产生深远影响。2006年,监察部、中央编办、国家行政学院、中国社会科学院、中国人事科学研究院都到深圳进行专题调研,对"深圳的政府绩效评估试点工作给予了充分肯定"[1]。

(4)落实行政问责。在新的历史时期,深圳积极建立和推行行政问责制,推动工作责任的落实,以问责促进政府执行力和公信力的提高,主要的做法包括如下方面。

---

[1] 深圳市推行行政问责制 提高行政执行力[N].人民日报,2006-09-13.

第一，建立健全行政责任追究制度。2001年，深圳制定颁布了全国第一部行政过错责任追究办法。2005年，深圳出台了《深圳市人民政府部门行政首长问责暂行办法》《行政过错责任追究办法》《深圳市实施行政许可责任追究规定》。这些规定形成了一套比较完整的问责法规体系。

第二，拓展行政监督领域。深圳市明确提出，行政权力运用到哪里，监督就到哪里；财政性资金支出到哪里，审计就到哪里；公共服务提供到哪里，绩效评估就到哪里。按照这一理念，深圳较早地将行政监察扩展到政府效能领域，成立"效能监察室"，加强对效能投诉的处理。认真开展绩效审计，及时发现、整改财政资金和公共资源管理、使用中存在的不合理、不规范、效益低下等问题①。

第三，构建全市行政过错投诉处理网络。① 在市政府各个部门和6个区政府成立了工作机构，设立了投诉信箱、投诉电话和网址，并且每个季度在新闻媒介上统一公布政府各部门的监督投诉方式，形成了全市对行政问责工作齐抓共管的机制。② 对群众投诉实行分级负责、归口办理。③ 建立监督部门责任追究的链条，建立行政监督部门联席会议制度、案件移送制度、执法文书和重要文件抄送制度。除了信访举报渠道外，围绕执法监察发现的问题、经济责任审计结果、发生行政复议和行政诉讼的事件、突发性应急事件、群体性事件、重大责任事故以及新闻媒体曝光事件等收集线索，主动对责任问题进行追究。2005年，深圳还从集体上访事件中发现和查处了有关部门工作人员行政不作为的问题，立案3宗，给予行政处分3人，追究其他责任2人。通过健全行政过错投诉处理机制，建立行政过错责任追究的备案备查制度和统计分析制度，形成了对行政责任追究工作齐抓共管的机制和覆盖全市的行政问责网络。

第四，建立重大事故事件政府部门责任检讨制度。2007年9月，深圳市政府出台了《深圳市政府部门责任检讨及失职道歉暂行办法》。该办法规定：① 实行重大事故事件政府部门责任检讨制度。发生安全生产、食品安全、环境污染、公共卫生、社会安全等方面的重大事故及事件后，负有管理责

---

① 刘应力.深圳推行行政问责制 提高行政执行力［EB/OL］.中国政府网,2006-09-27.

任的政府部门应当对本部门履行职责的情况进行检讨,并向本级政府作出说明。检讨工作应当自事故、事件发生之日起20个工作日内完成。② 实行政府部门失职道歉制度。政府部门自我发现或者经人民代表大会及其常务委员会、监察机关等有权机关依法认定存在失职行为,致使国家利益、人民利益和公共利益受到严重损害或者造成严重社会影响的,应当采取召开新闻发布会、在本市主要报纸刊载道歉书等形式向公众道歉。

第五,严格责任追究,加大惩戒力度。2004年,对审计结果反映海上田园风光旅游区等4个重大项目效益较差的问题,坚决进行了查处,立案8宗,给予行政处分8人(其中局级干部4人,处级干部4人),移送司法机关1人。2005年以来,在全市范围内掀起"责任风暴",大力实施"治庸计划",增强干部的责任意识,加强责任监督,严格执行有责必究的"埋单制"①。同年,对2004年本级预算执行和其他财政收支的审计工作报告反映的34个单位的41个问题,市人大常委会专门作出了决议,市政府成立了审计事后调查处理工作领导小组,由市监察局会同审计局和纪检监察派驻三组进行认真的调查,采取不同的方式进行问责:① 对34个单位的领导干部进行了诫勉谈话;② 在逐一摸查的基础上,对重点单位的重点问题进行了深入调查,追究责任16人(局级干部5人、处级干部8人、其他干部3人)。其中,立案5宗,给予行政处分5人,"责令检查、停职离岗培训"等其他处理11人。据时任深圳市纪委副书记、市监察局局长杨洪介绍,据不完全统计,仅2007年一年,深圳市共追究行政责任294人②。深圳在落实问责制方面的经验在全国引起了广泛的关注。

(5)加强服务型政府建设。深圳是国内较早尝试建立公共服务型政府的城市之一。为此,深圳一直致力于对政府的改革,包括精简机构、审批制度改革等③。2003年7月14日,深圳发布了《关于深化我市行政审批制度改革的实施方案》,提出通过改革使"我市的行政审批和核准事项在上次改革的基础上再减少30%左右,审批时限缩短30%左右,审批环节进一步减少,

---

① 许宗衡.健全行政责任体系,建设责任政府[J].求是,2007(20):41-42.

② 深圳施有责必究买单制,去年行政问责追究庸官294人[N].南方日报,2007-06-12.

③ 郭万达.以深圳为案例分析公共服务型政府[EB/OL].搜狐财经,2004-10-30.

审批方式更加科学,审批程序更加透明、规范,审批监管更加完善,审批的法制化程度更高,从而推进行政管理体制和机制的创新,把政府职能切实转变到经济调节、市场监管、社会管理和公共服务上来,创造一流的投资发展环境,增强我市的综合竞争力"。2004年初,深圳政府工作报告中提出了要建设负责任、有权威、廉洁高效的服务型政府。2005年,在中国共产党深圳市第四次代表大会上,又明确提出了要"推动公共行政管制向公共管理服务的转变,强化政府的服务职能"①。

2009年5月,为促进政府职能转变,建设服务型政府,提高政府的服务水平和能力,深圳市政府有关部门组织力量起草了《深圳市建设服务型政府规范行政服务若干规定(草案)》,通过媒体公开向社会征求意见。其基本思路是将促进政府职能转变、规范政府行政行为作为立法切入点,在深圳前四轮行政审批制度改革的基础上,继续开展对全市各部门"行政服务"项目的清理和规范,并以此为有力抓手,推进服务型政府的建设进程,逐步建立统一、公开、公平、公正的现代行政服务体系。在制度设置上,突出了"便民""服务"的特色。如为保护相对人的陈述权,设立了行政相对人对行政服务项目的异议制度、行政相对人对行政服务实施办法内容的举报制度;为保护相对人的知情权,建立了行政服务卷宗管理制度;为保护相对人的申辩权,设立了行政服务投诉制度等。这是我国第一部关于规范行政服务、建设服务型政府的地方政府规章,因此在起草阶段便受到关注。

(6)建设透明政府。为了提高行政活动的透明度,保障公民、法人和其他组织的知情权,监督政府机关依法履行职责,在新的历史阶段,深圳市加快了建设"透明政府"的步伐。2003年底,深圳出台了《深圳市行政机关政务公开暂行规定》,不仅明确规定了政务公开的内容、政务公开的方式,而且明确了政务公开实施主体和违法责任的追究。2004年4月,深圳市又结合电子政务发展的需要,制定并实施了《深圳市政府信息网上公开办法》。根

---

① 努力建设和谐深圳效益深圳——在中国共产党深圳市第四次代表大会上的报告[N].深圳特区报,2005-06-06.

据这两个文件,深圳市各级人民政府以及依法行使行政管理职能的组织在履行行政管理职责或提供公共服务过程中制作、获得的文件、数据、图表等资料均为政府信息,"以公开为原则,不公开为例外",通过互联网等形式予以发布。这要求各行政主体必须公开信息的项目不仅非常具体、全面,更重要的是它关系到广大市民的直接利益。对不公开信息的责任进行追究的规定,体现了"有权利必有义务"的原则,有助于使公民的知政权落到实处,对建立透明政府具有重要意义。

总的来说,在新的历史时期,深圳市贯彻落实了《中共中央办公厅、国务院办公厅关于进一步推行政务公开的意见》,政务公开的领导体制和工作机制不断完善,制度体系逐步健全,公开载体更加丰富,强化了对行政权力的监督,推动了政府自身建设,有效地保障了市民的知情权、参与权、表达权和监督权,扩大了公民的民主权利,透明政府建设达到一个较高水平。

(7)建设电子政府。自2002年7月成立深圳市党政机关信息化领导小组以来,深圳全市党政机关政务信息化建设取得了阶段性成果。"十五"期间,深圳市大力推进电子政务建设,基本建成了覆盖市、区、街道的党政机关网络平台,电子政务内网连接单位总数超过200个,公众服务网(外网)连接机关单位总数超过160家;以市领导决策信息系统、公务员之窗、外商投资企业联网审批系统、城市运行监控与应急指挥系统、市企业信用信息系统等为代表的一批大型跨部门的综合信息系统有效运行,其应用的广度和深度不断加大;以"深圳政府在线"为门户的政府网站群为企业和市民提供政务信息、办事查询、业务申报等网上服务,社区信息化试点工作将政府服务覆盖到街道、社区。

在全国范围内受到广泛关注的"深圳市行政审批电子监察系统"正是深圳电子政务发展所取得的成就一个方面。2007年3月,该项目获得第四届"中国地方政府创新奖"优胜奖,在全国范围产生了较大的影响。

(8)建设法治政府。在特区发展的过程中,深圳市委、市政府历来重视依法行政,最先于1997年提出建立法治政府、实行政府工作法定化的理论。1999年1月,中共深圳市委发布《关于加强依法治市工作,加快建设社会主义法治城市的决定》,决定在九个方面实行政府机构和行为法定化,即组织机构、职能、编制法定化,行政程序法定化,行政审批法定化,行政收费法定化,行政处罚法定化,政府招标采购法定化,政府投资行为法定化,行政执法责任法定化,政府内部管理法定化。"九个法定化"使依法行政原则具体化,便于依法行政工作的开展,这在全国也引起了广泛关注。此后,深圳市所推行的依法行政责任制、行政综合执法、规范行政许可行为等工作也在全国产生了积极影响,为建设法治政府探索了一些成功经验。

2003年以来,深圳加快了建设法治政府的步伐。2004年,深圳市政府出台了《关于贯彻落实国务院全面推进依法行政实施纲要的若干意见》。该意见不仅就全面落实国务院的纲要做出部署,而且根据深圳市的实际情况,在完善政府法律顾问制度等原有制度的基础上,提出建立法规、规章和规范性文件的定期清理制度,政府及政府部门依法行政定期报告制度,建立立法项目的成本效益分析制度,相对集中行政许可权制度,行政执法案卷评查制度等一系列新的举措,大大推进了深圳建设法治政府的步伐。

2008年11月13日,国务院法制办和深圳市政府签署了《关于推进深圳市加快建设法治政府的合作协议》,旨在加快推进深圳市依法行政进程,率先初步实现建设法治政府的目标,也为进一步贯彻落实国务院《全面推进依法行政实施纲要》积累经验。协议还明确双方将结合深圳实际共同研究确定深圳建设法治政府的指标体系。"国家最高法制机构与地方政府签约共建法治政府尚属首次。"[1] 2008年12月,深圳市委、市政府正式发布《中共深圳市委深圳市人民政府关于制定和实施〈深圳市法治政府建设指标体系(试行)〉的决定》(以下简称《决定》)。法治政府指标体系针对法治政府的相关内容进行筛选、归纳及总结,通过细化和量化法治政府的本质要求,运用科学的标准,选择和确定有代表性的重要指标,组成指标体系,其目的是将法治政府建设的进展情况与指标进行对照考核,以期作出客观合理评价。该指标体系共设12个大项、44个子项、225个细项。其主要内容包括政府立法工作法治化,机构、职责和编制法治化,行

---

[1] 国务院法制办和深圳签约:3年内达标建成法治政府[N].南方日报,2008-11-14.

政决策法治化,公共财政管理与政府投资法治化,行政审批法治化,行政处罚法治化,行政服务法治化,政府信息公开法治化,行政救济法治化,行政监督法治化,行政责任法治化,提高行政机关工作人员依法行政的能力等。这是全国第一个法治政府建设指标体系,标志着深圳法治政府建设全面"提速",在全国各地产生较大反响,"其模式将在国内起到探索和示范作用"①。

深圳以全新体制建立了光明新区并实现正常运作和健康发展,积极探索公务员分类管理改革;聘任制公务员试点工作稳步开展,公安系统公务员专业化改革深入推进;事业单位改革继续深化,法定机构试点工作、事业单位法人治理结构改革也有序推进;积极推动和规范社会组织发展,创新社会组织登记管理体制,被列为全国、全省社会组织"改革创新综合观察点"。

（四）"新特区时代"（2013 年至今）：宏观格局下的政府主动求变

为深入贯彻党的十八大和习近平总书记视察广东、深圳时发表的重要讲话的精神,全面落实《深圳市综合配套改革总体方案》,进一步弘扬改革创新精神,更好地发挥深圳经济特区的"窗口""试验田""排头兵"和示范区的作用,深圳市委、市政府制定了《深圳市全面深化改革总体方案（2013—2015 年）》,从宏观层面对全市全面深化改革做出了战略部署,可以说是在顶层设计基础上的主动求变。其目的是努力建设现代化国际化的先进城市,使深圳成为发展中国特色社会主义的排头兵、深化改革开放的先行地、探索科学发展的实验区。

党的十八大闭幕不久,习近平总书记到地方调研的首站就来到深圳,并发表了重要讲话,向世界发出了中国改革不停顿、开放不止步的时代宣言,标志着中国改革发展进入新时代。深圳市委、市政府以习近平新时代中国特色社会主义思想为指导,统筹推进"五位一体"总体布局、协调推进"四个全面"战略布局,践行新发展理念,坚持深圳质量、深圳标准,加快打造现

---

① 深圳创建全国首个法治政府考评体系［N］.法制日报,2008-07-16.

代化国际化创新型城市。在行政改革方面，突出重点领域，寓行政改革于政治改革之中，体现出新的时代特色。

1. 继续深化行政审批制度改革

行政审批制度改革既是党的新一届领导集体重点关注的改革领域，也是深圳近年来行政改革发展的"高频词"。党的十八大以后，深圳市开始着手第五轮行政审批制度改革。这轮改革从以往单纯减少审批事项上升到简政放权，增加了向社会组织转移职能、向下级政府下放审批事权和向社会购买服务等内容，同时又提出了优化行政审批服务、加快培育社会组织、"两集中、两到位"的要求。

2012年底，深圳市颁布了《关于加快政府职能转变深化行政审批制度改革的工作方案》，明确提出理顺政府与市场、政府与社会、效率与公平的关系，健全科学合理的审批管理机制、规范高效的审批运行机制和严密完善的审批监督制约机制的审批改革目标。在具体思路上包括：① 加大审批事项缩减、下放和转移力度，健全审批事项长效管理机制。进一步缩减行政审批事项，做好上级部门下放事项承接配套工作，积极下放行政审批事项，逐步将行业管理、社会服务等审批职能转移给有资质的社会组织承担。② 转变政府职能，加快培育发展社会组织。加大政府公共服务转移和购买服务的力度，形成政府职能转移承接的运行机制和动态调整机制，深化社会组织登记管理体制改革，扩大社会组织直接登记范围，重点发展服务经济、服务民生、关注社会公共利益的社会组织，引导社会组织在经济发展、社会管理和公共服务中发挥积极作用。③ 创新行政审批方式，优化审批职能体系。梳理、评估市政府规章和规范性文件，优化审批流程，推广行政审批"两集中、两到位"，推进审批重心前移，充分授权窗口行使审批事项受理办理、业务协调等职责，全面推进并联审批和流程再造，按照"能简必简、能并则并、可合即合"的原则优化行政审批流程，综合采用关注流程、简化环节、信息共享、并行办理、结果互认、提前介入等手段，推广政府投资项目跨部门协同办理改革。④ 加快政务服务平台建设。设网上办事大厅、强化电子政务和推进网上审批的统一部署，实现政务信息网上公开、投资项目网上审批、社会事务网上办理、公共决策网上互动、政府效能网上监察等服务，健全市、区、街道三级政务服务体系,制定政务服务体系建设工作方案①。

在此基础上,《深圳市全面深化改革总体方案(2013—2015年)》明确提出进一步简政放权,缩减行政审批事项,优化行政审批权配置,建立审批事项动态清理机制。理顺行政审批流程,制定行政审批标准化管理办法,建立统一的行政审批受理、审核、监督制度。创新投资审批及办理机制,以完善协同办理方式、加强项目报建服务、解决实际问题为核心,不断优化投资审批流程。启动社会投资基本建设项目审批制度改革,逐步将审批事项全部纳入协同系统和网上办事大厅办理。推进电子政务建设,逐步实现行政审批网上办理。

随后,深圳市又于2017年发布了《深圳市推进简政放权放管结合优化服务改革工作要点(2017—2018年)》,重点在投资项目建设、外商投资、科技创新、人才服务、教育医疗、创新社会管理和公共服务方式等领域清理阻碍创新创业的审批事项,全面梳理企业办事、项目推进的流程,从服务对象的需求出发,能精简并联的一律精简并联,切实缩短审批链条和时间。为此,深圳市推出"一门式、一网式"改革:一门式综合受理,实现了一个物理大厅、一个窗口统一收件和统一出件,推动市直部门政务服务事项进驻区级以下行政服务大厅,形成市、区、街道间的纵向协作,方便企业和群众就近、快捷办事;一网式综合服务,则实现了一次认证、多点互联、一网通办,完善统一申办受理平台功能,实现"单点登录、全网通办"。此外,深圳市还上线了公共服务综合信息系统,签发了第一张政务电子证照,规范了全市事项运作标准,实现了全市事项信息同源,市级1 611项、区通用512项、区级983项权责清单均在系统上线,让市民足不出户享受"指尖上的政务服务"②。

为了让行政审批改革规范化、法制化,深圳市于2017年启动了行政审批改革立法工作,开展《深圳经济特区简政放权与行政审批若干规定》立法研究,总结深圳市20年行政审批制度改革经验,将比较成熟、行之有效的改

---

① 关于加快政府职能转变深化行政审批制度改革的工作方案[G].深圳市人民政府公报,2012(39).
② 深圳首张政务电子证照签发 市民足不出户即可办事[EB/OL].(2017-10-04)[2019-05-01].http://gd.qq.com/a/20171004/006360.htm.

革举措上升为特区法规，这在全国走在前列。通过行政审批改革立法，使行政审批改革有法律依据，保障了简政放权与行政审批改革的持久性、合法性。

2. 开创商事登记制度改革特区模式

商事登记制度改革是新时代深圳行政改革在全国层面的率先探索。2013年3月，深圳市颁布《深圳经济特区商事登记若干规定》，正式实施商事主体资格与经营资格相分离的改革，改证照捆绑为证照分离，实行先照后证，建立权责统一的商事登记管理制度；改传统的监督检查、行政处罚监管方式为信用监管模式，实行经营异常名录制度；改传统年度检验制度为年报备案制度，构建有效采集和查询商事主体真实经营状况的信息基础。

2014年9月，深圳市颁布实施《深圳市商事主体行政审批事项权责清单》（以下简称《清单》），囊括了所有与商事主体行政审批相关的事项，涉及25个行政审批部门共129项审批事项，其中有12项属于商事主体登记的前置审批，有117项属于商事主体登记的后置审批。《清单》明确了各审批事项的审批部门、监管责任部门、审批依据等，统一了审批权力与监管责任，是行政审批权力与责任的一张"明细表"和"对账单"。各审批监管部门对照此清单，逐项制定相应的监管办法，确保监管责任到位，实现监管效能的整体提升。《清单》明确界定各审批监管部门的权力边界和责任范围。已审批的和未审批的都属于相关监管部门的监管范畴。未经法定程序，谁也无权增加和减少审批事项。做到不越权、不缺位，加快形成"权责清晰、分工合理、权责一致、运转高效、法治保障"的政府职能体系，为深圳建设一流法治城市提供制度保障。这一权责清单在公布权责清单和监管办法，理顺政府行政审批与监管职责，强化审批监督制度的内外衔接，构建信用监管、信息监管、法治监管等新型综合监管模式等方面取得重大突破。

同期，深圳市还发布了《关于制定实施商事登记制度改革后续监管办法的工作方案》，加快推进"大市场、大监管、大标准、大质量"体系建设，以建立"权责明晰、行为规范、监督有效、保障有力"的商事监管体制为目标，实现市场监管的清单化、标准化和规范化，推动政府管理模式由重审批、轻监管和以批代管向强化事中事后监管转变。该方案要求按照"谁审批，谁监管"和行业监管并重、政府监管与行业自律相结合的原则，明确各部门对商事主体和商事行为的监管职责,理顺职责分工,避免职责交叉错位,避免监管真空地带,确保责任落实到位;强化对商事主体和商事行为的监管,推广应用现代化、信息化监管措施和动态化随机抽查方式,建立健全"经营异常名录""黑名单"等信用监管制度;加强部门监管联动机制建设,完善和推广区域网格化监管模式,健全行政执法与刑事司法的衔接机制,畅通社会监督和公众参与渠道,切实提升执法监管合力和社会联动反应能力①。

从效果上来看,2014 年 12 月 1 日开始率先实施的商事登记"四证合一"改革,运用信息化手段推动政府多部门密切配合,网上可一次办妥营业执照、组织机构代码证、税务登记证和印章刻制许可证四个证件,实现了工作流程再造、服务方式创新,创业门槛进一步降低。2015 年 6 月 1 日,深圳又在"四证合一"登记模式的基础上,将社保登记纳入商事登记流程,实现"五证合一"。这"五证"统一由深圳市市场和质量监管委发放,创业者通过网上提交申请及材料,由商事登记部门统一受理,并由商事登记部门一家审批。经过五年的探索,深圳多项改革新举措在全省乃至全国被推广,国家和省工商主管部门对深圳商事登记制度改革表示肯定。"深圳率先制订了深圳经济特区商事登记制度的若干规定,率先探索注册资本认缴登记、年检改年报、推行先照后证改革,率先实现了全流程无纸化的网上商事登记,率先开展了'多证合一'改革,率先试点了企业名称的自主申报改革,率先实现了企业简易注册登记改革。"这六大创新举措,为全国商事登记制度改革提供了非常宝贵的经验。

3. 探索自贸区管理体制机制创新

加快前海蛇口自贸片区建设,是中央基于全局考虑做出的重大战略决策。2015 年 4 月,作为广东自贸区组成部分之一的深圳前海蛇口自贸区在前海举行挂牌仪式。作为"特区中的特区"和国家深化改革、扩大开放的重大战略平台,前海蛇口自贸片区不仅肩负着为深圳经济特区新一轮改革开放先行先试的重要责任,而且承载着为国家探索改革开放新路径的重要使

---

① 关于制定实施商事登记制度改革后续监管办法的工作方案［G］.深圳市人民政府公报,2014(39).

命。前海蛇口片区将围绕推动人民币国际化、利率及汇率市场化改革，重点在"人民币资本项目可兑换、跨境人民币业务创新、深港金融市场互融互通、投融资便利化"等方面先行先试。

前海蛇口自贸片区采取管委会管理体制，前海管理局加挂自贸片区管委会牌子，实行"两块牌子，一套人马"的运作方式，采用法定机构做法，承担政府行政管理、公共服务、企业化开发建设等"政事企三合一"职能。这在目前国内自贸片区中属于创新之举。前海蛇口自贸片区的行政管理改革主要围绕以下关键词进行：一是"简政放权"，包括行政审批制度改革、深化商事制度改革、行政权责清单制度改革、审管职能分离、实施综合审批，"一刻印章管审批""多证合一、一照一码""证照分离""多评合一、统一评审""多规合一"等改革。二是"放管结合"，包括加强事中事后监管、市场监管综合执法、全链条信用体系建设、依法公开管理权限和流程等。三是"优化服务"，包括全程电子化登记、电子营业执照、信息网络平台建设、推进多部门信息共享和协同管理、国家贸易单一窗口、一口受理服务模式、一站式服务模式等。四是"机构改革"，包括探索设立法定机构等。

随着2017年粤港澳大湾区发展战略的出台，深圳作为粤港澳大湾区的核心引擎和功能枢纽，将探索大湾区协作机制放在政府治理与改革创新的重要位置。在前海合作区规划建设粤港澳创新合作特别区域，试行港资企业享受国民待遇，实施与香港趋同的税收、商事仲裁及调解、执业资格、建设标准等措施，提供与香港相衔接的公共服务和社会管理环境，以期为整合大湾区合作提供良好的治理样本。在前海建立起深港两地政府常态化会晤机制，形成香港"咨询—监管—社会参与"多层面参与前海开发建设的交流合作机制。前海管理局设立"香港工作处"，专职对接和服务香港，并在香港开设了窗口公司，设置前海香港事务首席联络官，加强与香港方面的联系对接。在政府服务领域，深圳市注重学习借鉴香港特别行政区政府的经验，如外商投资管理制度、国际贸易监管创新、金融安全监管体系构建等，并以前海管理局法定机构为依托，打造高效廉洁的服务型管理机构，改革行政审批制度以期达到减政的效果，以"香港政府一站通"电子政务平台为模板，提供"e站通"一站式便捷服务，对标香港营造国际一流的营商环境。

4. 实施"强区放权"改革

市、区权责不对等,事权与资源配置不协调,一直是行政权力运行中"市—区"两级政府关系协调的障碍。为了应对这样的难题,深圳市于2016年拉开"强区放权"的改革大幕。作为一项打基础、立长远、补短板又要起到"牵一发而动全身"的重大改革举措,"强区放权"是在深圳经济持续快速增长、社会和谐稳定的背景下实施的,足见主政者的战略远见和改革决心。"强区放权"以进一步推进简政放权、促进政府职能转变为突破口,全面深化改革,建设与现代化国际化创新型城市相匹配的现代政府,提升深圳整个城市的竞争力。

从2016年开始,深圳以深化推进简政放权、促进政府职能转变为突破口,着力推进"强区放权"改革。这项改革实施以来,较大程度地解决了市区权责不对等、事权与资源配置不协调等问题。通过改革,下放了权力、优化了流程、调动了基层工作积极性,释放了城市开发建设活力,区级履职能力明显加强,服务效能不断提升,改革成效初步显现。2017年11月,深圳市政府发布《关于公布2017年深圳市强区放权改革下放事权清单的通知》,再下放36项事权给区级政府。至此,深圳市已经累计下放政府投资、规划国土、城市建设、交通运输、水务管理等领域的100余项核心事权。从效果上看,以最早推进改革的罗湖区为例,城市更新由四级审批精简为两级审批,将串联审批改为并联审批,将多个事项合并为一个事项,审批环节由25个压缩为12个,审批时限由3年压缩为1年内。

相比于2016年的"强区放权"改革,2017年的改革体现出以下特点:一是更加突出事权下放的整体性、系统性。其重点对上一年已下放事权的配套事权进行明确,如建设项目环境影响评价、水土保持方案审批、排水审批、工程质量监管、施工安全监管、消防审批、审计监督,不跨区、不跨海(湾)主干道建设相关审批以及交警、消防相关事权等共计21项,确保相关事项的职权全链条、全流程整体协调下放,避免企业和市民市、区"两头跑"。此外,本轮改革还根据基层工作实际,拓展范围、强化力度,下放城市建设管理以及民生相关领域事权15项。二是更加突出事权下放的衔接性、连贯性。要求市直有关部门与各区承接部门在30个工作日内完成下放事权的交接工作,划清双方责任,完善法律手续,并及时向社会公布相关信息。同时,要求市直相关部门强化监管、规划、政策并加强对区的指导监督,密切跟踪下放事权的实施情况,及时发现问题、解决问题。按照"谁下放、谁指导"的原则,开展业务培训,积极指导、协助各区做好承接、实施工作。三是更加突出事权下放后的再改革。要求市直相关部门和各区及时在市权责清单管理系统中做相应调整。同时,要求各区结合事权下放,进一步整合审批事项,创新体制机制,提高审批效率,与"互联网+政务服务"改革相结合,加快构建方便快捷、公平普惠、优质高效、网上网下一体化的政务服务体系。

通过"强区放权"改革,将进一步增强改革的系统性,提升事权衔接的规范化水平,确保事权"放得下、接得住、用得好",切实减少事权衔接的"真空期"和"盲点区",通过政务服务"一站式"办理、"一条龙"服务,使群众办事更加便捷。

5. 深化聘任制公务员改革

公务员制度的完善需要科学合理的分类管理制度和管理模式作为支撑。聘任制公务员试点在我国由来已久。深圳市早在2007年就已试水公务员聘任制,是全国唯一的公务员分类管理改革试点城市。聘任制公务员与委任制公务员在身份和待遇上没有任何差别,都使用行政编制,履行公务员的权利义务,在职责权限、能力要求、职务升降等方面执行同样的制度。而二者的差别体现在用人方式上,聘任制公务员实行合同管理,实行社会基本养老保险与职业年金相结合的退休保障制度,相对于委任制公务员而言,其退出机制更加灵活。

2010年2月,深圳市人力资源和社会保障局详细公布了深圳市公务员分类管理制度改革内容,改革将把公务员原来"大一统"管理模式划分成综合管理类、行政执法类、专业技术类,69%的公务员将被划入行政执法类和专业技术类。通过一段时间的试点,深圳市人民政府于2013年5月印发了《深圳市行政机关聘任制公务员管理办法》,从招聘、聘任合同的订立、聘任合同的履行和变更、聘任合同的解除和终止、工资福利及社会保障等层面对聘任制公务员的权利和义务等进行了规定。截至2015年12月31日，全市在聘的聘任制公务员已超过6 000人，占全市公务员总数的13.10%。聘任制公务员的实行，有着非常重要的现实意义：一是可以满足政府部门专业性岗位对特殊技能的需要；二是通过将一些社会通用性较强的事务性、辅助性工作直接外包给聘期专业人员来做，有助于降低行政成本和用人成本；三是聘任制的实行可以增强政府用人灵活性，健全用人机制，以优胜劣汰的竞争激发公务员队伍的活力。

随后，深圳市的经验在全国推广。2017年9月，中共中央办公厅、国务院办公厅印发了《聘任制公务员管理规定（试行）》，从国家层面给出明确的制度设计和政策支撑，从而使各地各部门具体实施公务员聘任制有章可循。将公务员聘任制纳入正规化、规范化和常态化发展轨道，真正意义上形成了选任制、委任制和聘任制三种类型相互补充、相得益彰的公务员管理结构。

表3-1　深圳行政改革40年的历程

改革阶段	行政环境	改革的动力特征	改革的主要内容与思路
"准特区时代"（1980—1992年）	探索对外开放和改革计划经济体制	主动：使命驱动	党政机构改革→转变职能→改革计划经济体制
"特区时代"（1993—2002年）	市场经济已经确立并继续完善	被动：利益主导	政府行为改善→转变职能→推动市场化的深入
"后特区时代"（2003—2012年）	加入WTO后与其他地区的竞争日趋激烈	推动：竞争压力、危机驱动	行政体制创新→转变职能→提高城市竞争力
"新特区时代"（2013年至今）	中国特色社会主义进入新的时代	带动："四个全面"战略布局	国家顶层设计→转变职能→提升国际影响力

二、行政改革的主要特点 ▶▶

（一）"准特区时代"行政改革的特点

综观这一阶段深圳的行政改革，虽然内容庞杂，以至于不好梳理，但总体上具有以下几个方面的特点。

（1）行政改革的高频性、渐进性与应景性。从1981年到1993年底，几乎每两年进行一次大规模的政府机构改革，频率是非常高的。这一方面说明，深圳经济发展速度是如此之快，以至于既有的政府改革成果很快就不能适应环境的要求，需要以不断的政府管理体制改革为社会经济的迅速变迁开辟空间；另一方面也说明每次改革虽有大致的方向，但一直没有明确的远景目标，改革具有应景性、探索性、复杂性特点，具有明显的"摸着石头过河"的渐进性特征。这其实也是与整个中国改革的特点吻合的。

（2）行政改革的动力充足。20世纪八九十年代，中国大部分地方政府的行政管理体制改革都是在中央政府的推动下被动进行的，属于被动的"要我改"型。而这一阶段深圳的改革，有的虽然是根据中央政府的统一部署进行的，但基本是自主自发进行的，属于"我要改"型。这说明这个时期深圳的行政改革动力充足。这些动力大体来自以下几个方面：① 使命。中央政府建立经济特区的目的之一就是让其进行改革试验，为全国的改革开放探索道路。经济特区是的任务和使命就是试验，就是改革。这一使命成为深圳行政改革最强大的动力。从这个意义上来说，这个时期的行政改革是"使命驱动"型的。② 中央政府的鼓励和支持。中央政府始终"鼓励特区按照特事特办、新事新办、方法全新的原则……跳出国内现行的不适应生产发展的老框框，改革特区的管理体制和管理机构"①。中央政府赋予深圳经济特区先行先试的权力和优于其他地区的特殊政策，同时对改革过程中存在的失误能以宽容的心态对待。③ 成功的强化。一方面，深圳本身持续高速发展的经济不断确认了政府改革的正确性，强化了路径依赖；另一方面，这一时期深圳几乎成为全国各地学习的榜样，来深圳学习借鉴者络绎不绝，这种标杆角色强化了深圳政府以持续改革为兄弟省市提供经验的使命感。

（3）行政改革与经济体制改革、政治体制改革具有同一性。中国改革的逻辑起点是高度集中的计划经济体制。这一体制的特点可以概括为党政不分、政企不分，权力高度集中，资源完全由政府控制。行政管理体制作为

---

① 李容根.八大体系：深圳行政管理体制改革探索［M］.深圳：海天出版社，1998：66.

政治体制和经济体制的结合,对它进行的改革,既是经济体制改革的客观要求,也是中国政治体制改革的重要内容。这一时期深圳把构建新的经济体制同改革旧的行政管理体制紧密结合在一起,同步推进,为市场经济的发展创造条件。同时,这一过程也可以理解为政治体制改革(通过行政管理体制改革)寓于经济体制改革之中①。因此,那些认为这一时期深圳乃至中国只进行经济体制改革和行政体制改革而没有进行政治体制改革的看法是片面的。

(4)行政改革的基本目标取向是"去计划体制化"。虽然这一阶段行政管理体制改革的现实起点和基本内容都是机构改革,行政机构的总数增增减减,组织机构不断分分合合。但改革总体上从单纯的机构调整、人员裁减逐渐深入到理顺关系(党政关系、政企关系等)等层面,甚至提出了转变职能的目标。尽管有些改革目标到现在也没有完全实现,但改革的基本取向始终是不断深入地消除传统的高度集权的经济体制的弊端,为经济发展开辟道路和创造条件。

(二)"特区时代"行政改革的特点

在这一阶段,深圳在原有的政策性优势逐渐减弱的条件下仍然能保持着相对快速的发展势头。有学者认为,"行政改革特别是审批制度改革是使深圳能够继续保持快速发展的重要原因"②。但无论是纵向还是横向比较,这一阶段的行政改革已经与第一阶段明显不同,特别是有以下几点值得注意的。

(1)改革的频度明显降低。从1994年到2001年中,没有进行大规模的、系统的行政改革,仅有的一次党政机构改革,还是根据中央统一部署被动进行的。审批制度改革、依法行政都是政府行为层面的改革,政府体制、政府职能方面的改革进展不大。

(2)改革的成效不明显。2001年初,深圳市政府为了"提高行政效率,

① 黄卫平.寓政治改革于经济改革之中——论中国政治体制改革的战略特征[J].求索,1998(2):4-8.
② 卞苏徽.行政改革:深圳快速发展的推动器[J].经济社会体制比较,2000(3):12-16.

优化投资发展环境",宣布推行政府工作"提速"运动,但实际效果不大。就1997年的审批制度改革而言,一些改革措施由于种种原因并没有真正落到实处,甚至还出现了一些变相增加审批事项、随意附加审批条件的"回潮"现象。经济发展也由市场推动向政府主导演变,"这是深圳行政改革难以推进的深层原因,也是目前深圳逐渐还原为一个纯粹城市的前奏"①。

(3)改革产生的影响力明显减弱。除行政审批制度改革外,深圳其他的改革很少在全国产生什么影响。可以说,这一时期国内政府管理当中比较有影响的创新举措,如政府服务"承诺制"、政务公开、行政审批"一条龙"、"首问责任制"、"窗口"式办公制度等均是其他地方先推开以后深圳才实施的。

(4)改革的热情逐渐衰减。这一时期,全国其他地区政府管理创新的热情被全面激活,发展市场经济的动能被充分释放,深圳经济特区丧失了先行先试的特权。随着改革的深入和发展阶段的转换,改革逐渐深入到旧体制的核心部位,问题的复杂性和解决难度也日益提高,光靠原先那种"敢闯敢干"的精神和勇气已经不行。改革的深入对政府及其工作人员的能力和素质提出了更高的要求,而与这种新要求相比,改革者无论是知识、视野还是能力方面均有不足。

(三)"后特区时代"行政改革的特点

这一阶段的行政改革总体上是在激烈竞争所产生的危机的推动进行的,甚至在局部带有追赶性质,总体目标是为了提高城市的综合竞争力。虽然这一时期行政改革的成效还没有显现出来,后果也具有不确定性,但也比较明显地呈现出以下几个特点。

(1)开始从城市竞争力的角度看待政府管理,对行政改革的重要性的认识在提高。中国加入WTO后,深圳政府开始从城市竞争力的角度认识政府管理及其改革问题。深圳前市长于幼军就指出,"政府服务水平是衡

---

① 行政改革持续进行[EB/OL].(2003-09-03)[2019-05-01].http://book.sina.com.cn/shenzhen/2003-09-03/3/16925.shtml.

量地区投资发展环境优劣的重要指标"。《深圳特区报》在2002年5月专门发表了题为《建设廉洁高效的政务环境——论加强软环境建设》的评论，提出"把软环境建设作为深圳发展的生命线，一定要把政务环境的建设摆到十分突出的位置"。在2003年和2004年度的政府工作报告中，均专门以较大的篇幅谈到政府改革的问题。这在深圳历史上是少见的，足见政府高层已经认识到政府管理问题成为影响深圳城市竞争力和持续发展的重要瓶颈。

（2）开始以国内其他地区为标杆分析城市管理问题，对行政改革紧迫性的认识在提高。2002年，深圳市委、市政府组团专门赴上海、苏州等地考察，目的是了解这些地方政府改革的进展和经验。考察团得出的一个结论是："与上海、苏州、昆山等地相比，深圳的服务意识还有较大的差距。特别是在政务环境上，深圳至少存在两方面的突出问题需要认真解决。一是服务水平和工作效率还不够高；二是在合理划分市区事权、责任，调动上下各级积极性方面做得不够。需要进一步加快行政体制创新，通过改革实现依法行政和高效行政的统一，理顺工作机制，提高工作效率。"①以往深圳被视为国内改革试验田，是改革经验的输出地，现在则开始以国内其他地区为参照分析自己存在的问题并以此激活自身的竞争意识、忧患意识和危机意识。这种心态变化的意义是深远的。

（3）开始采用先进的改革理念，深圳行政改革与世界其他地区政府改革发展趋势的契合度在提高。进入这一阶段，不仅政府管理体制改革方案的设计吸引了深圳学术界的人士参加，而且政府改革的理念与学术界最新的理论主张的契合度也在提高。在2004年的政府工作报告中，深圳市政府就提出了许多以前未曾有过的政府改革思路和理念。① 责任政府。要"使各级政府真正做负责任的政府，全体公务员真正做负责任的公务员"。② 服务型政府。要牢固树立"群众是主人，公务员是公仆"和"企业就是顾客，客户至上"的理念，"主动围绕市民与企业的需求开展工作，以方便市场主体为导向调整安排工作程序"，要将"将财力更多地投向公共服务和公

---

① 黄丽满于幼军率团赴苏沪，深圳谋求高起点大发展［N］.南方日报,2002-11-05.

共产品"。③ 廉价政府。降低政府运作成本,建设清正廉洁、高效低耗的政府。④ 法治政府。树立设权应法定、有权必有责、用权受监督、侵权须赔偿的法治观念。⑤ 企业型政府。要"借鉴现代企业的运作理念,不断推出新的服务产品和服务方式"。这些政府改革的价值理念和目标取向与近年来中国学术界的主流观点和改革主张相一致,也与市场经济发达国家和地区政府改革的基本趋势相一致。

（4）开始强调公共行政体制创新,行政改革的层次提升。这一阶段的两次大规模行政改革的最初动因都是要落实上级政府的工作部署。但也可以看出,改革的思路不再是通过机构调整和人员的裁减来促进政府职能的转变,而是试图通过政府体制的创新来整体性解决职能、机制、行为、作风等方面存在的问题。也就是说,试图将行政改革从以往的组织、人员、行为等要素层面上升到体制的层面。

（四）"新特区时代"行政改革的特点

这一阶段,中央以前所未有的决心和力度全面深化改革,对全面深化改革做出了一系列重大战略部署。在中央的顶层设计和地方不懈努力实践探索的支持下,新特区时代的行政改革体现出以下特点。

（1）紧密围绕政府职能转变这一核心要务推进改革。行政体制改革是一项复杂的系统工程,涉及诸多方面。其中,政府职能转变是行政体制改革的核心目标和主要任务。为此,十八大以来新一届政府就明确提出,要以"壮士断腕"的决心转变政府职能。《深圳市全面深化改革总体方案（2013—2015年）》中所提到的深化商事登记制度及相关配套改革、继续深化审批制度改革等,都是转变政府职能的具体体现;而《深圳市推进简政放权放管结合优化服务改革工作要点（2017—2018年）》则是转变政府职能的具体抓手。正如李克强同志所说,"放管服"改革就是要实现政府职能的转变,这是一场深刻的革命。深圳在新一轮改革中,始终抓住"放管服"改革这一"牛鼻子",走在全国前列。

（2）将行政改革放在经济社会发展大局之中统筹谋划。这一阶段的改革,不仅强调通过行政审批制度改革、大部制机构改革等解决"面"和"量"

上的问题,而且把政府治理创新纳入宏观改革环境中通盘考虑,放在经济社会发展大局之中统筹谋划。深圳市新一轮政府改革的目标直接指向适应社会主义市场经济体制,建立适合市场经济发展需要、权力优化配置的公共行政体系,并统筹使用各类资源,形成科学合理的管理体制,尤其是要围绕习近平总书记所说的"在构建推动经济高质量发展的体制机制上走在全国前列,在建设现代化经济体系上走在全国前列"两个目标,深化行政体制改革。

(3)自上而下顶层设计与自下而上试点创新相结合。新一轮的改革由中央统一领导,分级负责、分步实施,从实际出发、因地制宜;地方党和政府可以在中央宏观精神的指导下,先行先试,大胆探索,尤其是在中央已经明确授权的领域或地方,积极制定实质性改革实施方案和细则,大胆改革,勇于实践。改革的路径是中央自上而下顶层设计与地方自下而上改革创新相结合。这是一种"中央授权下的改革局部先行"模式①。深圳市依托中央赋权进行广泛的"政策实验",着力打造前海深港现代服务业合作,以"放管服"为抓手,探索自贸区管理体制和机制创新;积极融入粤港澳大湾区建设,制定有利于深港合作的各项配套政策。

(4)"互联网+政务服务"与行政改革实践相结合。习近平总书记指出,没有信息化就没有现代化。当前行政体制改革引入以移动互联网、大数据技术、云计算、人工智能技术等为代表的新一代信息技术,将互联网基因植入政府治理,形成"互联网+政务服务"。2016年深圳政府工作报告首次提出,"大力推进'互联网+政务服务',实现部门间数据共享,让居民和企业少跑腿、好办事、不添堵"。高科技产业汇集的深圳,在"互联网+政务服务"方面积极与腾讯、华为等高科技企业合作,开展智慧城市建设,并于2018年制定了《深圳市新型智慧城市建设总体方案》,提出到2020年,实现"六个一"发展目标,即"一图全面感知、一号走遍深圳、一键可知全局、一体运行联动、一站创新创业、一屏智享生活",建成国家新型智慧城市标杆市,达到世界一流水平。

---

① 黄卫平.论中央授权下的改革局部先行模式[J].人民论坛,2014(4):6-13.

三、行政改革的前瞻分析 ▶▶▶

（一）行政环境的特点与发展趋势

任何一个国家和地区的行政改革和发展必须同所处的行政环境的变迁相适应。因此，要对今后深圳的行政改革进行前瞻性分析，必须对其所在的行政生态环境进行分析。进入21世纪以来，深圳的行政环境正在发生快速、全面、深刻的变化，呈现出众多的新特征，给行政改革提出了全新的要求。

（1）政府已经并将继续面对一个经济市场化、利益多元化和社会分层化时代。经过20多年的改革开放，深圳已经基本实现了经济市场化。随着经济成分、组织形式、就业方式和分配方式的日益多元化，社会利益格局从一体化、同质化向多元化、异质化发展，人们因职业、行业、居住小区、户籍、年龄、经济收入的不同而拥有多样化的社会地位、价值观念和利益诉求。随着利益多元化的不断发展，社会阶层结构也在不断分化，中产阶层日益壮大，他们在经济发展和社会生活中的影响力不断提高。

（2）政府将进入一个公民权利时代。随着社会主义市场经济的不断发展和执政党"以民为本"理念的贯彻落实，我国社会逐渐从"官本位"向"民本位"、从政府"权力"主导的社会向公民"权利"主导的社会转变，公民的权利意识不断觉醒，维权意识不断增强。从深圳的情况看，这表现在以下四个方面：

第一，上访批次和人次、行政诉讼案件等维权行为呈现不断递增趋势。

第二，利益主体组织化趋势已经出现。目前，深圳自发成立、自主运作的各类利益组织不断增多。这些组织一般都有具有很强的动员能力和集体行动能力。

第三，有组织的群体性施压行动不时出现。在政府机关及主管部门前聚集、静坐、请愿事件有日益增加的趋势。

第四，通过政治参与来维护权利的趋势已经出现。这不仅表现在广大市民积极参加立法听证、价格听证等活动上，更表现在其积极参与人大代表竞选上。随着公民权利时代的到来，利益组织越来越多，利益冲突会越来越频繁,公民的政治参与愿望会越来越强烈。

（3）政府将处于一个日益开放的全球化、信息化时代。目前,深圳在进出口总额占GDP比重、外商直接投资占本地投资比重、海外入境旅游人数占本地人口比重、港口年吞吐量等许多指标上,已经达到或接近国际化标准。可以说,深圳已经更加深入地融入了经济全球化的进程之中。与此同时,深圳的信息化水平已经达到或接近世界先进水平,信息社会已经到来。深圳由于毗邻港澳,部分境外电台、电视台直接覆盖深圳,深圳居民可以通过电视、互联网、手机短信、BBS论坛、其他城市的媒体等途径迅捷地获取各类信息,每个人都有机会对政府发表看法甚至是批评意见。网络媒体和网络舆论的影响力越来越大,而且比传统媒体更能反映民意。在这一新的环境下,政府若以往行之有效的信息控制和舆论引导方式来管理,不仅可能于事无补,而且会因信息渠道的多样和传播的高速而出现难以控制的逆效应。

（4）政府已经并继续处在一个"风险社会"。深圳已经同世界其他国家和地区一样,进入"风险社会"。既有恶性交通事故、生产安全事故等常态的"浅层风险",也有对社会政治良性运行和可持续发展构成基础性和结构性威胁的"深层风险",如经济风险、文化风险、政治风险、健康风险等。在新的历史条件下,各类风险发生的频率将越来越快,而人员、信息、资本等资源的跨界流动会不断增加风险和危机。这些风险轻则影响人民生活,重则影响国家稳定。

与此同时,政府自身也存在一些问题:一是部分公共权力资源流失变质,主要表现为政治权力部门化甚至资本化、私有化;二是政府权力制约机制上存在严重缺失,权钱交易的腐败现象虽从根本上得到遏制,但大案、要案时有发生;三是随着生活水平的普遍提高,一些公务员存在着不思进取、小富即安、小进则满的情绪,创新意愿不足,精神状态保守,行政系统中形式主义、官僚主义、弄虚作假、脱离群众等现象使部分人对政府的合法性、公信力产生怀疑;四是党政系统中产生既得利益集团的可能性增加了。

（二）行政改革的趋势与方向

（1）保持和提高政府的有效性。"历史反复地证明,良好的政府不是一个奢侈品,没有一个有效的政府,经济和社会的可持续发展都是不可能的。"① 以上对政府行政生态环境和自身还存在问题的分析表明,深圳政府还面临着巨大的挑战。这些挑战归结起来是对政府有效性的挑战。因此,如何提高政府的有效性,是今后深圳行政改革所要解决的根本问题。

（2）提升政府能力。离开强大的政府能力,任何政府都不可能是有效的。为了提高政府的有效性,必须加强政府能力建设。以上所提到的行政环境的挑战实际上也是对政府决策能力、竞争能力、服务能力、危机处置能力、政策执行能力等政府能力的挑战。例如,在利益多元化和社会分层化的条件下,政府能否公正地协调好各利益群体和利益集团的利益,维护社会弱势群体的权益,防止某些利益集团将自己的利益凌驾于公共利益之上,始终代表和维护人民群众整体利益和根本利益? 这实际上是对政府利益整合协调能力、发展民主政治的能力提出了新的挑战。因此,加强政府能力的建设是今后深圳行政改革的基本目标。

（3）强化对政府的监督和制约。深圳政府管理中存在的一个基本问题是,无论是政府的自我约束机制还是外在控制机制都还不完善,使本来稀缺的政府资源不能保证运用目标的公共性和运行过程的科学性。其结果是腐败现象的日趋严重和决策失误时有发生,严重影响了政府合法性和有效性。"行政三分制"的改革设想试图解决这个问题,但没有成功。如何借鉴人类政治文明的成果,实现的政府公共权力控制下的民主化、法治化和程序化,这也是深圳今后行政改革的一个重要命题。

（4）整体性创新体制。为了整体性提升政府能力和实现对政府运行的有效控制,必须进行整体性的制度创新。不难发现,改革开放以来,深圳的行政改革几乎从未中断过,有些层面的改革已达到相当高的水平。但是机构膨胀、职能越位等问题一直没有得到有效解决,甚至旧弊端缓解了,新问题又出现了。在目前的环境下,任何一项单项的、局部的改革措施将难以生预期效果。因此,今后的行政改革必须从总体上加以考虑,实现行政体制的整体性创新,建立起系统的、平衡的、完全适应新行政环境的行政系统。

---

① 世界银行.变革世界中的政府[M].北京:中国财政经济出版社,1997:1.

2004年实施的行政改革虽然提出了"体制创新"的思路,但整体性体制创新的任务远没有完成。

（5）推进政治发展。原先"行政三分制"的改革设想虽然富有体制上的创新性,但具有明显的局限性。它回避了执政党的改革和发展问题。在中国政治机构及其运行过程中,执政党居于中心的位置。执政党直接执掌中国公共权力的核心,行政体系内的改革离开政治体制特别是执政党是难能成功的。这说明,为了有效地推动整体性公共行政体制的创新,必须推进中国的政治发展,其中包括执政党的改革。

（6）迈向数字政府时代。随着互联网的发展,"互联网+"理念和计算机技术被逐渐引入到政府管理和服务领域,"以信息化驱动现代化"成为新的政府创新策略。在此基础上,有学者提出了"数字政府治理"概念,其目标在于"推进以公众为中心的公共服务,在提高管理效率的同时改善服务体验,促进公众与政府的良性互动"①。从某种程度上讲,数字政府治理的理念和方式、"互联网+"的理念和技术将成为政府改革创新持续推进的动力支持。

---

① 戴长征,鲍静.数字政府治理——基于社会形态演变进程的考察［J］.中国行政管理,2017（9）: 21–27.

第四章

深圳法治建设40年

郭少青　张　京①

① 郭少青,法学博士,深圳大学城市治理研究院助理教授;张京,深圳市人大常委会法制工作委员会办公室主任科员。

习近平总书记提出,改革和法治如鸟之两翼、车之两轮,深圳的高速发展既是改革创新的结果,也是践行法治的结果。深圳从成立到发展再到壮大的历程,其法治建设与改革发展一路相伴、相辅相成、相得益彰。1980年8月26日,第五届全国人大常委会第十五次会议批准通过了《广东省经济特区条例》。深圳经济特区自依法成立以来,先行先试,开拓创新,成立了最早的地方政府法制机构和法律顾问机构,试行了行政审批制度、城市综合执法制度改革,建立了最早的政府规范性文件前置审查制度、法治政府建设指标体系和考评机制等。从昔日的边陲渔村到今日的现代化大都市,深圳经济特区不仅成为中国改革开放的"窗口"和"试验田",而且成为中国民主法治建设的"窗口"和"试验田"。本章将对深圳这40年间的立法、执法、司法和法治政府建设等方面所取得的成就进行梳理与回顾,对新时代深圳法治建设所面临的问题与挑战进行反思,并对深圳未来的法治发展进行展望。

一、法治发展的历程:基于历史时期的分析 ▶▶

改革开放40年间,深圳的法治建设一直伴随着市场经济的建立、发展、完善与改革创新,可以说深圳的经济发展、体制机制改革和科技创新倒逼着深圳的法治建设。同时,深圳的法治建设也一路为市场经济的转型与发展、产业发展与科技创新、社会治理与改革的深入开展保驾护航。从1980年深圳经济特区批准成立至今,深圳的法治建设主要经历了以下四个阶段①。

(一)获取特区立法权前,法治建设逐步探索(1979—1992年)

深圳法治建设的第一个阶段是从1979年1月建市到1992年7月全国人

---

① 对深圳法治建设发展的四个阶段划分,参考深圳市人民政府法制办公室网络文献——《地方政府推进政府立法工作的实践、经验、问题与对策——以深圳为视角》。

大常委会授予深圳经济特区立法权。此阶段,在国家层面,国家的经济体制正处在转型期,市场经济体制刚刚建立,市场规则和相关法制建设尚处在摸索期,需要敢闯敢试的地方对旧经济体制进行突破;在地方层面,深圳经济特区处于初创期,虽然没有任何"历史包袱",但也没有任何产业基础,为了"杀出一条'血路'来"①,必须充分利用好自身毗邻香港的区位优势,结合中央给予的政策红利,敢于先行先试、积极探索。

此阶段,深圳积极发展市场经济,吸引外资,确立了有别于传统计划经济体制的基本经济制度,出台了一系列与特区改革开放相适应的土地、房地产、企业和劳动用工制度,包括《特区出入境人员管理暂行规定》《特区企业劳动工资暂行规定》《特区企业登记管理暂行规定》《深圳经济特区涉外公司条例》《深圳经济特区涉外公司破产条例》等法规。并且,深圳在全国率先提出房地产商品化,第一次将土地使用权和所有权分开,确定特区土地有偿使用和转让制度,成为全国土地产权制度改革的催化剂。

在依法行政方面,深圳从建市之初就意识到政府需要管住自己这只"有形的手",才能释放出更大的市场活力。深圳的地方行政机构在1981年、1984年、1986年和1988年分别进行了四轮机构改革,其重点就是简政放权,加强政府宏观调控职能,完善特区领导体制和政治架构。1990年,深圳市第一次党代会提出,大力加强法制建设,推动深圳和社会生活自觉纳入法制轨道。

(二)获得特区立法权,法治建设蓬勃发展(1992—2000年)

深圳法治建设的第二个阶段从1992年7月全国人大常委会授予深圳经济特区立法权起,至2000年7月《中华人民共和国立法法》(以下简称《立法法》)实施之前。此阶段,深圳获得了特区立法权,深圳的地方法治工作者们经过十几年的探索,已积累了对市场经济的深刻认识和相关的立法经

---

① 1979年,中共中央召开经济工作会议。广东省提出的"建设运用国际惯例,将深圳、珠海、汕头划为对外加工贸易区",得到中央领导人的重视。邓小平说,可以划出一块地方,叫作特区。"中央没有钱,你们去搞,杀出一条'血路'来。"

验。因此，自深圳获得特区立法权后，深圳的立法工作蓬勃发展。在此阶段，深圳市人大及其常委会共制定法规115项，修正决定33项；市政府共发布政府令92项，制定规章124项。其中在获得经济特区立法权后的1993年和1994年，深圳市制定规章的总数达到73项。

而此阶段的立法重点以市场经济体制为核心，同时聚焦城市社会经济发展中遇到的瓶颈问题。根据经济特区经济社会发展的需要，地方立法者以快速建立具有中国特色社会主义市场经济体制为核心，在将一大批原有的规范性文件确认为法规、规章的同时，构建与市场经济体制相适应的城市管理制度体系。此阶段制定经济类法规、规章数量占本阶段法规、规章制定数量的近60%①。

此阶段，深圳也开始开展依法治市的试点工作。1993年，广东省委、省人大常委会确定深圳为全省依法治市的试点城市。1994年，深圳市委出台了《深圳市依法治市工作方案》，在全国率先提出了建设"现代化国际化社会主义法治城市"的目标；1995年，深圳市第二次党代会提出，增创依法治市新优势，营造良好的法制环境；1999年，深圳出台《关于加强依法治市工作、加快建设社会主义法治城市的决定》，提出要通过十年的时间逐步建成社会主义现代化法治城市。从1991年到2000年，深圳进行了3次机制改革，其目的就是转变政府职能、理顺关系和提高政府效率。

在司法建设方面，这个时期深圳的社会治安不断转好。全市的刑事案件比例降低，期货、股票等金融纠纷以及企业破产等新类型案件不断涌现。特区司法机关坚持公正审判，不断改革创新以提高审判的质量和效率。

在依法行政方面，1995年，深圳召开全市依法行政动员大会，全面推进依法行政工作。1999年，深圳市委印发《关于加强依法治市工作，加快建设社会主义法治城市的决定》，提出在政府机构职能和编制、行政程序、行政审批、行政收费、行政处罚、政府招标采购、政府投资行为、行政执法责任、政府内部管理等方面实行法定化，有效规范了政府行为。

---

① 资料来源于深圳市政法委有关于深圳经济特区法治建设成果展的文案。

（三）获得双立法权，法治建设品质化发展（2000—2013年）

深圳法治建设的第三个阶段为《立法法》实施之后到十八届四中全会以前。此阶段，深圳拥有了特区立法权和较大的市立法权①。深圳先后经历了市场经济体制确立、中国加入世贸组织、行政许可法实施等代表性事件，为确保深圳经济特区全面、稳定和可持续发展，深圳运用"两个立法权"优势，对立法重心进行战略性调整，将立法重点聚焦到推进社会建设和社会治理领域，出台了社会信用立法、社会公益立法、生态保护立法等一系列具有标志性意义的立法。以《深圳市个人信用征信及信用评级管理办法》为例。这是国内首次通过立法方式确立企业信用体系。2010年，随着《国务院关于扩大深圳经济特区范围的批复》的实施，特区实现了关内外一体化，101项特区法规、41项政府规章随即适用于深圳全市，有效解决了长期困扰深圳的"一市两法"问题。

在依法治市方面，此阶段属于依法治市的制度建设阶段。2008年，深圳与中央法制办签署《关于推进深圳市加快建设法治政府的合作协议》，成为全国首个法治政府建设试点城市。同年，深圳出台了《关于制定和实施〈深圳市法治政府建设指标体系（试行）的决定〉》，成为全国第一个推出法治政府建设量化指标体系的城市。2010年，深圳市第五次党代会提出营造一流法治环境，率先建成社会主义法治城市。与此同时，为了进一步理顺部门职责关系，精简机构数量，实现政府的决策权、执行权、监督权相互制约和协调，深圳市政府于2009年开展了受全国广泛关注的"大部制改革"。

在司法建设方面，此阶段深圳行政案件数量增长趋势明显，案件复杂程度提高。为了使得相关案件审理更为公开、公正、高效，自1999年开始，深圳市委牵头推进解决"执行难"问题；自2000年开始，深圳法院从立案公开、庭审公开、执行公开、听证公开等方面推动司法公开；2006年，深圳法院开始探索推行标准化办案工程，而检察机关开始推动管理改革，率先探索规

---

① 2000年3月15日，第九届全国人大三次会议通过《中华人民共和国立法法》，保留了各经济特区立法权，同时赋予经济特区所在地的市以较高的市立法权（现为设区的市立法权）。

范自由裁量权的制度改革。

在依法行政方面，此阶段深圳市政府出台了一系列的规定，如《行政执法主体公告管理办法》《规范行政处罚裁量权若干规定》《行政执法案卷评查办法》《市级行政执法机关行政处罚案卷评查标准》等，以不断规范行政执法主体的行政行为，压缩自由裁量的空间，促进行政执法公开、公正和平等。值得一提的是，2000年深圳市政府发布了《深圳市行政机关规范性文件管理规定》，在全国范围内率先确立了以"统一要求、统一审查、统一发布"为核心理念的规范性文件前置审查制度。此制度大大压缩了规范性文件的数量，提高了规范性文件的质量，增强了政府机关依法行政意识①。

（四）十八届四中全会以来，法治建设全面提升（2014—2018年）

深圳法治建设的第四个阶段为十八届四中全会以来的法治建设全面升级阶段。在中央层面，十八届四中全会做出了全面推进依法治国的重要决定，认为"全面建成小康社会，实现中华民族伟大复兴的中国梦，全面深化改革、完善和发展中国特色社会主义制度，提高党的执政能力和执政水平，必须全面推进依法治国"；在地方，深圳经济特区紧扣中央"五位一体"的总体布局和"四个全面"的战略布局要求，充分发挥法治建设在促进深化改革、保障经济社会发展和约束权力方面的作用，在产业结构更新换代的大环境下重构并完善与经济发展相适应的法治体系。

在立法方面，此阶段深圳的立法重点除了提升立法质量外，主要是促进改革创新方面的立法和推进粤港澳一体化发展的立法。深圳通过了《深圳经济特区质量条例》，将推进"深圳质量"建设的有效经验和做法以立法的方式加以确认；出台了《深圳经济特区人才工作条例》，以加大对科研人员的激励力度，优化创新创业环境；出台了《深圳经济特区国家自主创新示范区条例》，为科技创新、产业创新、金融创新等提供法治保障。

在依法治市方面，此阶段是依法治市的全面开展阶段。2015年，深圳市

---

① 资料来源于深圳市政法委有关于深圳经济特区法治建设成果展的文案。

第六次党代会提出,率先落实全面依法治国的各项任务,加快建设公平、公正、安定、有序的一流法治城市。2017年,深圳出台了《法治中国示范城市建设实施纲要（2017—2020年）》,提出在2020年基本建成"法治中国示范城市"。

在司法建设方面,十八大以来,深圳市委牵头推进深圳司法体制改革工作,成为全国司法体制改革的"深圳样本"。一方面,深圳司法机关针对城市安全生产领域、城市管理领域的突出问题,充分发挥打击、预防、保护等措施的作用,如通过办理"12·20滑坡案"、依法强制拆除"东湖公园六星汽车园临时建筑"等活动,切实保障城市安全;另一方面,随着互联网、大数据技术的推广,深圳司法系统进一步开展司法便民服务,如2017年深圳法院上线运行"类案全流程在线办理平台",为群众提供"一站式、综合性"司法服务。

在依法行政和机构改革方面,2014年深圳开展了第九轮体制机制改革,推动政府职能转变,形成了鲜明的工商、质监、食品药品监管与知识产权"四合一"的深圳模式,在全国起到了良好的示范作用。2014年,深圳市公布《深化行政审批制度改革编制行政权责清单工作方案》,在全国率先明确了与权力相对应的职责,破解了如何定责的难题。

此阶段的另一个法治建设重点是推动粤港澳一体化和"一带一路"建设。深圳法院坚持平等保护不同国家和地区当事人的合法权益,发布《涉外港澳台案件审判机制改革纲要及工作指引》和"一带一路"典型案例,完善国际商事纠纷多元化解决机制,为深圳企业"走出去"、境外企业走进来

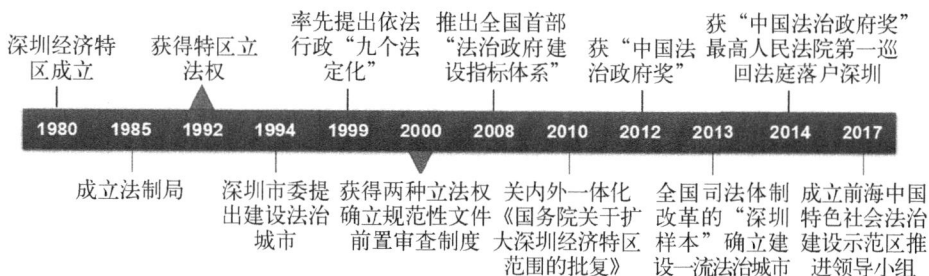

图4-1 深圳法治发展的主要历程

提供优质法律服务，营造市场化、法治化、国际化的营商环境。同时，通过制定检察机关服务大湾区建设的工作意见，突出打击影响大湾区发展的各种犯罪活动①。

二、法治发展的主要成就 ▷▷

（一）聚力创新城市，为国家和地方法治建设提供特区经验

深圳自1992年被授予特区立法权，在26年的立法实践中，大胆借鉴其他国家和地区的惯例，尤其是香港立法经验，充分发挥了特区立法"试验田"的作用，突出了先行性、试验性和创制性的特点。截至2018年2月28日，深圳市人大及其常委会共制定法规225项，其中特区法规185项，现行有效法规167项，深圳市政府共制定规章299项，现行有效规章158项。

在制定的225项法规中，先行先试类106项、创新变通类57项，先行先试类和创新变通类法规占总法规数量的72.44%。在106项先行先试类法规中，有41项是早于国家法律、行政法规出台的；有65项是国家尚无法律、行政法规规定的，是全国首部法规，既填补了国家立法层面的空白，也为国家和地方立法探索了宝贵的特区经验（见表4-1）。

表4-1 深圳首创的相关制度及其积极影响

时　间	相关法规、规章及规范性文件	首创制度及其积极影响
1983年	《深圳经济特区商品房产管理规定》	在全国率先提出房地产商品化
1987年	《深圳经济特区土地管理条例》	第一次将土地使用权和所有权分开，确定特区土地有偿使用和转让制度，对中国当时土地管理政策形成重大突破，堪称深圳乃至中国立法史上重要的"破冰之举"
1992年	《深圳经济特区城市公共大巴专营管理规定》	全国第一部确定大巴专营的立法

---

① 资料来源于深圳市政法委有关于深圳经济特区法治建设成果展的文案。

（续表）

时　　间	相关法规、规章及规范性文件	首创制度及其积极影响
1992—1996年	《深圳特经济特区房地产登记条例》《深圳经济特区房屋租赁条例》《深圳经济特区商品房管理规定》《深圳经济特区房地产转让条例》《深圳经济特区工伤保险条例》《深圳经济特区失业保险条例》《深圳经济特区企业员工基本养老保险条例》《深圳经济特区最低工资条例》《深圳经济特区欠薪保障条例》	初步建立了规范的房地产市场秩序和社会保障体系的基本框架，在深圳经济特区房地产登记、房地产转让、房屋租赁、商品房管理、工伤保险、失业保险、企业员工基本养老保险、最低工资等板块，出台了一系列条例，对全国相关领域的立法都具有重大影响
1993年	《深圳经济特区有限责任公司条例》《深圳经济特区股份有限公司条例》	率先以企业组织形式对公司主体做出明确规定，有效解决了企业主体的规范问题，为国家后来制定《公司法》提供了宝贵的立法经验
1994年	《深圳经济特区防洪防风规定》	率先建立了自然灾害预警信号系统，确立了与国际接轨的气象灾害防御和减轻应急措施
1995年	《深圳经济特区律师条例》《深圳经济特区注册会计师管理条例》《深圳经济特区建设监理条例》《深圳经济特区经纪人管理条例》《深圳经特区会计管理条例》《深圳经济特区行业协会条例》	规范市场中介方面，为国家制定相关法律探索了经验
	《深圳经济特区大学中专毕业生就业合同管理暂行办法》《深圳经济特区鼓励出国留学生来深圳工作的规定》	深圳经济特区大学中专毕业生就业合同管理、鼓励出国留学生来深圳工作两大内容在全国率先打破大中专毕业生就业分配制度，对保障经济特区人才的需求产生深远影响
	《关于印发行政执法证件办法工作方案的通知》	率先推行行政执法人员持证上岗制度，确定行政执法证件由市政府统一制作、统一编号、统一颁发和统一管理
1999年	《深圳市审批制度改革若干规定》	在全国率先用立法手段对行政审批行为进行规范，确立行政审批依法设立的原则和设立审批应依法举行听证的原则，为全国各地所效仿，进而推动全国开展审批制度改革

（续表）

时　间	相关法规、规章及规范性文件	首创制度及其积极影响
2000年	《深圳市行政机关规范性文件管理规定》	在全国范围内率先确立了以"统一要求、统一审查、统一发布"为核心理念的规范性文件前置审查制度
2001年	《深圳市个人信用征信及信用评级管理办法》	在全国首次通过立法方式明确个人信用信息的范围、采集、适用原则、个人隐私权的保护和对征信机构的监管。率先在全国建立社会信用制度体系和企业信用体系
2002年	《深圳市企业信用征信和评估管理办法》	在全国首次通过立法方式确立企业信用体系，通过政府主导、机构参与，对企业信用信息的征集、披露，对评估机构及其运作进行规范
2003年	《深圳经济特区人体器官捐献移植条例》	全国首部有关人体器官捐献移植的地方性法规
2004年	《深圳市预防职务犯罪条例》	在全国率先以法规形式明确新闻媒体舆论监督权，在地方性法规中引入引咎辞职
2007年	《关于加强人民法院民事执行工作若干问题的决定》	在全国首次以地方立法形式对构建执行联动机制、威慑机制进行具体规定
2008年	《关于推进深圳市加快建设法治政府的合作协议》	全国首份国务院法制办与地方政府合作协议。是国务院法制办经国务院领导批准与地方政府签订的第一份合作协议，支持深圳市政府在依法行政、建设法治政府方面进行制度、体制和机制创新，率先建成法治政府，发挥示范效应
2008年	《中共深圳市委深圳市人民政府关于制定和实施〈深圳市法治政府建设指标体系（试行）〉的决定》	全国首个法治政府建设指标体系。我国地方第一个关于法治政府建设的指标体系从此诞生。2012年，该指标体系获得第二届"中国法治政府奖"
2014年	《深圳市龙岗区行政处罚裁量权实施标准（试行）》	在全国率先全面推行行政处罚裁量标准定额化，以龙岗区为试点，制定了《深圳市龙岗区行政处罚裁量权实施标准（试行）》。区属19个执法单位对1 987项行政处罚事项，以及街道受委托实施的5 000多项执法事项，全部按照标准定额化的要求制定了裁量权实施标准

（续表）

时　间	相关法规、规章及规范性文件	首创制度及其积极影响
2017年	《深圳经济特区质量条例》	全国首部地方质量法规，将推行"深圳质量"建设行之有效的经验做法，通过立法确认，建立深圳标准认证和标识制度等一系列制度，推动标准、质量、品牌、信誉一体化建设
	《深圳经济特区警务辅助人员条例》	全国首部地方辅警法规，推动警务辅助队伍管理实现制度化、规范化和法治化

资料来源：深圳市政法委有关于深圳经济特区法治建设成果展的文案。

（二）聚力改革城市，为改革与市场经济发展提供制度保障

深圳的法治建设一直以市场为导向，与城市的经济体制改革与创新相辅相成，以服务城市产业转型、城市创新为主旨。从深圳大力推动商事登记制度改革到政府的简政放权，都是为了进一步理顺政府与市场的关系，从而激发市场活力，为经济的持续高速健康增长提供法治保障。

1. 加强特区立法，完善市场经济制度

建立健全中国特色社会主义市场经济制度一直是深圳特区立法的核心内容。在建市早期，深圳主要是通过建立和完善经济制度为经济发展提供保障，如《深圳经济特区房地产登记条例》《深圳经济特区房屋租赁条例》等案例的颁布，是为了将深圳房地产纳入市场经济的法治监管轨道；《深圳经济特区房地产转让条例》《深圳经济特区土地使用权出让条例》《深圳市土地征用与回收条例》等条例的出台，是为了规范深圳土地的使用权；《深圳经济特区股份有限公司条例》《深圳经济特区劳务工条例》《深圳经济特区薪保障条例》等条例的出台，是为了进一步规范市场主体行为，建立现代企业制度。

从20世纪90年代中后期开始，深圳的立法从规范市场向规范政府自身行为转变，同时通过推进社会信用立法、加强改革创新立法，提升市场活力。如深圳于2006年出台了《深圳经济特区改革创新促进条例》，2008年出台了《深圳经济特区金融发展促进条例》，2010年出台《加快经济发展方式转变促进条例》等。近些年，深圳的立法工作通过进一步转变政府职能推进

"深圳质量"建设,加大对科研人员的激励力度来促进经济发展。

　　2. 加强司法建设,保障市场健康运行

　　经济发展需要司法的保驾护航。深圳的司法机关是全国司法专业化、职业化的开创者和先行者,一路紧扣时代脉搏,以服务经济社会发展为导向。深圳市中级人民法院于1988年成立了经济犯罪案举报中心、涉外经济审判庭、经济纠纷调解中心,于1989年成立了房地产审判庭,于1993年成立了破产案件审判庭,于2016年成立了自贸区检察院,于2017年成立了深圳知识产权法庭、深圳金融法庭(见表4-2)。这些专业司法机构的成立,为深圳的司法实践发展和市场的健康运行奠定了基础。同时,深圳还通过推进司法改革、推进审判权力运行机制改革、推进司法责任制改革等措施来服务供给侧结构改革。

表4-2　深圳首创的全国新型司法机构及其积极影响

成立时间	成立机构名称	首 创 及 其 积 极 影 响
	经济罪案举报中心	深圳市人民检察院成立全国首个经济罪案举报中心,迅速在全国推广
1988年	涉外经济审判庭	深圳中院成立全国第一个涉外经济审判庭
	经济纠纷调解中心	深圳中院成立全国第一个经济纠纷调解中心,首开经济纠纷调解先河
1989年	房地产审判庭	深圳中院设立全国第一个房地产审判庭
1991年	立案处	深圳中院成立全国第一个立案处,首开全国法院立审分离先河
1993年	破产案件审判庭	深圳中院成立全国第一个破产案件审判庭,在全国率先走上了破产审判专业化道路
2006年	案件管理处	深圳市人民检察院建立了第一个有正式建制的案件管理处
2005年	劳动争议审判庭	深圳中院成立了全国第一个劳动争议审判庭,2008年劳动争议审判庭被国务院授予"全国农民工工作先进集体"称号
2008年	知识产权刑事法律保护研究中心	深圳市人民检察院在全国率先成立了知识产权刑事法律保护研究中心,并于2017年在此基础上成立了知识产权法律保护研究中心

（续表）

成立时间	成立机构名称	首 创 及 其 积 极 影 响
2011年	市级检察公共关系处	全国地级市检察机关第一个有正式建制的检察公共关系处
2014年	知识产权案件互联网审理中心	深圳中院在南山区人民法院设立全国首家知识产权案件互联网审理中心
2016年	自贸区检察院	深圳前海蛇口自贸区人民检察院正式成立,成为全国首家自贸区检察院
2016年	深圳中院"鹰眼查控系统"	首创大数据模式,率先基本解决执行难问题,在全国首次推行集查询、控制于一体的网络化、信息化执行模式
2017年	深圳知识产权法庭、深圳金融法庭	为市场健康运行奠定法律基础

资料来源:深圳市政法委有关于深圳经济特区法治建设成果展的文案。

3. 推进制度改革,释放市场活力

市场经济是法治经济,深圳始终坚持以市场为导向,推进各项制度改革,推进政府简政放权,理顺政府与市场的关系。第一,深圳致力于推进商事制度改革。包括对企业登记注册制度进行改革,在全国开展股份合作公司登记、推出"一站式"服务和首问责任制服务措施,率先开通网上注册系统等。第二,深圳不断深化税费改革给企业减负。从2011年至今,深圳先后取消、减免或降低税费131项。第三,深圳通过制度改革促进新兴产业依法发展。如2010年,深圳在全国率先推出商务秘书公司制度,解决了电子商务企业住所问题;2012年深圳在全国率先开展电子商务可信交易环境建设试点,创建全国首个电子商务综合标准化示范区。第四,深圳不断推进诚信社会建设,完善市场秩序。深圳围绕信用体系建设、公共信用信息管理、守信激励和失信惩戒以及信用服务市场发展等重点领域和关键环节持续发力,努力建设诚实守信的优质营商环境。第五,深圳不断改革市场监管体系,实行统一的市场监管。如2005年深圳成立了广告监测中心,它被誉为发现违法广告的"天眼"。

4. 加强知识产权保护,优化创新创业环境

深圳高新区是国家科技部"建设世界一流科技园区"发展战略的6家

试点园区之一,是国家级高新技术产品出口基地、亚太经合组织开放园区、先进国家高新技术产业开发区、国家知识产权试点园区、中国青年科技创新行动示范基地、国家火炬计划软件产业基地、国家高新技术产业标准化示范区、国家海外高层次人才创新创业基地、科技与金融相结合全国试点园区以及国家文化和科技融合示范基地。这一系列创新创业的园区建设,都倒逼着深圳制定相关的技术保密条例、技术转移条例等规章来促进产业发展。以2018年出台的《深圳经济特区国家自主创新示范区条例》为例,其在拓宽财政科技资金投入渠道、政府部门登记许可类信息共享、规范科技项目评审以及后续监管等方面进行了创新,在知识产权保护管理和简化建设项目环评等方面对上位法进行了变通,为推动深圳创新驱动发展保驾护航①。

(三)聚力法治城市,成为全国法治城市建设的深圳样本

深圳作为改革开放40年中国城市建设的一面旗帜,不仅在经济发展、科技创新方面走在全国前列,而且在法治城市、法治政府的建设方面也成就斐然。深圳在全国百城法治政府评估中连续三年名列前茅,连续两届获得"中国法治政府奖"。深圳推动法治政府、依法行政建设主要有以下几条路径。

1. 创新立法,夯实依法行政基础

有法可依是依法执政、依法行政的基础。深圳通过立法规范了一系列政府行政行为,不断厘清政府的权力边界,其中包括了建立规范性文件前置审查制度、改革行政审批制度、完善政府信息公开立法、规范行政执法行为和政府决策机制等。

第一,深圳通过对规范性文件的管理,制约政府权力。深圳市政府于2000年发布了《深圳市行政机关规范性文件管理规定》,确立了规范性文件前置审查制度。此制度对各类"红头文件"进行前置性审查,从源头上防止政府违法行政行为的发生。

第二,深圳通过改革行政审批制度,防止部门权力滥用。自1998年以来,深圳市不断深化行政审批制度改革。2004年,深圳制定了《深圳市实施

---

① 张京.深圳经济特区授权立法二十五周年总结与思考[G].深圳法治蓝皮书,2018.

行政许可若干规定》; 2006 年, 深圳制定了《深圳市非行政许可审批和登记若干规定》, 逐步实现了行政审批的公正、公平和透明。

第三, 深圳通过政府信息公开立法, 实现全社会对政府的监督。深圳先后出台了《深圳市行政机关政务公开暂行规定》《深圳市政府信息网上公开办法》《深圳市政府信息公开规定》等制度。

第四, 深圳通过规范行政执法, 促进行政执法的公平、公正。深圳市于 2003 年制定了《行政执法主体公告管理办法》, 于 2008 年出台了《规范行政处罚裁量权若干规定》, 于 2010 年制定了《行政执法案卷评查办法》, 于 2011 年又制定了《市级行政执法机关行政处罚案卷评查标准》。这些立法对于规范行政执法主体, 压缩行政处罚自由裁量空间, 促进行政执法公开、公正和公平等发挥着制度性作用。

第五, 深圳通过完善政府决策机制, 促进政府决策的民主化与科学化。深圳市于 2006 年发布了《深圳市人民政府常务会议工作规则》《深圳市人民政府重大决策公示暂行办法》《深圳市行政听证办法》, 于 2009 年发布了《深圳市行政决策责任追究办法》, 于 2013 年制定了《深圳市重大决策专家咨询论证实施办法》。这些相关立法的出台, 其目的都是为了促进政府决策的科学化、公正化和民主化。

2. 探索创新, 多元构建法治政府体系

首先, 深圳通过建立考核机制促进法治政府建设。自 2009 年以来, 深圳市每年都组织法治政府建设考评, 以此强化法治政府建设工作的落实。目前, 法治政府建设考评占政府绩效考核的比重为 8%。其次, 深圳通过法治政府建设指标体系的建立促进法治政府建设。2008 年, 深圳市委、市政府联合发布《中共深圳市委深圳市人民政府关于制定和实施〈深圳市法治政府建设指标体系 (试行)〉的决定》, 出台了我国地方第一个关于法治政府建设的指标体系。最后, 建立政府法律顾问制度体系, 为依法行政保驾护航。深圳市借鉴香港律政司的经验, 在政府法律顾问的运作体制上, 采取了"由专职法律顾问、法律助理担纲, 有选择性地实施外判制度"的运作模式①。

_____

① 资料来源于深圳市政法委有关于深圳经济特区法治建设成果展的内部文案。

3. 加强行政复议,有力推进依法行政建设

在加强行政复议方面,首先,深圳畅通复议渠道,实施多项便民举措。深圳制定了《行政复议若干便民措施》《关于实行行政复议申请首问责任制申请指导制的若干规定》《关于方便第三人参加行政复议的若干措施》《关于向复议申请人、第三人告知权利和义务的若干规定》等规范性文件,使行政复议渠道更为通畅,切实解决市民特别是广大外来务工人员等弱势群体在行使行政复议权利时遇到的一些困难。其次,加强办案制度建设,确保行政复议办案质量,不断完善办理行政复议案件的程序规范,实行案件承办、协办制度,坚持案件集体讨论制度,规范行政复议文书的撰写制作,创新建设标准化办案规范和开展行政复议建议书工作等。

表4-3 2010年1月1日—2014年6月30日深圳市复议办行政复议案件办理情况

年　度	收案	受理	当年结案	维持（比例）	撤销变更责令履行确认违法（比例）	协调解决（比例）	纠正率	建议书（份）
2010年	941	565	505	429（85%）	0（0%）	76（15%）	15%	24
2011年	1 084	706	640	488（76%）	7（1.1%）	142（22.2%）	23%	29
2012年	821	447	387	331（85%）	1（0.3%）	50（13%）	13%	17
2013年	1 206	905	780	575（74%）	22（2.8%）	135（17.3%）	20%	29
2014年	652	533	369	330（89%）	10（2.7%）	27（7.3%）	10%	6
合计	4 704	3 156	2 681	2 153（80%）	40（1.5%）	430（16%）	17.5%	105

（四）聚力国际化城市,不断增进深港澳合作

深圳建市之初的主旨就是承接港澳、服务港澳、学习港澳,在深化深港澳合作的道路上不断解放思想、开拓创新,营造开拓包容的法治环境,在新时代,为深港澳一体化建设、大湾区建设乃至"一带一路"建设提供制度

保障。

1. 探索深港澳合作立法机制

为了探索深港澳一体化和大湾区建设,深圳市积极借鉴境外立法机制。2016年,深圳市政府法制办公室和香港律政司开展立法技术交流活动。交流活动由香港律政司与深圳市法制办共同协商确定一个草拟的立法项目,分别进行研究、论证、拟稿,再通过讨论、综合点评的方式进行交流①。

2. 创新建立深港澳法治机构

深圳一直在法治机构和模式上先行先试,力图深入开展深港合作。如1983年,深圳市政府成立了国内第一家仲裁机构——华南国际经济贸易仲裁委员会(深圳国际仲裁院)。再比如,深圳湾口岸首创的"一地两检"模式,即将港方查验区放在内地行政区域并由香港实施管理,也起到积极的示范作用。

3. 建立前海法治示范区

前海是目前国家批复的唯一一个中国特色社会主义法治示范区。自前海自贸区建成以来,深圳市委、市政府积极开展前海法制创新探索和改革,深入开展深港合作,接轨国际标准和规则,形成了50多项法治创新成果,推出了一批可复制、可推广的法治建设经验做法,为服务国家"一带一路"和粤港澳大湾区建设做出了积极贡献。如成立前海"一带一路"法律服务联合会,启动建设全国首个"一带一路"法治地图项目,成立全国首家"一带一路"国际商事诉调对接中心,开展粤港澳联营律师事务所改革试点,推动深港法律服务业共同发展。

4. 全面推动深港澳法律合作机制

2011年,深圳市政府与香港特别行政区律政司签订了《深圳市人民政府香港特别行政区律政司法律合作安排》,建立了深港两地法律合作机制,并于2017年10月进行了续签。而在全面推进粤港澳大湾区建设的大背景下,为促成深澳两地尽早建立稳定的法律合作机制,深圳市政府法律顾问室于2018年1月前往澳门特区政府法务局就两地法律合作事宜进行探讨,双

---

① 资料来源于深圳市政法委有关于深圳经济特区法治建设成果展的文案。

方就加强法律合作达成共识。

（五）聚力文明城市,推进城市法治治理及生态文明建设

深圳是移民城市,从40年前的边陲小镇发展成现在拥有2 000万人口的国际大都市,其在城市治理、城市更新方面都面临着极大的挑战。深圳市充分运用两个立法权,制定了一大批城市管理方面的法规。从市容环境卫生管理、公园和城市绿化、交通运输,到文化教育、医疗卫生、法治政府、社会保障等各个方面,都有一批独具鲜明特色的法规提供全方位的法治保障。在城市管理方面,制定了市容和环境卫生管理条例、控制吸烟条例、养犬管理条例、道路交通安全违法行为处罚条例、城市管理综合执法条例等21项法规;在治安环境治理方面,制定了社会治安综合治理条例、信访条例、居住证条例等8项法规[①]。

随着党的十八大提出"五位一体"的总体布局,党的十九大报告提出加快生态文明体制改革,建设美丽中国,深圳更加坚定不移地走绿色低碳可持续发展之路。在生态文明建设领域,深圳市共制定了25部法规。以《深圳经济特区环境保护条例》作为基本法,25部法规涵盖了水、空气、海洋、噪声、垃圾、节能、碳排放等诸多方面的治理,其中涉及水环境的就有7部经济特区法规。这些法规为深圳的生态文明建设提供了有力的法治保障。

自经济特区成立以来,深圳一直致力于培育公民的法治素养,弘扬法治精神,坚持不懈地推进法治社会建设。从"一五"到"七五"普法,深圳法治宣传教育创造出贴近基层、贴近群众、贴近实际的机制、形式和各种优质公共服务平台,为市民法律素质的不断提升注入了不竭动力。如2003年,深圳市在全国率先为劳务工编写高质量的学法教材——全彩卡通画版《深圳市劳务工学法用法读本》,免费赠送给全市劳务工;2009年,深圳市编印全彩版的《深圳市公民法律读本》。在普法工作中,政府鼓励和引导社会力量参与自2011年起,深圳开始实施"公民法律素质提升资助计划",鼓励并资

---

① 中国社会科学院法学研究所课题组.深圳经济特区立法研究［R］.2016.

助社会力量参与普法。目前已资助 38 个机构开展 45 项普法活动。同时，深圳将法治文化融入城市公共空间，拓展了法治文化的覆盖阵地。例如，深圳因地制宜地利用公园、广场等公共空间，有机融入法治文化元素，建成盐田东和法治文化主题公园、蛇口法治文化广场等规模不一、形态各异的 2 000 多个阵地，让市民在休闲娱乐中感受法治文化、领悟法治理念①。

（六）聚力人本城市，健全高质量法律服务体系

在法治为民的道路上，一方面，深圳不断深化行政服务机制改革，促进政府职能转变和服务型政府的建设，力图让行政权力的使用更加公开、透明，也更加便民、惠民。例如，2010 年，深圳市政府发布《深圳市行政服务管理规定》，在全国率先提出了行政服务的概念，为推动深圳市行政服务事项清理和法制化提供了法治保障②。另一方面，深圳率先紧扣推进公共法律服务普惠性、均等化等目标，致力于建成具有深圳特色的"全覆盖、多层级、标准化、高效能"的公共法律服务体系。例如，深圳不断创新引领中国律师行业的发展，率先推进公证改革，不断推进司法鉴定机构专业化发展，构筑区、街道、社区三级公共法律服务实体平台等。

（七）聚力智慧城市，打造科技引领的智慧法治建设

深圳是科技创新城市，拥有华为、腾讯、中兴通讯等一系列全国知名、在世界上也有一定影响力的科技企业，而深圳在信息化城市、智慧城市的建设方面也一直走在全国前列，这为智慧法治的建设打下了坚实的基础。在大数据时代，深圳主要通过以下路径全面打造智慧法治建设。

1. 基于大数据推进法治标准化建设

基于大数据技术，深圳出台了《政法机关案件电子卷宗技术规范》，是全国政法机关首个电子卷宗制作标准，为政法大数据的深度应用打下坚实基础，同时也为电子卷宗标准制度化建设和关键文书流转提供了制度指引。

---

① 资料来源于深圳市政法委有关于深圳经济特区法治建设成果展的文案。
② 资料来源于深圳市政法委有关于深圳经济特区法治建设成果展的文案。

2. 利用大数据解决司法实践难题

深圳中院率先建立的"鹰眼查控系统",是全国首次推行集查询、控制于一体的网络化、信息化执行模式。鹰眼查控网与极光集约平台、速控平台合称"一网两台",让深圳法院在查人找物领域走在全国前列。

3. 利用互联网等技术推动城市法治治理

在城市法治治理方面,大数据技术已深入到智慧警务、商事主体预警分析、智慧城市管理等方面。2007年,深圳就建立起全球互联网上第一个网络虚拟警察和岗亭。网络警察的推出,解决了互联网虚拟社会警察"缺位"的问题,填补了互联网管理的空白。2016年,全国首个新型智慧城市运营管理平台——深圳市城市运营管理中心完成建设并投入试运行。

4. 利用人工智能等技术推动法治为民服务

人工智能、大数据等尖端技术被应用到法治为民的服务当中去。如2017年深圳法院上线运行"类案全流程在线办理平台",率先实现金融纠纷类案件立案、审判、执行全流程线上办理,通过当事人在线一秒立案、线上缴费、文书电子送达,方便群众参与诉讼。而前海司法服务机器人"小法",可向参展人员提供法律问答程序。

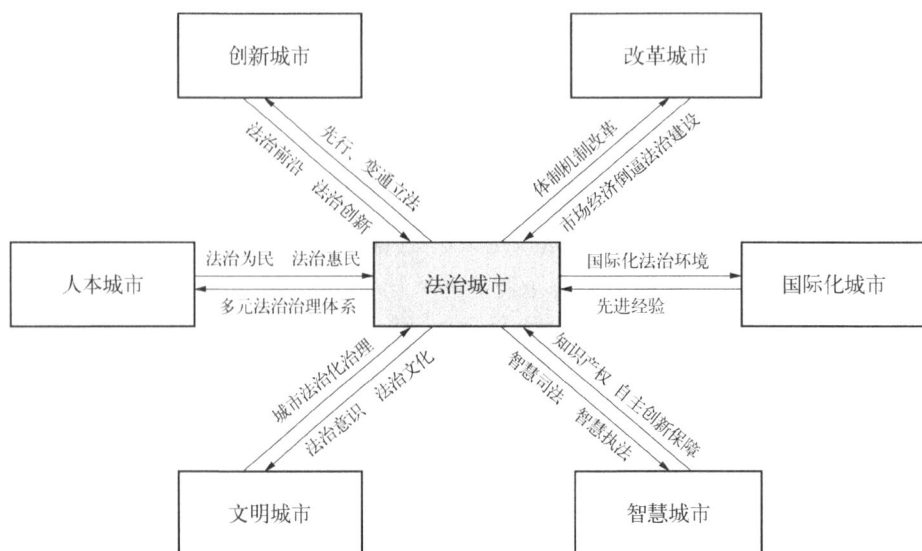

图4-2　改革开放40年来深圳法治发展的主要成就

三、 新时代法治发展所面临的挑战及对策 ▶▶

（一）新时代法治发展所面临的挑战

1. 传统优势弱化，立法创新能力减弱

近些年来，深圳立法的创新能力正逐步减弱，具体表现在具有前瞻性、改革性的法规偏少，有特色的制度创新不多，对立法变通权的使用方式相对单一。这既有客观方面的原因，也有主观方面的原因。

客观上，一方面改革开放初期，深圳作为国内改革的"试验田"，中央将许多改革放在深圳先行先试。但随着改革进入"深水区"，中央对改革的统筹力度不断加大，不同地区承担不同的试点功能，深圳在改革方面的比较优势变得不明显。另一方面，随着中国特色社会主义市场经济制度的建立和完善，国内一线城市国际化程度的不断提升，深圳建市初期对市场经济体制机制探索的独特性减弱，可创新的空间也比原来大大缩减。

主观上，随着我国纵向的干部考核评价机制的完善，面对立法，部分特区立法官员更倾向于持保守态度。与深圳建市早期部分官员的"闯劲"相比，当前部分地方官员在立法创新性方面魄力不足。其最关键的原因是特区立法权对上位立法所享有的变通权的标准并不明晰，在干部考核评级制度下，特区立法官员往往选择减少创新以避免可能的风险①。

2. 新的法治环境挑战不断，法治建设前瞻性不足

十八大以来，在理论层面，习近平总书记提出了全面依法治国的新战略；在实践层面，深圳面临着产业转型、市场升级、"互联网＋"的各类市场规范、网络治理等新的课题。但深圳在法治建设方面，并没有发挥出先行者和排头兵的重要示范作用。

首先，前瞻性立法不足，宣誓性立法过多。深圳近十年的立法，宣誓性

① 中国社会科学院法学研究所课题组.深圳经济特区立法研究［R］.2016.

的软法过多,从2012年第一个促进条例出台,目前已有16个促进条例。这些法规可操作性较差,没有相关的实施细则。而重庆、上海等城市在对外开放、土地、户籍制度、社会信用体系建设等方面的法律制度变革在某种程度上已经超过深圳。同时,在面对新技术、新业态聚集时,如电子商务、互联网金融等新兴行业的发展都需要立法保障,深圳立法的滞后性无法适应深圳经济社会发展的需要。

其次,司法信息化建设明显落后。司法的信息化建设具有一定的前瞻预测功能。目前运用大数据、云计算、人工智能等现代化技术而形成的智慧司法体系正在很多地方进行试点。上海、苏州等地已将现代信息技术充分应用于审判辅助、立案导诉等环节。相较而言,深圳的司法信息化建设已经落后于这些地区。

3. 传统短板未能补足,人才与基础设施相对匮乏

深圳的跨越式发展也导致了其法治建设中的基础设施不足和专业人才匮乏的现象。在基础设施方面,深圳的基层人民调解室、审判法庭、看守所、拘留所、强制戒毒所、派出所等场所建设数量不足,配套设施不足。如市法院深圳中院因为审判法庭占据较大空间,因办公场所不足,刑事审判部门和档案室均安排在其他行政区办公,福田区法院则是办公主楼、立案庭、执行局分处三地,给工作带来诸多不便①。

在专业人才方面,深圳的法治专业人才匮乏。如涉外法制人才队伍中,通晓国际法律规则、善于处理涉外法律事务的法治人才缺乏,解决国际大型法律纠纷的能力较弱。在法学家队伍中,人才在部门之间的交流不通畅,优秀法学家、学术带头人、骨干教师参与法治专门队伍建设的机制没有得到完善②。

在法律公共服务建设方面,深圳与北京、上海、广州相比,在律师人数、律师事务所数量、行业总收入等方面都有明显差距,法律服务对经济保障的

---

① 深圳市人大常委会资料:《全面推进依法治市,率先把深圳建成全国最优法治环境城市》。

② 深圳市人大常委会资料:《全面推进依法治市,率先把深圳建成全国最优法治环境城市》。

作用不足。

（二）新时代法治发展的对策

1.调整立法模式,科学前瞻立法

对深圳而言,"十三五"时期是加快转变经济发展方式、推进经济转型升级的关键阶段。要开创各项工作的新局面,经济特区有必要在立法建设方面提供有力保障。

（1）应建立立法与改革的衔接平台,保障立法机关及时了解改革动向,将相关立法及早纳入立法计划、规划中,及时开展前期研究及论证。改革进入深水区,深圳特区应当结合本地区公民和企业的实际要求,积极运用特区立法权推动管理体制的改革,为国家立法积累宝贵的经验①。

（2）建立立法预研委员会,对适应新时代社会经济发展的新立法进行及时回应。建议在深圳市委的领导下,建立由市人大常委会牵头,相关政府部门、司法机关、社会组织参与的立法预研委员会,旨在建立立法程序的快速反应机制,发现、预研经济社会发展运行中潜在的立法需求。

（3）建立立法人才的配置制度。一方面,增加各类立法专才的配备。深圳的立法数量是京穗两地的2～3倍,但是其法制机构设置和人员配备均低于京穗两地。另一方面,在新时代,特区立法工作还要面临各类新生事物,需要开展如大数据、互联网金融、网络安全等一系列专业立法。这些相应立法均需要专业人才配备,可以购买专业服务的形式,从相关智库、研究机构吸引人才,作为特区立法的人才基础。

（4）加大特区立法理论研究,建立专业的立法智库。深圳在特区立法方面,仍存在诸多理论问题,特区立法的法律地位仍存在模糊之处,需要进一步研究和确立,特别是特区立法变通权的标准和界限在哪里,仍需要进一步探讨。同时,在新时代,怎样对前40年的改革开放经验进行总结,上升为法律法规;怎样通过立法的顶层设计,深化改革;怎样将政策等一系列非制度性的安排法制化,从战略上完善城市的法治治理规则,这些都需要更为深

---

① 中国社会科学院法学研究所课题组.深圳经济特区立法研究［R］.2016.

入的研究①。

2. 加强法治人才队伍建设,推进法治基础设施完善

首先,应加强法律人才的专业化、多元化建设。加强公证、司法鉴定、人民调解、法律援助等队伍的建设,培育法制法律服务志愿者队伍,加强后备人才培养,建立多元化人才培育和发展保障体系。畅通律师和法律事务部门之间的人才交流和沟通②。

其次,要大力发展涉外法律服务业,如开展高端法律从业人员培训,培育发展涉外法律服务的网络平台、法律服务机构,同时促进涉外法律服务业与会计、金融、保险、证券等其他服务业之间开展多种形式的专业合作③。

3. 加强智慧城市建设,以科技推进法治进程

目前我国的智慧城市规划建设如火如荼。智慧城市中的核心技术,如云计算、物联网等对智慧法治的建设产生了深刻的影响。相关技术在政府部门、法律事务部门的应用,对简化政府行政执法流程、破除部门间信息孤岛、提高执法效率等起到了积极的作用。而其对法治发展进程的影响并不仅限于此。智慧城市的建设将深刻地改变传统的法治模式,从技术应用上倒逼政府内部的体制机制改革,扩大信息公开的范围,同时推动政府、市场和社会三方共治,有效建立起政府与社会之间的双向沟通渠道。另外,智慧法治建设对压缩权力寻租空间,提升公众的法治获得感也起到了积极的作用。具体而言,智慧城市建设将对我国立法、执法、司法等方面产生深刻的影响。深圳是科技创新城市,是我国信息化建设程度最高的城市,也是首批智慧城市试点。在此基础上,深圳应积极加快智慧城市建设以促进特区法治建设进程。

首先,智慧城市建设使得回应型立法和创新型立法成为可能。回应型立法应该具备协商、限权、平等、尊重等特征,而智慧城市建设的核心也正是通过技术运用,实现政府与公民对公共生活的合作治理。在数据开放和共

---

① 中国社会科学院法学研究所课题组.深圳经济特区立法研究[R].2016.
② 深圳市人大常委会资料:《全面推进依法治市,率先把深圳建成全国最优法治环境城市》。
③ 《关于发展涉外法律服务的意见》http://www.moj.gov.cn/government_public/content/2017-05/25/fggz_6578.html.

享的过程中,公民将更为深入地参与到公共决策的进程中来,同时互动式地反映需求。相关立法部门可以根据舆情大数据分析和司法实践等大数据分析,了解立法的空白点,根据法治评估提出有针对性的意见。同时,在信息化快速发展的今天,立法的滞后性问题凸显。传统的立法模式很难与信息的发展节奏相适应。如网约车、网络拍卖、网络慈善、网络直播等问题层出不穷,而传统立法难以预计问题,立法的繁复性也很难追赶信息科技的变化速度。在智慧城市的建设过程中,为了突破传统立法模式的局限,各地方积极探索创新型立法模式,先行先试,创新型立法快速增加,解决了很多现实问题。

其次,智慧城市建设将推进司法智能化建设。① 智慧司法将提升司法管理水平。从现有的状况来看,诸如社区矫正类的管理尚存在难题,智慧司法建设从技术上打破了传统的对社区矫正人员的管理模式,通过对社区矫正人员的位置监控、身份识别,进行档案的信息化管理,解决了司法部门人工监控的漏洞问题,极大地提高了司法管理水平。② 智慧司法将提高司法透明性。在大数据技术的支持下,人民法院系统地推进审判流程公开、裁判文书公开、执行信息公开三大平台的建设,让审判更透明、更公正。这不仅增进了司法的廉洁程度,而且提升了司法公信力。③ 智慧司法将提升审判的科学性。智慧司法的建设,可以通过对原有海量数据的深度挖掘和精确分析,形成专家指导意见,指导司法人员在具体案件的审判中形成更为科学的判决支持。④ 智慧司法将精进司法预测功能。大数据时代下借助数据的全面性,将形成更为精准的司法预测。比如,浙江省已建成了实时更新、开放共享的全省法院数据中心,其可以实时分析案件信息。再比如,福建省高院利用数据分析省内的经济类案件情况以预测社会经济发展的问题与趋势。

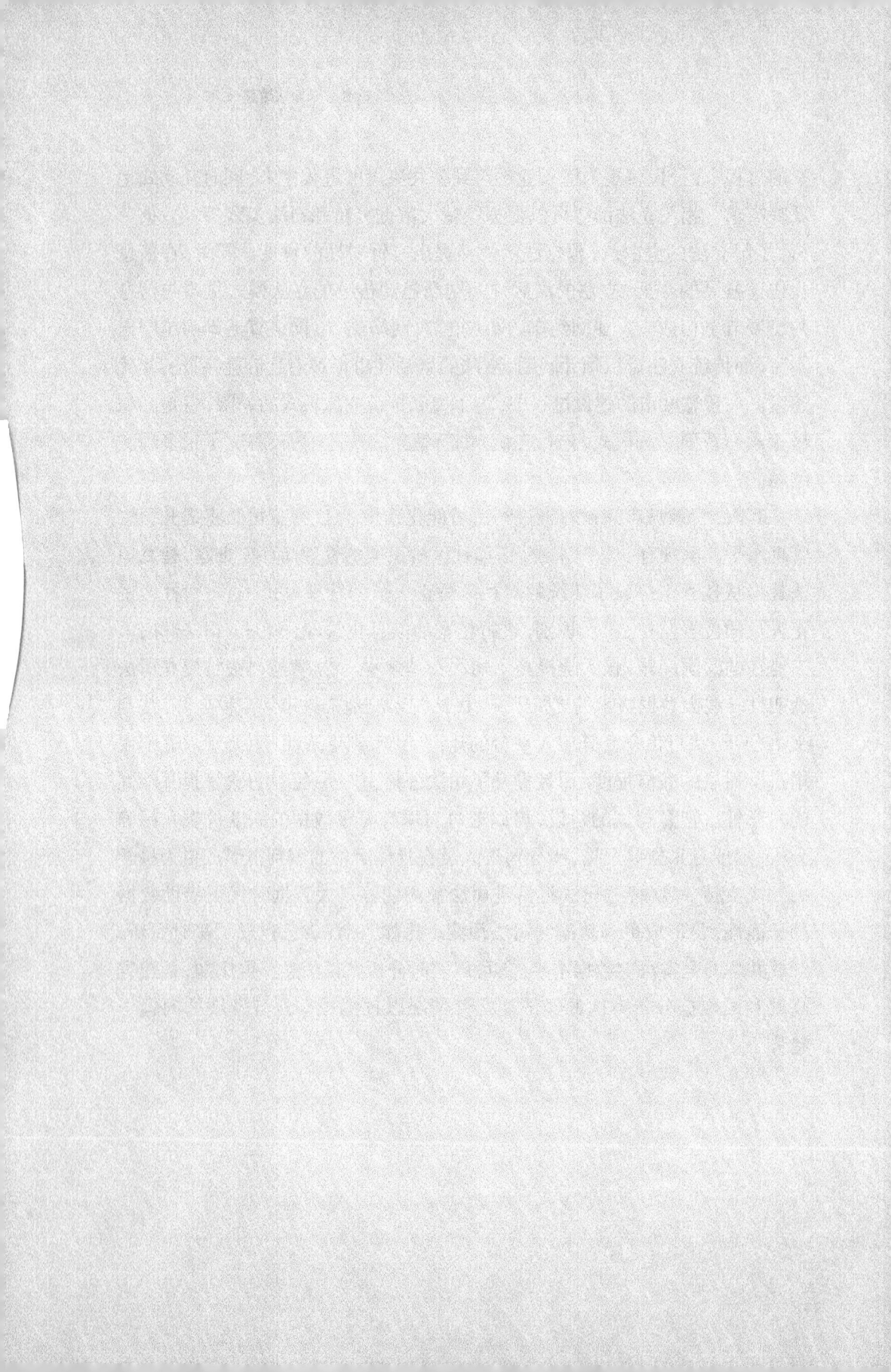

第五章

深圳文化发展40年

李丹舟①

① 李丹舟,文学博士,深圳大学城市治理研究院助理教授。

特区的创业历史与城市发展史是相辅相成的。没有改革开放初期南下的移民，便没有一个个白手起家的创业故事；没有这些艰辛的初创经历，便没有一座座工厂的建立。深圳正是在这种历史渊源之下一步步从"小渔村"走向现代化大都市。"创业"一直以来都是深圳的代名词。改革开放初期，从全国各省市涌入深圳的"打工"群体构成特区城市化进程最早的流动景观。近年来，随着中国产业发展的转型，"创业"不仅限于孤立的个体，而是在"互联网＋"战略背景下发展为涵盖政府、企业、社会组织等多方力量交互作用而成的创业生态体系。与此相适应的是，城市空间由打工者赖以生存的工厂厂房逐渐演化为以全方位扶持创业活动为特点的众创空间，深圳正从"山寨之都"跻身为"创客之都"。随着工业社会向后工业社会的转型，深圳的文化建设呈现出文化政策顶层设计日趋现代化和国际化、文化空间改造与科技创新能力相辅相成的特点。

基于上述现象，深圳的城市文化治理有哪些独特的制度经验？作为举世瞩目的"世界工厂"，改革开放40年来，深圳在产业结构布局和科技创新能力培育等方面打下了怎样的基础？朝向后工业社会的深圳在文化建设上有哪些典型案例和创新实践？本章通过梳理深圳文化政策的阶段性历程，厘清科技创新与产业发展的深圳经验，以华侨城集团和招商蛇口集团的工业旧址改造为个案来分析工业遗产的空间文化营造，以华强北国际创客中心和雅昌文化科技的传统制造业转型为个案来分析以"文化＋科技"为特点的城市文化创新，进而传达城市文化顶层设计和具体空间实践的"深圳表述"。

一、从"文化沙漠"到城市文化创新 ▶▷

（一）深圳文化建设的阶段性历程

作为中国改革开放的前沿城市，深圳在文化自觉培育、理论体系构建和发展阶段性革新三个层面业已呈现出极具特色的"深圳气派"。这不仅为城市治理提供以创新、智慧、包容与力量为特点的城市文化精神，也将文化建设有机地纳入这座以科技创新转化能力著称的年轻城市的发展过程中。回溯深圳文化建设的发展阶段，一来印证了国家领导人对南粤大地的殷切关怀[①]；二来印证了深圳文化政策的战略性推进为城市文化创新奠定了坚实的基础。深圳文化建设的发展历程可概括为以下三个阶段[②]。

一是特区初创阶段（20世纪80年代至20世纪90年代初期）。其主要特点为探索与社会主义市场经济体制、外向型经济发展相适应的文化基础设施建设，对外来文化既保持开放心态，也抵制西方腐朽文化的渗透，并初步展开特区文化的理论研究工作。

二是特区增强城市竞争力阶段（20世纪90年代至21世纪初期）。其主要特点为提高对文化建设的重视程度，以"现代文化名城"为建设目标，构建具有深圳特色的社会主义先进文化和城市主流价值观，通过"新八大""新六大"等现代化文化设施建设、"读书月"主题活动的举办和文化体制机制改革等举措，全面推进现代化国际性城市建设。

三是城市文化自觉更新与全面创新阶段（2003年至今）。以2003年1月深圳市委三届六次全会确立的"文化立市"战略为契机，将文化发展提升至新的战略高度，旨在通过文化品位、文化品牌和文化形象来建设国际化大都市，与此相配套的"两城一都"——"图书馆之城""钢琴之城""设计之都"，可谓"文化立市"的切实实现路径。2011年，深圳市委、市政府提出"文化强市"的战略目标，将深圳建设为"我国社会主义核心价值体系建设示范区""全国公共文化建设示范区""文化产业龙头大市""中国文化'走

① 1992年，邓小平同志发表南方谈话，要求进一步解放思想、推进改革开放；2000年，江泽民同志要求广东增创新优势，更上一层楼，率先基本实现社会主义现代化；2003年，胡锦涛同志要求广东加快发展、率先发展、协调发展，在全面建设小康社会、加快推进社会主义现代化进程中更好地发挥排头兵作用；2017年春，习近平总书记要求广东坚持党的领导、坚持中国特色社会主义、坚持新发展理念、坚持改革开放，为全国推进供给侧结构性改革、实施创新驱动发展战略、构建开放型经济新体制提供支撑，努力在全面建成小康社会、加快建设社会主义现代化新征程走在前列。温诗步.深圳文化变革大事[M].深圳：海天出版社,2008：40.
② 吴俊忠.深圳文化十论[M].北京：光明日报出版社,2012：85-102.

出去'的重要基地"①。2016年,深圳市人民政府办公厅颁布的《深圳文化创新发展2020(实施方案)》成为"十三五"时期深圳文化建设的新契机,其目标是将深圳进一步打造为国际文化创意先锋城市。

(二)"深圳文化"的制度设计

"十大观念"是深圳文化建设的精神支柱。以往谈起深圳,人们往往会认为年轻的特区是我国改革开放的"试验田",最早探索以市场经济为导向的中国特色社会主义道路,但在文化层面则显得较为缺少底蕴。2010年8月,深圳经济特区成立30周年之际评选出来的十条"深圳观念"②,可以说适时地为这座以经济体制改革和科技创新转化能力为内在动能、以成百上千万外来移民为人口构成的新兴现代化都市写下恰如其分的文化注解。诚如深圳市委宣传部对"深圳观念"所做出的精辟阐释:"在体制突破中,它是前进的冲锋号;在建设道路上,它是特区经验的升华;在文明模式转换中,它是城市再生的灵魂。"③因此,深圳的文化自觉可以概括为30多年来"促进了一系列完全不同于计划经济的新观念、新价值的诞生和社会文化的当代转型"④。一方面,"深圳观念"既有"敢为天下先"的气魄与脚踏实地的改革创新,又有尊重知识的学习型城市建设与普惠于民的公共文化服务,更有着兼收并蓄的开放品格与宽容失败的包容大度,这些来自民间社会的"深圳表述"可谓与社会主义核心价值观一脉相承⑤;另一方面,"深圳观念"意味着敢想敢干、敢闯敢试,在探索中国特色社会主义市场经济道路上"杀

---

① 彭立勋.文化强市建设与城市转型发展:2011年深圳文化蓝皮书[M].北京:中国社会科学出版社,2011:91-92.

② 这十条"深圳观念"分别为:①"时间就是金钱,效率就是生命";②"空谈误国,实干兴邦";③"敢为天下先";④"改革创新是深圳的根、深圳的魂";⑤"让城市因热爱读书而受人尊重";⑥"鼓励创新,宽容失败";⑦"实现市民文化权利";⑧"送人玫瑰,手有余香";⑨"深圳,与世界没有距离";⑩"来了,就是深圳人"。毛少莹.关于改革开放30年深圳文化发展情况的若干基本判断[M]//彭立勋.文化强市建设与城市转型发展:2011年深圳文化蓝皮书.北京:中国社会科学出版社,2011:129-131.

③ 王京生.文化的魅力[M].北京:人民出版社,2014:181.

④ 王京生.我们需要什么样的文化繁荣[M].北京:社会科学文献出版社,2014:223.

⑤ 王京生.城市文化"十大愿景"[M].北京:中国人民大学出版社,2015:41.

出一条血路"，其围绕着以公有制经济为主体展开的一系列市场化改革所彰显出来的开拓精神是对邓小平同志南方谈话精神的成功实践①。

"文化是流动的"是深圳文化建设的理论基石。作为一座建市历史仅有30余年的新兴城市，与西安、开封等以文化积淀为特征的历史文化古城不同，深圳文化治理的理论内核为"文化流动理论"②，意即文化是流动的、变化的、多样的。深圳恰恰在文化资源的跨境流通与配置、文化产业发展、"文化+科技"业态创新、文化体制机制创新等层面为中国乃至世界提供了"改革开放新时期城市文化流动的新样本"③ 和"丰富例证中国特色社会主义的典型样本"④。

（三）深圳产业结构转型背景之下的科技创新道路

城市的阶段性发展历程与深圳的产业升级⑤紧密相关，特别是20世纪90年代中期以来，随着深圳非农化趋势日趋显著以及第二、第三产业所占比重明显增加，由此可以推断出：自21世纪初以来，特区正经历着从工业社会迈向后工业社会的转型，这直接影响到城市空间设计呈现为"科技+文化"，尤其是文化园区与众创空间两相结合。

与很多大型城市经济体不同的是，深圳的产业结构偏轻型化，重工业呈现出结构性缺失，这与深圳经济特区创立的历史背景息息相关。改革开放初期的深圳不过是一个全县总人口30多万、以农业为主的沿海小镇，但经济特区的政策设计促使宝安县的产业结构走出了一条与计划经济时代截然不同的道路——按照建设资金以利用外资为主，经济活动以市场调节为主，

① 王京生.观念的力量［M］.北京：人民出版社，2012：82-85.
② 王京生.文化流动与文化创新研究报告［M］.广州：广东人民出版社，2016：31.
③ 王京生.中国文化的历史流变与当今的文化选择［M］.北京：红旗出版社，2014：227.
④ 王京生.中国文化的历史流变与当今的文化选择［M］.北京：红旗出版社，2014：235。
⑤ 产业升级指的是产业的高级化，意即"由第一产业向第二产业转移，到达一定水平之后向第三产业转移，产业的生产要素结构沿着'劳动密集型—资本密集型—技术（知识）密集型'的路径发展，产业沿着低附加值产业向高附加值产业方向提升，产业从低度加工产业向高度加工产业演进"。陈少兵.深圳产业结构演化与发展研究［M］.北京：中国社会科学出版社，2016：9.

经济结构以"三资"企业为主,生产产品以外销为主的指导目标,以"规划一片、开发一片、投资一片、收益一片"为方针。深圳一方面通过基础设施建设来积极打造具有吸引力的投资环境;另一方面利用邻近香港的区域优势来发挥中央的优惠政策——以"三来一补"(专指来料加工、来件装配、来料制造和补偿贸易)为主体构成的外资投资项目为特区初创阶段的产业结构布局奠定了坚实的基础。深圳的自主工业化道路恰恰是从早期的外商直接投资转向20世纪80年代中后期的合作或合资办厂开店甚至独资企业①。可以说在外来资本的助推之下,深圳迅速实现了从农业向现代工业的产业结构调整。以深圳电子信息产业为例。尽管20世纪70年代初期宝安县机电厂便开始从事一些简单电子产品的加工制造,但是1979年经济特区的建立促使外资和部分内地电子企业进入深圳,广东省光明华侨电子工业公司(现深圳康佳集团股份有限公司)、深圳华强电子工业公司(现深圳华强集团有限公司)、深圳电子装配厂(现深圳爱华电子有限公司)和中国航空技术进出口公司深圳办事处(现深圳中航集团)四家电子信息企业是"三来一补"的典型代表。1986年,深圳市电子集团有限公司的成立,意味着深圳开始从代工加工贸易向高新技术产业转轨。通过国有企业股份制改革和对民营科技企业的政策扶持,深圳电子信息产业逐步搭建起包括投资类、消费类和元器件在内的电子工业体系②,以市场调节为主、扩大企业自主权、金融管理体制创新等一系列市场化改革的举措也在同步进行。

1995年之后的十年被认为是深圳产业结构转型升级的转折点。因为这期间不仅基本确立了社会主义市场经济体制机制,更重要的是,以新材料、新能源、生物医药科技、光电、环保节能、航空航天等为代表的高新技术产业逐渐形成初具规模的产业集群、产业园区和相关配套产业链。较早

① 从1985年至1995年,外商直接投资经历了从实际利用外资占比1/3到超过60%的阶段性发展,行业领域也从过境旅游、房地产、交通运输、粮食、仓储等扩大至工业、商贸、金融、现代农业等。陈少兵.深圳产业结构演化与发展研究[M].北京:中国社会科学出版社,2016:63.

② 魏达志.制度变迁中的解构与创新——深圳电子信息产业崛起路径的当代考察[M].北京:人民出版社,2010:10.

期仰赖于资本和技术引进的代工贸易,深圳不仅在引进外资的规模和来源上对其进行逐步优化,而且通过产品品质、资源配置和运行机制的国际化①逐步形成以高新技术含量为驱动、以第二产业的提质增效为基础的产业结构。值得注意的是,第二产业高新技术含量的提升,通过企业装备和产品技术反哺农业,以金融、旅游、信息、服务、物流等为代表的第三产业以其高附加值也发展为深圳产业结构优化升级进程中的一大亮点,总体上呈现为第二产业和第三产业的长期均衡关系②。据《深圳市统计信息年鉴2011》的数据显示,截至2008年,深圳第三产业占GDP的比重首次超过第二产业,达到50.3%。这与全球金融危机背景下以外向型为特点的加工贸易业面临的种种现实困境息息相关。至此,包括文化创意产业在内的七大战略型新兴产业③自2009年起,逐渐成为推动深圳创新发展的产业支撑,尤其是金融业、现代物流业和文化创意产业已成长为深圳现代服务业的支柱力量。

二、文化治理经验之工业遗产改造 ▷▷

工业遗产是西方社会从工业时代向后工业时代转轨之际,城市空间资源进行重新分配和再次组合时出现的历史遗存。工业遗产的保护与再利用,牵涉土地环境治理与周边区域的社会治理。工业遗产作为新型文化遗产之一而发展为城市文化治理的重要对象。与西方工业革命经历的历史阶段不同,中国在百年工业化道路中留下的工业遗产在当今面临着快速城市化带来的空间转型升级要求,因此针对这一空间形态的理论研究和实践案例逐渐成为产学研各方关注的焦点。我国工业遗产改造在近二十年的实践中也探索出以博物馆、景观公园、综合物业和创意园区为代表的多样化介入方式,但仍存

---

① 魏达志.深圳电子信息产业的改革与创新[M].北京:商务印书馆,2010:47-48.
② 章文.城市企业与产业空间分布及演进规律研究——以深圳为例[M].北京:科学出版社,2017:129.
③ 深圳重点部署的七大战略型新兴产业分别为新能源、生物医药、互联网、新材料、节能环保、新一代信息技术和文化创意产业。

在单个案例价值凸显、以点带面效应不够充分、城市文化特色和定位尚不明晰的问题。在从"文化的空间"向"空间的文化"转型过程中,深圳在城市文化氛围的整体营造及城市品位的有效提升上积累了丰富的经验。

(一)"文化经济"视角下的工业遗产改造

作为一种新型的文化遗产,工业遗产的文化价值在保护和开发的过程中逐渐得到多方的认可,但工业遗产与文化之间的内在关联则要置入后工业时代城市空间转型升级的宏观背景来思考。工业遗产的文化转向是二战后西欧和北美国家在面临石油危机、经济形势下滑和失业率攀升等问题时探索出的应对之道。自19世纪末期以来,注重城市形象改造的"城市更新"(urban renewal)难以解决都市贫穷、社区凋敝、种族隔离等社会矛盾,倡导经济复苏、族群融合、生态保护——尤其是旨在解决日益分化的"社会拒斥"(social exclusion)这一问题的"城市再生"(urban regeneration)理念开始成为多个城市的公共治理政策。尽管"城市再生"的政策框架涵盖经济振兴、社会包容、教育福利、环境保护等一系列议题,但是以"社会的可持续发展"作为理论核心使其越来越倾向于城市形象、城市品牌、城市竞争力等文化内涵的培育,并拓展出以社区参与、公私伙伴关系和企业主义为要素的多元伙伴治理结构[1]。

具体落实到老旧空间的改造,以第三产业为驱动来推进都市休闲经济的发展和消费空间的转型升级可谓精准地把握了"文化"作为经济发展内生要素的强大动力,这也是国内外工业遗产改造案例中比较常见的再利用模式。根据文化学者麦克·古依根的界定,"经济文化政策"(Economic Cultural Policy)主张文化的工具主义和商品属性居于优先地位进行考量,审美主义和美学属性则相对次之,重点考察以"文化"为主题的都市景观、文化创意园区、文化产业集群、文化遗产、文化盛事等空间形态在振兴本土经济和塑造城市品牌中所发挥的积极作用。虽然文化商品化的做法始于20

世纪 20 年代新移民社区的旅游开发,但自 20 世纪 70 年代以来,随着经济结构从标准化流水线生产的福特主义(fordism)转向以个性化和差异化为主导的后福特主义(post-fordism),"文化经济"的理念越来越得到西方资本主义国家政治力量和私有企业的认同。因此,类似咖啡馆、酒吧、健身俱乐部、博彩中心、宾馆等主打休闲经济的新型空间形态开始大量出现,并改变过往以厂房、码头、工人宿舍等为代表的工业时代的城市空间。

我国工业遗产保护之所以转向"文化",主要是出于新型城镇化进程中,类似焦作、抚顺、阜新等大量资源枯竭型城市走再工业化道路的不适应性,以及国家对于构建创意城市和发展创意产业等新型工业化道路的现实需要①。已有研究表明,一方面,工业遗产作为特定历史时期城市发展的见证者,针对厂房、景观、仓库的保护和改造,有助于城市文脉传续并塑造独具特色的城市文化肌理;另一方面,工业遗产不仅仅意味着工业时代留下的物质载体,其加工工艺、工人群体等"活"文化也是一种极具潜力的创意资源,有待于在新时期与文化、科技、艺术相融合而不断开发其经济价值②。如西安③、重庆④、武汉⑤等老工业城市均在梳理和调查本市工业遗产的基础上,提出发展创意文化产业和推进旧工业区整体复兴的目标。

当前我国工业遗产的文化实践主要体现在以多样化的方式为旧有工业空间注入创意文化元素,大力开发以休闲、游憩、娱乐等为方向的体验式旅游产业,具体包括以下四种模式⑥:一是"工业博物馆保护模式"或称"博物展示"模式,主张维护和修缮原有建筑形态,集中展示过去的工业生产设

① 国家旅游局规划财务司.大力发展工业遗产旅游,促进资源枯竭型城市转型[M].北京:旅游教育出版社,2014:23.

② 王晶.工业遗产保护更新研究:新型文化遗产资源的整体创造[M].北京:文物出版社,2014:137-139.

③ 王西京.西安工业建筑遗产保护与再利用研究[M].北京:中国建筑工业出版社,2011.

④ 许东风.重庆工业遗产保护利用与城市振兴[M].北京:中国建筑工业出版社,2014.

⑤ 彭小华.品读武汉工业遗产[M].武汉:武汉出版社,2013.

⑥ 韦峰.在历史中重构:工业建筑遗产保护更新理论与实践[M].北京:化学工业出版社,2015;王晶.工业遗产保护更新研究:新型文化遗产资源的整体创造[M].北京:文物出版社,2014:137-139;张京成.工业遗产的保护与利用——"创意经济时代"的视角[M].北京:北京大学出版社,2013:29-33.

备、相关设施和工人生活等。如东北老工业基地的工业遗产,通过沈阳铁西区的铸造博物馆、蒸汽机车博物馆等形式而得到较好的保护和陈列。二是"景观公园改造模式""工业景观再生模式",或称"公园绿地"模式,主要针对工业时代受污染较大、生态环境破坏相对严重的棕地进行整体修复,使其成为社会公众开展娱乐休闲活动的公共空间。如广东中山的岐江公园是在废弃的旧厂和破旧的工业建筑的基础上全面改造而来的景观公园。三是"综合物业开发模式",或称"城市功能渗透模式",强调工业遗产与周边街区风貌的整体融合,其做法既有将工业建筑的旧有元素重新改造为新的城市功能空间(如大学校园、办公楼等),也有在工业遗产周边建设博物馆、艺术馆、公寓、购物中心等,以实现综合开发。如天津万科水晶城社区是在原天津玻璃厂旧址的基础上改造而来,并将烟囱、轨道等建筑风貌有效地转化为现代景观设计。四是"创意园区利用模式""文化事件策动模式",或称"艺术园区"模式。此种模式目前是最为常见的工业遗产空间改造方式,着力于利用文化设施、文化产业、文化活动、文化旅游等来提升城市品位,并打造品牌竞争力。如北京798艺术区是在改造原电子工业部厂址的基础上形成的,已成为北京创意园区代表之一。

(二)创意园区与当代艺术交汇发展

华侨城创意文化园位于深圳华侨城原东部工业园区内部,东邻侨城东路,北靠侨香东路,这一片区以东是深圳商务活动和CBD的聚集区,以西则是深圳高新技术集群。华侨城片区主要是以旅游业和高品质居住区为特色。华侨城创意文化园(又称OCT-LOFT)的工业遗产转变之路需追溯至2004年。为响应深圳市政府"文化立市"的城市发展策略,华侨城集团着手将20世纪80年代入驻园区的"三来一补"工业企业相继撤离东部工业区①,同时将大量闲置厂房改造为LOFT创意园区,积极引入以设计、摄影、动

---

① 原工业区占地面积约为华侨城整体面积的四分之一。鼎盛时期进入的大大小小工业企业有数百家,但1998年华侨城内部出台的第二次城区规划纲要已谈及"控制工业发展的规模,扩大人文旅游产业的比重"。深圳华侨城创意园文化发展有限公司.创意生态:华侨城创意文化园的实践[M].北京:金城出版社,2014:12.

漫创作、教育培训、艺术等为代表的创意产业,以及概念餐厅、酒廊、零售、咖啡厅等为特色的文化创意空间①。华侨城的工业遗产转变之路总体上可概括为以"创意设计、当代艺术、先锋音乐"为定位,致力于将其打造为南中国最具特色的创意文化园区。2005年1月,OCT当代艺术中心开馆;2005年底,首届深圳城市/建筑双年展在创意文化园区举办;2006年5月,华侨城创意文化园正式挂牌成立;2007年,华侨城创意文化园开园庆典暨OCT当代艺术中心两周年庆举办;2011年,深圳华侨城创意园文化发展有限公司正式成立,华侨城创意文化园整体开园,这一片区逐渐完成硬件设施的整体改造,文化创意产业园区和特色文化创意街区建设渐渐成型。

华侨城创意园改造计划的最大特点是尽可能保留了老工业厂房和工业建筑遗产,并积极探索以创意产业为载体的后工业时代空间升级——这恰恰是全球旧厂房改造模式在深圳的鲜活实践。事实上,华侨城创意文化园与20世纪50年代在纽约曼哈顿SOHO艺术区兴起的LOFT模式有一定相似之处,均是在保留老旧建筑形态的基础上发展为以艺术画廊、时尚店铺为构成要素的城市文化中心。与SOHO艺术区500多栋由高楼层钢筋混凝土框架结构的建筑物相似,华侨城园区内不少原工业建筑也采用挑高立面,此种混合工作室和居住功能的高层宽大空间非常适合艺术家进行创作。更重要的是,与北京宋庄等单一艺术村落不同,华侨城创意园的壮大受益于深圳创意产业上下游产业链的初具规模。深圳的制造业转型升级始于20世纪90年代,类似华侨城原工厂代表康佳的自主品牌化,特区初创之际大力发展的加工制造业逐渐搬离深圳而转移到邻近的东莞、惠州、佛山等珠三角城市或更远的中西部地区,城市的经济结构调整为以高科技研发、金融资本和文化创意为主体的产业布局,越发重视品牌、质量、技术含量等核心竞争力。然而,与深圳其他工业区走向商品住宅开发的改造道路不同②,华侨城并未

① 高鸣.电梯轿厢艺术项目[M].北京:新星出版社,2014:194.
② 基于深圳制造业撤离和转型升级的大环境,大量工业区在21世纪初期纷纷展开空间改造。其中,八卦岭工业区、上步工业区、南油工业区多改造为商业住宅、城市综合体或商业街区,水贝工业区继续保留珠宝产业的布局,华强电子工业区也继续保持电子工业的特色。

以清拆或重建的方式完全推倒重来,而是将濒临废弃的旧厂房转化为以居住和旅游为主的混合型社区。这一举措旨在通过创意机构、创意工作室和创意从业者的植入,以新经济的培育来取代低端制造业为主体构成的城市形象。

随着1997年何香凝美术馆在深圳建成,华侨城集团自1998年起通过合办"深圳雕塑双年展"而逐渐介入当代艺术、空间改造和城市发展之中。除了空间规划设计具备得天独厚的优势之外,华侨城创意文化园区的空间升级独具匠心地与中国当代艺术紧密结合。中国当代艺术主要指的是20世纪80年代新潮艺术重新开启的现代主义实践①。华侨城当代艺术中心馆群(简称OCAT)正是中国当代艺术在独立自主与文化经济之间保持平衡而诞生的一个重要的空间实验项目,对深圳公共艺术和市民参与精神的培育产生了积极作用。

OCAT的诞生不能不提及原广州美术学院教授、当代艺术史学者黄专教授。以公益性的独立艺术机构为定位,OCAT在2005年初创阶段便引入何香凝美术馆的研究员黄专先生,让其全面主持OCAT的业务工作。在之后的十几年内,OCAT在上海、北京、西安等城市相继成立OCAT分馆和分展区,延续何香凝美术馆以艺术讲座为内容的"人文之声"项目、以公共教育和艺术研究为定位的"何香凝美术馆学术论坛"以及深圳雕塑双年展。黄专教授将OCAT设置为与国家美术馆体制不同的独立艺术机构,在学术机制上设定为三大板块:一是涵盖出版、文献收集和演讲的研究模块;二是与出版、文献收集和演讲相匹配的展览模块;三是以艺术家、批评家、策展人、研究者等为参与群体的国际艺术驻地计划②。如巫鸿所言,OCAT的价值在于大大拓宽了当代艺术的边界。这对思想观念和文化批评会产生深刻影响,并切实落地到华侨城老厂房这一特殊的空间场域③。在运营层面,OCAT通过总馆与分馆之间的"托管模式"("合作模式")、理事会制度、馆际资源

① 高名潞.立场·模式·语境——当代艺术史书写[M].北京:中央编译出版社,2016:18.
② 方立华.黄专谈"OCAT是这样成立的"[J].华侨城创意文化园,2017(6):92-93.
③ OCAT当代艺术中心.OCAT十年:理念、实践与文献[M].北京:中国民族摄影艺术出版社,2015.

共享等一系列举措而与国际知名美术馆馆群接轨①；更重要的是，深圳市民可以透过大量与当代艺术息息相关的讲座、对话、展览等多样化的项目，在这样一种空间载体之下广泛参与到关于"深圳"文化身份的持续建构过程之中。

（三）创意集群与港口旅游并举

作为"特区中的特区"，蛇口既是中国改革开放的发源地和试验田，又是单位面积产生知名企业最多的地方，以"时间就是金钱、效率就是生命""空谈误国、实干兴邦"等口号而闻名全国。蛇口的工业遗产改造历史相对深圳其他的工业园区来说较为久远。自 20 世纪 70 年代末期开发临港加工业并在 20 世纪 80 年代积极引入外资企业、培育本土企业之后，蛇口工业园区于 20 世纪 90 年代将产业结构调整为港口物流、金融、贸易、南油后勤基地等，21 世纪之后更进一步引进和培育以高科技为主体的核心产业，由此完成从低端制造业向高技术新兴产业转型的过程。招商局集团是特大央企，总部设在香港，其核心业务板块包括交通、地产和金融。其中的招商蛇口是招商局集团旗下以社区开发与运营、园区开发与运营、邮轮产业建设与运营为核心业务的旗舰公司，所辖区域为蛇口滨海深港创业创新产业带，占地面积约 300 万平方米，代表性园区包括南海意库、价值工厂、蛇口网谷、海上世界、太子湾等。以"城市生长的力量"为口号，招商蛇口近年来逐渐将文化创意园区和文化创意产业作为企业发展的重要战略之一，进行以文化为特色的产业园区开发、以文化为元素的住宅开发和社区运营以及以文化为主题的邮轮旅游。可以说，转向"文化"既是顺应深圳改革开放 40 年来从制造业向高科技产业转型的必然要求，也是 21 世纪以来深圳的顶层设计将"文化"作为政策制度和产业发展的转轨方向。这也为招商蛇口的工业遗产改造和文创园区建设奠定了坚实的基础。

南海意库（NH@COOL）是在产业结构调整的背景之下，传统的劳动密

---

① OCAT 当代艺术中心.OCAT 十年：理念、实践与文献［M］.北京：中国民族摄影艺术出版社,2015：121.

集型工业搬离蛇口后针对大量空置厂房进行文化创意元素植入的一个典型案例。建成于1983年9月的日本三洋公司厂房,改造前的总建筑面积为9.5万平方米,由6栋四层工业厂房构成,每栋主体建筑的面积为1.5万平方米。在过去的几十年间,园区相继进驻了近百家劳动密集型工厂,以日本的三洋电子株式会社最为出名,它见证了蛇口从不毛之地走向现代化都市的全部历程。而2000年后随着经济大环境的变化,三洋厂房不得不面临着"厂房改造、产业置换"等问题。2005年10月,招商蛇口正式回购三洋厂区1号、3号和5号楼,并将其列入深圳创意产业园二期基地,并于2008年正式回购三洋厂区6号楼,最终建成占地面积4.4万平方米、总建筑面积逾11万平方米的南海意库。与华侨城的"创意园区利用模式"不同,南海意库的改造思路接近"综合物业开发模式",即立足于绿色低碳建筑和文化创意产业的发展定位,将老三洋厂房从功能单一的车间厂房向集办公、商业、展示等需求在内的复合型物业转变,目标在于打造侧重于"艺术+设计"的文化创意产业园区。在综合自然采光与通风、遮阳设计与生态绿化、节地与废弃物利用、建筑结构加固等多项举措修缮原工业建筑的基础上,南海意库目前已有120余家企业进驻,多以设计创意类为主,其占比高达66%,文化类企业占比则为12%,就业人数超过5 000人,年产总值逾65亿元,创造税收超6亿元,业已形成以"工业设计、建筑设计、广告影视、文化艺术"四大板块为主的创意产业集群。笔者在2017年深圳文化产业博览会期间对南海意库进行实地走访时发现,园区不仅有大量的设计公司、文化传播公司、时尚店铺、主题咖啡厅和概念餐厅入驻,还作为每年文博会的分会场之一,诸如创意市集、创意周、创意文化节等主题活动也在南海意库广泛开展。

另一个蛇口老厂房改造的案例是价值工厂(I-FACTORY),位于蛇口工业区海湾路8号,地处前海湾、太子湾、深圳湾三大海湾的中心地带。厂房旧址原为广东浮法玻璃厂(Guangdong Float Glass,简称GFG)。该厂于1985年曾引进我国第一条浮法玻璃生产线,可以说是深圳特区制造业光辉岁月的见证者。2009年,招商蛇口开始接手老玻璃厂房的全面改造,项目地块东起空气化工产品气体(深圳)有限公司厂区,西至东方物流厂区,南临海碧路的南方中集厂区,总占地面积为4.9万平方米,总建筑面积为5.3万平方米。与南海意库相似,价值工厂的空间改造主要包括工业建筑的翻新和重建,以及文化创意元素的植入。一方面,招商蛇口新建了一批服务于文创园区的主体建筑,包括设计总面积达 1 万平方米的企业公馆、总建筑面积达 5 000 平方米的创新研究院和总建筑面积为 1 700 多平方米的品牌工作室,另规划设计了 1 200 平方米的集装箱商业和公寓。与此同时,原玻璃厂房保留下来的筒仓被改造为具有文化长廊和落日观景平台的艺术展览空间,机械大厅改造为具有宣言大厅、柱阵展览大厅、幻影 T 台的功能空间,砂库则改造为创客实验室和对话阶梯。另外,价值工厂的"文化"定位与南海意库引入设计广告类公司的做法不尽相同,反倒与华侨城 OCAT 以文化事件来促成艺术介入园区的模式较为接近。2013 年,深港双年展开幕展——"蛇口再出发",旨在用当代视觉表达方式来讲述蛇口老工业区的历史;2014年,价值工厂承办中国首届新媒体艺术节;2016 年 1 月,价值工厂正式建成,并联合广东省设计联盟举办开园仪式;2016 年,价值工厂举办了服装发布会、丛林音乐会、电音派对等一系列文化艺术活动。如周星驰执导的电影《美人鱼》在园区取景拍摄。尽管园区的文化转型之路历时并不算长,但其在定位上紧紧把握住深圳以"设计之都"作为城市品牌的文化战略,围绕着时尚品牌发布、影视剧拍摄和青年音乐节等活动确立未来的发展方向。

更值得注意的是,立足于"一带一路"和粤港澳大湾区的双重叠加战略优势,招商蛇口对蛇口的空间布局进行了全盘审视,提出"前港—中区—后城"的发展理念。从早期的货物进出口逐渐拓展为以港口为龙头,以港口后方开发的临港产业园为核心和载体,发展与城市相适应的相关产业,最后以产业发展带动城市建设①。落实到以文化为导向的工业遗产改造,则是以"邮轮旅游 + 文化"的策略来带动整个蛇口老工业区的空间升级。随着 2017年夏天深圳邮轮旅游嘉年华的开幕,太子湾邮轮母港与皇家加勒比、星梦、银海、丽星、歌诗达等多家国家邮轮公司合作,开通从蛇口出发,通往日本、越南等国内外多个城市的旅游线路,而这恰恰顺应了深圳新兴中产阶层日益增长的文化消费需求和生活美学品位发展的新方向。

---

① 李建红.畅谈"前港—中区—后城"模式［N］.求是网,2017-05-26.

三、文化治理经验之传统制造业的空间文化转型 ▶▷

马克思在《政治经济学批判》中对经济基础和上层建筑之间的关系进行了精辟的分析。他认为,经济基础决定上层建筑,上层建筑又反作用于经济基础,二者之间的矛盾运动不断地推动着社会形态的更替。因此,论及深圳文化建构过程中独树一帜的"科技性",必须在其产业结构转向以"深圳质量"为主轴、强调高新技术含量和高附加值的战略性新兴产业这一框架下进行思考。其中,空间以及空间中从事的文化实践,可以说是透视传统制造业转型过程的一个独特视角。以"创客空间+跨境电商"为特色的华强北国际创客中心与以"艺术+教育+社交空间"的文化科技产业链为模式的雅昌(深圳)艺术中心,均反映出深圳从传统制造业转向以高科技为驱动的高端服务业的发展方向。

(一)"科技+文化"的城市建设

科技创新带来的直接影响是深圳文化创意产业的蓬勃发展,具体表现为以下三点:一是文化新兴业态不断涌现。深圳的文化创意产业集中体现为科技含量高、产业融合能力强,概括起来为"以科技型龙头行业、龙头企业高效集聚为发展路径,以科技、金融为依托,以数字内容为主体,以自主知识产权为核心,形成了'科技+创意+高效集聚'的方向"①。腾讯、华强、华侨城、雅昌等领军文化企业在实践中业已探索出了"文化+科技""文化+金融""文化+旅游"等产业新模式,而以动漫游戏、社交软件、APP平台、智能机器人、无人机等为核心的新兴业态更是不断在科技产品中融入创意文化元素。二是文化园区空间不断拓展。截至2013年,深圳建有国家级文化产业园区1家,国家级文化产业基地11家,市级文化创意产业园区33家,市级

---

① 当前深圳文化创意产业重点发展以下十大领域:创意设计、文化软件、动漫游戏、新媒体及文化信息服务、数字出版、影视演艺、文化旅游、非物质文化遗产开发、高端印刷、高端工艺美术。丁未,靖杨.广东文化创意产业发展报告[M].北京:社会科学文献出版社,2015:28-29.

文化创意产业基地 20 家 ①。以华强文化创意园、价值工厂、大芬油画产业基地、深圳电影文化创意产业园等为代表的重大项目建设稳步推进②。中国（深圳）国际文化产业博览交易会发展至第十三届，已经成为中国文化产业展会的旗舰平台。三是文化产业增加值及占 GDP 的比重不断上升。2008年，深圳文化产业增加值仅有 373.5 亿元，排名广东省第二，但从 2012 年开始跃升为广东省第一，至 2015 年达到 1 757 亿元并占全市 GDP 的 10%③。根据深圳大学管理学院、深圳大学文化产业研究院、深圳大学国家文化创新研究中心联合发布的"2017 中国城市创意指数（CCCI2017）"显示，基于产业影响力、要素推动力、需求拉动力和发展支撑力四项指数分析，2016 年深圳的城市创意指数仅次于北京、上海和香港，位居全国第四④。

　　可见，深圳作为经济特区所进行的城市设计的最大特点是迅速地从农业社会进入以外向型制造业为主体的工业时代，而在产业转型升级的过程中选择性地发展涵盖文化创意产业等在内的战略性新兴产业和现代服务业，进一步以知识密集型产业为导向⑤，带动科学技术、经济发展与文化建设相互融合，最终营造"产业融合式"⑥的创新氛围。因此，不难理解深圳的三次城市定位：一是《珠江三角洲地区改革发展规划纲要（2008—2010 年）》将深圳的城市功能认定为"发挥中心城的辐射作用"，"强化全国经济中心城市和国家创新型城市的地位，建设中国特色社会主义示范城和国家化城市"，"充分发挥经济特区的改革开放的先行作用"⑦；二是依据《深圳市综合配套改革总体方案》《努力当好科学发展排头兵，加快建设现代化国家化先进城市——在中国共产党深圳市第五次代表大会上的报告》，将深圳建设

---

① 中共深圳市委宣传部.深圳文化产业年鉴·2014［M］.深圳：海天出版社,2014：40.

② 张骁儒.深圳文化发展报告（2017）［M］.北京：社会科学文献出版社,2017：13.

③ 深圳市文化发展"十三五"规划［EB/OL］.（2016-11-09）［2019-05-01］.http：//www.sz.gov.cn/wtlyjnew/xxgk/ghjh/fzgh/201611/t20161109_5267040.htm.

④ 数据源自 2017 中国城市创意指数［EB/OL］.（2017-12-10）［2019-05-01］.http：//ex.cssn.cn/gd/gd_rwhn/gd_zxjl/201712/t20171210_3775316.shtml.

⑤ 林祥.深圳科技创新的制度变革研究［M］.北京：社会科学文献出版社,2017：7.

⑥ 高山.全球科技创新中心建设研究［M］.北京：人民出版社,2017：81.

⑦ 张航.创意产业发展与创新创业团队培育——以深圳地区为例［M］.武汉：武汉大学出版社,2014：66-67.

国际化城市定位为"世界先进制造业和现代服务业基地","与香港共同发展的世界级大都会","中国参与全球竞争的先锋城市","中华文化走向世界的重要门户"①;三是在"一带一路"倡议的背景下,将深圳打造为"21世纪海上丝绸之路"的枢纽城市,尤其是作为"粤港澳大湾区"战略部署下的"国际化湾区名城"而在更高层次上参与全球的竞争与合作②。继承改革开放的历史底蕴、把握经济发展的转变方式、发挥区域位置的独特性这三点较为全面地决定了深圳的城市未来走向,即再创新、自主创新与全方位创新。至此,"文化"在深圳城市整体发展上的意义日趋明显。

与此相适应的是,不少城市空间在深圳创新型城市建设的实践过程中变身为众创空间③。众所周知,从20世纪70年代起,随着强调个性化和品牌化订制的后福特主义在西方国家兴起,以及传统制造业转移至劳动力和土地成本相对低廉的国家和地区,商品的符号价值越来越得到重视,城市空间与都市休闲经济相辅相成,逐步转型为文化地标、文化设施和文化园区④。在中国,此种空间文化的策略主要是以文化旅游为诉求并通过"创意集群"的方式出现,既包括在特定园区内开设咖啡厅、文创商店和表演场所,也吸引了一批与创意产业相关的工作室和设计团队进驻空间,透过文化艺术活动的举办来增添园区的文化品牌特色⑤。但作为新的空间形态,如 Wen Wen 指出,3D打印机等必备的大型设备需要一定空间来放置,而创客群体活跃的大城市往往面临着昂贵的场地租金⑥,因此,中国的众创空间首先是以

①　张骁儒.国际化城市与深圳方略[M].深圳:海天出版社,2014:152-153.

②　汤丽霞.建设国际化湾区名城:深圳国际化城市建设比较研究报告II[M].北京:中国发展出版社,2015:2-3.

③　根据《中国创客运动的结构要素及社会影响》,众创空间从定位上可分为兴趣团体、技能培训、项目孵化、项目加速、社交空间、联合办公空间、学校创客空间,在建设主体上分别对应民间创客、科技企业、金融机构、地产企业、高校等。

④　李丹舟,李凤亮.英国城市再生的文化经验及对中国的启示[J].学习与实践,2017(7):120.

⑤　深圳的华侨城文化创意园区、招商蛇口的南海意库和价值工厂是这种文化园区的典型代表。

⑥　WEN WEN. Making in China: Is maker culture changing China's creative landscape?[J]. International Journal of Cultural Studies, 2017(20): 350.

"联合办公空间"的形式出现,旨在为中小型创业企业提供办公空间、法律和税收服务、投资资讯、工商注册和后勤保障等服务。如位于南山区的科技寺(Tech Temple)是由媒体人创建的联合办公空间代表之一。其次,图书馆也是众创空间的载体之一,主要通过摆放与创造发明相关的制作工具和开设相关课程来向青少年普及创客教育,诸如深圳图书馆于2016年开设的创客空间即是一例。最后,众创空间自2015年起大量植入传统的文化创意园区,使以设计师、艺术家等为主要社群的园区逐渐出现工程师的身影。根据2017年全国双创周暨第三届深圳国际创客周对深圳众创空间的分类,可发现众创空间已经细化为创客空间、孵化器和加速器等共计13种空间类型、398个空间载体。

(二)"创客空间+跨境电商"的创生态实践

华强北国际创客中心位于深圳市华强北路华强广场裙楼7楼,是深圳华强集团旗下的创新创业服务板块之一。此空间的最大特点是将创客空间与跨境电商相结合。一方面,依托于华强集团传统的电子信息产业优势,可为入驻的中小企业提供从项目孵化到加速的供应链渠道,具体覆盖"创意—设计—元器件—PCB板—检测DEMD—小批量试产—检测产品—营销众筹—大批量生产—销售渠道—投资"等环节;另一方面,作为创客产品的有力出海口,跨境电商与国内的腾讯、360、京东、淘宝、Intel等电商平台深度合作,并与亚马逊、eBay、阿里速卖通、DX、兰亭集势、Xbdirect、eCargo等大型电商合作,解决创意产品的出口贸易问题。

值得注意的是,在众创空间的设计上,华强北国际创客中心兼具了联合办公空间的功能,其服务范围涵盖线下和线上两个创业平台:一是线下打造办公、培训、仓储、实验室等为载体的物理空间,具体呈现为提供产品展示和线下销售渠道的设计师店及体验店,以及配置包含食、住、休闲娱乐设施等在内的青年城,旨在为入驻创客空间的企业提供包括研发、销售、后勤等在内的全方位配套服务;二是线上构建一整套基于互联网的电商平台服务体系,集成办公管理、项目管理、客户关系管理、财务管理、仓储管理等信息化软件系统,对入驻园区的用户提供低成本服务项目,旨在让企业降低运营成本。此外,在跨境电商平台建设上,华强北国际创客中心未来将启动"跨境电商公共服务平台",以无纸化、零距离、一站式、零时限、零费用为诉求,进一步在公共政务服务、物流及结算方式、结汇退税服务等方面节省企业的运营成本。

总的来看,华强北国际创客中心现已形成集企业培训(Ali Express)、平台流量(兰亭集势)、海内外仓储物流(eCargo)、供应链金融(招商银行)等在内的跨境电商全产业链生态,进一步将此种模式与深圳方兴未艾的众创空间运动相结合——融合创意产品库、孵化投资和配套服务的空间属性,由此获得国家科技部火炬计划颁发的国家级众创空间标牌。

事实上,华强北国际创客中心的创立可以说是深圳老牌电子信息制造业在发展30余年后在自身业务领域内纵深拓展的结果。华强北国际创客中心在电子元器件上下游产业链层面所具备的不可比拟的优势体现出对科技公司传统的继承及企业文化的积淀。作为深圳华强集团的子公司,深圳华强实业股份有限公司成立于1994年,其主营业务已由电子制造业转型为电子信息产业及相关的高端服务业,涉及产品、交易、数据、技术和创新创业的全链条服务,这恰恰是深圳产业结构从代工、加工转向民营科技企业的典型代表之一。如今,该公司旗下已拥有"华强电子世界""华强电子网""华强北—中国电子市场价格指数""中国IT市场指数""华强北国际创客中心""湘海电子""捷扬讯科""鹏源电子""庆瓷科技""淇诺科技"等多个业内知名品牌。"华强电子世界"更是享有"北中关村、南华强北"的美誉。依托电子元件分销行业的优势,公司一方面打造贯通电子信息全产业链的交易服务平台①,另一方面针对华强北的众多创客群体,构建以孵化中小微企业为目的、以智能硬件为特色的创新创业服务平台②,最终通过提供线上线

---

① 其中,"华强电子世界"是国内最大规模的电子信息产品实体市场,"华强电子网"是国内最大的电子元器件B2B交易平台,"华强电商"是智能产品电商分销平台,"华强电子商品交易所"是全球首创的电子商品现货交易平台,"华强金融服务"是华强财务公司和小额贷公司,"华强物流"是电商仓储物流。

② 其中,"华强电子产业研究所"是专注于电子产业链研究咨询的专门机构,"华强供应链"专门提供供应链配套服务,"华强云谷"是服务于全球智能硬件公司的综合型营销服务平台,"电子发烧友"是国内排名第一的电子工程师论坛。

下信息发布、产品交易、数据分析、供应链管理、创业孵化等服务来确立自身在行业内的领先优势。由此,华强北国际创客中心与华强智造孵化器、华强梦想基金、深圳创客联盟、华强前海创业学院、华强跨境生态城、创新成果交易中心等一并构成华强集团积极响应国家"大众创业、万众创新"号召之下的创新创业服务平台,并积极整合集团内部资源,将这一空间营造为融合创客产品、设计师产品、买手团队、营销众筹等于一体的创意交流与合作平台。

必须注意到,此众创空间在"创生态"的建构上紧跟创业者的实际需求,从孵化到落地的过程中注重"提升—资源—资本"三个环节。一是引入华强前海创业学院的创客课程,开辟跨境电商主题集训,开展各类专业跨境培训营和沙龙活动,为入驻的创业团队提供知识储备;二是提供丰富的电子信息行业全产业链资源对接,可针对不同项目来对接适宜的产业资源,包括某一特定电子元器件领域的传统优势企业和上市公司等;三是以2.5亿元规模的"华强梦想基金"直接投资优秀的创投项目,并与腾讯、松禾资本、红杉资本、IDG、天使汇等建立合作关系,定期开展闪投会和资本对接会等活动[①]。笔者在实地调研的过程中也观察到,创客群体所需的硬件设施和基础装备在华强北国际创客中心也一应俱全。例如,以".CK demo"自造工坊为代表的硬件样机实验室拥有 3D 打印机和其他制作工具,能快速实现手板打样,辅助实现试产,并结合众筹来实现量产以供给跨境电商。另外,以万物互联智能体验店为代表的创意产品展示平台通过"前店后孵化"的模式,第一时间展示最前沿的创意产品,是创客群体线下销售渠道的重要空间载体之一。作为华强北国际创客中心成功孵化出来的家居智能产品,智温宝(Wishbone)是一款医疗型的智能温度计,像智温宝这样一款小巧玲珑的家用温度计正是深圳从"山寨之城"向"创客之都"转型的见证者之一。

(三)"艺术+教育+社交空间"的文化科技产业链

建成于2014年的雅昌(深圳)艺术中心位于深圳市南山区深云路19

---

① 以深圳创客联盟为中间平台,为创业者提供服务的机构可以细分为六种类型,包括交易型的"淘宝众筹"、展示型的"雷锋网"、交流型的"IC CAFE"、设计型的"AG集团"、空间型的"启创中国"和创投型的"天使汇"。

号,中心内部设有艺术书籍印制中心、中国艺术品数据中心、艺术品复制中心、交互式艺术体验中心、艺术展示中心以及艺术教育中心,另设有艺术图书书墙、艺术书店、多功能放映厅、户外剧场、餐厅等多功能复合空间,是当前深圳重要的文化艺术地标之一。雅昌(深圳)艺术中心在功能定位上主要分为四部分:一是海量艺术图书阅读购买系统,通过与全球2 000家艺术类出版机构合作,购入并展示包括10个语种、5万个品种合计12万册的艺术图书,并收藏大量签名限量版、艺术家手工书等,旨在打造藏书量最为丰富的民间艺术图书数据库;二是艺术服务体验系统,目的在于向会员提供"一站式"的图书顾问服务和个性化服务,具体包括珍稀书籍POD、艺术家手工书、主题礼物书、创意商品、出版策划等,为客户打造私人图书馆的同时,也能够透过智能化终端定向推送艺术图书的最新讯息;三是艺术教育体系,主要针对艺术爱好者和高品位群体,应用艺术教育标准来开设一系列艺术教育的基础和进阶课程;四是灵活立体的艺术社交系统,侧重于时尚、拍卖、收藏等领域,向艺术家、收藏家、摄影师、会员、拍卖行、画廊等群体或机构开放①。

　　总的来看,雅昌正在构建的是以艺术服务为内核的全产业链,涵盖艺术书籍的制造、纸张艺术品商业业务和艺术消费者业务等。目前,雅昌进一步在"互联网+"的背景之下积极拓展艺术品的数字化收藏、修复以及线上平台建设,以艺术数据为核心,以数字化技术为手段,打造覆盖艺术全产业链的文化产业模式,雅昌(深圳)艺术中心可谓雅昌商业模式创新的空间见证者。

　　与华强集团从电子信息产业的传统制造延伸至高端服务业的路径相似,自1993年创业以来,雅昌将其在传统印刷业积累下来的行业优势进行转化、创新,将自身拓展为艺术印刷领域的行业领军企业。据雅昌创始人万捷董事长介绍,他1984年从北京印刷学院毕业后,踏上了南下的火车来到深圳,首先进入的是一家名叫美光彩色印刷有限公司的中日合资企业。"在美光,我得以第一次在空调房里跟外国人一起工作,接触到当时世界上一流的印刷设备、材料、工艺以及一流的专家和产品,连裁纸的刀都是进口的,令

---

① 张东.深圳艺术中心:跨时代的文化地标[J].雅昌Artron,2015,3(72):10-11.

我感到很新奇。"①可以说,雅昌的孵化阶段恰恰是特区的初创阶段。外商投资带来的先进技术、工艺、材料等,让深圳的民营企业快速积累经验并迅速向独资企业转型。仅就印刷行业而言,20世纪90年代初期的深圳已有日本的凸版和美国的当纳利,这是世界三大印刷巨头中的两家,此后,大日本印刷(香港)公司在深圳的落地进一步促使深圳的印刷业快速发展为行业的领军者。1993年,凭借40万元的启动资金以及租赁、购置的印刷设备,雅昌公司在华强北创立,其英文名"Artron"也即"艺术+电子",预示着这家企业融合印刷、艺术、科技、文化的未来发展道路②。早期的雅昌体现出对印刷行业一流技术的强烈追求。它是最早一批运用苹果电脑进行设计、调色、制版和印刷的国内企业。而其涉足艺术印刷领域则始于1994年承揽的拍卖图录业务,由此开始对全球拍卖公司的图录业务进行仔细钻研,并一步步在国内制定包含文字、版式、色彩、价格、字体、字号、间距等多方位参数的图录印刷标准,成长为艺术图书印刷的领军者。"为人民艺术服务",这一口号的提出,可认为是雅昌从科技跨界到文化的标志。

随着21世纪以来互联网技术的普及,从"科技+文化"到"文化+科技"的转轨,让雅昌的业务领域更为贴近"艺术为人民服务",即通过文化与科技之间的共生共荣而实现文化的普惠化。实际上,雅昌在承接艺术印刷之时已经对所调色的图片和版面进行了数据备份,但出于储存手段的限制,当时主要是以MO磁带和CD光盘进行储存。互联网的兴起促成雅昌在2000年建立在线艺术网,既用于储藏海量的艺术印刷数据,也用来为商业合作伙伴提供增值服务。2004年,"雅昌指数"的发布,成为艺术家作品价格变动和艺术投资市场的风向标。目前,雅昌(深圳)数据处理中心是艺术产业数字化的有力推手。近年来,雅昌在数字化领域也已呈现出多元立体的业务板块。

首先,在数字化手段的迭代创新上,"电子分色扫描"的数据采集手段将用户的胶片影像原稿转换为基于计算机的数字原影像,"高精度扫描"的

① 赖丽思.在经济特区开辟"雅昌试验田"——万捷:借40万元起家,成长为印刷界"世界冠军"[J].雅昌 Artron,2015,10(75):41-42.
② 赖丽思.在经济特区开辟"雅昌试验田"——万捷:借40万元起家,成长为印刷界"世界冠军"[J].雅昌 Artron,2015,10(75):41-42.

数据采集手段将平面类艺术品（如书画、油画、版面、古籍文物等）的图像信息转换为高精度数字信息，"全景采集"则以三维全景虚拟现实来实现全方位互动式的场景观看。

其次，在数字化平台建设上，中国艺术品数据库（简称"中艺库"）是中国艺术品、艺术类音像图书出版物、艺术家、艺术机构、艺术交易等大数据自动采集、处理、存储和应用最为全面的艺术资源数据库，雅昌ArtBase是收录中国美术史上重要艺术品信息、高质量图片数据、艺术家信息等在内的并面向艺术高等教育领域的专业艺术教育服务平台。

再次，在数字化艺术商品的推陈出新上，"艺术大书"的个性化定制除了在印刷、装帧与包装上有较高要求之外，更将纸质书的阅读体验结合"云图书"的技术化支撑，延伸视频观看、语音导览聆听和360度在线观展；而雅昌艺术书城则通过收录中国乃至全世界各大艺术类出版社、博物馆、美术馆等机构及艺术家的艺术图书资源，将包括书画、油画、版画、雕塑等在内的八大艺术门类集中展示在这一专业艺术书籍数字阅读出版平台之上。

最后，在数字化修复和文化遗产保护上，平面采集、三维采集和全景采集等数据采集手段全方位地应用于文化遗产保护上，"雅昌馆藏文物数字资源管理平台"更进一步地对博物馆藏品和资产提供数字化备份和管理，"雅昌全景展览"则通过虚拟现实技术（VR技术）对真实场景进行数字化处理以实现360度观看和线上的互动体验——以上技术已陆续应用于故宫博物院、布达拉宫及西藏格秀拉康壁画等国家著名文物景点和文化遗产的数字化修复上。

此外，雅昌进一步将其在艺术服务业积淀的优势延伸至社会服务层面，提出了"流动美术馆"理念，即依托于公司旗下的艺术资源数据库，通过打造艺术门类及形式丰富的线下主题展览，将艺术教育带进校园、社区、商业中心、交通枢纽和艺术馆等公共空间。自2006年以来，流动美术馆已举办近300场线下艺术展览和艺术教育活动。而笔者在实地调研的过程中也发现，雅昌（深圳）艺术中心目前也在高端艺术品拍卖、新兴中产阶层的艺术消费等领域崭露头角，使得这一空间不仅具有展示和教育的价值，更兼具艺术文化消费的经济价值，总体上实现了社会效益与经济效益的统筹兼顾。

四、反思与总结 ▶▶

以十条"深圳观念"为精神支撑,以"文化是流动的"确立新兴城市的文化身份。以文化建设的战略性推进作为工作目标,深圳在顶层设计层面凸显从"经济城市"向"文化城市"转型的决心。随着城市化的推进,工业遗产的文化转向不仅涉及历史价值和文化资源的深度挖掘,更作为经济复苏的内生要素而深深嵌入战后西方国家从以清拆和重建为要义的"城市更新"向以社会可持续发展为内核的"城市再生"转型进程,并积极参与到创意经济时代下城市空间的文化形象和文化品牌塑造之中。

随着20世纪90年代以来旧城改造和城市更新运动的广泛展开,我国工业遗产的文化转型在实践中已探索出涵盖博物馆、景观公园、综合物业和创意园区等在内的多样化介入模式。从"文化的空间"升级到"空间的文化"不仅意味着创意文化元素的植入,更强调城市整体文化氛围的营造和文化个性的培育,以此来看顶层设计对于特定空间改造的影响——深圳无疑是印证"空间的文化"的典型城市样本。

工业遗产改造的"深圳模式"可概括为以"文化"为核心的顶层设计和多元实践相结合,不仅呈现出某一个文化空间的成功经验,更重要的是在政府政策和行业实践的合力之下,在过去所谓的"文化沙漠"之上营造出独具特色的城市文化氛围和形象辨识度。参与城市建设与改造的从业者则在此基础上大规模兴建城市景观,以适应产业结构调整背景之下的空间布局:既有华侨城以纽约SOHO艺术区为参照对象打造的创意文化园区,并在旧厂址改造后的空间运营过程中积极探索当代艺术的社会参与、公众对话和市民精神培育;又有招商蛇口对老工业区电子厂房、玻璃厂房的艺术改造,侧重于创意产业集群和文化艺术活动驱动,其最新确立的"邮轮旅游＋文化"发展方向在顺应深圳新兴中产阶层消费需求的同时,更成为整个蛇口港片区空间升级的未来方向。

同时,鉴于工业革命4.0时代的到来,国内外的创客运动一时蔚然成风,但其在不同国家和地区所衍生的空间文化则不尽相同——深圳突出体现为对文化创意产业和城市文化品牌建设潜在价值的高度重视。回溯经济特区的发展历程,深圳从一开始便呈现出以市场化改革来发展现代工业的倾向。在经历了从20世纪80年代初期外商投资到80年代中后期的国有企业股份制改革和民营科技企业的转轨之后,至90年代中叶,高新技术产业逐渐发展为产业结构调整的方向,并进一步实现去农化和第三产业比重的攀升。进入21世纪后,包含文化创意产业在内的战略性新兴产业和现代服务业逐渐成长为深圳经济的支柱性产业。正如已有研究概括得出深圳"双创"的成功经验:"以制度环境优化、创新要素集聚为支撑,以民营企业为主体,以高科技产业为方向,不断升级的'塔形双创体系'。"①在此背景下,不仅深圳的文化创意产业迅速发展并具有较高的增加值,更重要的是深圳文化园区空间得以不断开发。由此可见,以科学技术为导向的产业结构布局对城市空间升级和创新文化培育的深刻影响。

　　与众多西方国家的城市空间大力发展都市休闲经济相似,深圳的空间文化策略一开始也设定为文化地标、文化设施和文化园区的建设,并主要通过文化旅游和创意集群的方式展开活动。但科技在这座创新型城市的建设中发挥着突出的作用,促使众创空间在深圳遍地开花,在形式上表现为联合办公空间、图书馆大量植入传统的文化创意园区。作为传统制造业向高科技产业发展的典型代表,华强北国际创客中心和雅昌(深圳)艺术中心体现出两种不同的空间文化转型方向。前者代表着电子信息产业上下游全产业链向高端服务业的转型,并紧密结合跨境电商这一服务于中小微企业的外贸模式,致力于打造文化品牌;后者则意味着传统印刷业向艺术服务全产业链的进阶,并在"互联网+"的时代背景下全方位拓展"艺术+数字化""艺术+教育"和"艺术+社交"等业务领域。可以说,"科技+文化"正在改变着深圳这座新兴城市的空间版图,进而透过发生在众创空间中的文化实践继续传承深圳改革开放40年来"敢闯敢试、敢为人先"的创业精神。从"文化的空间"到"空间的文化",深圳正在打造自己的城市文化风格。

---

① 王京生,陶一桃."双创"何以深圳强?[M].深圳:海天出版社,2017:80.

第六章

深圳社会治理40年

陈　文①

---

① 陈文,法学博士,深圳大学城市治理研究院执行院长、廉政研究院执行院长、党内法规研究中心主任,教授。

1980年8月26日,第五届全国人民代表大会常务委员会第十五次会议通过了由国务院提出的《广东省经济特区条例》,批准在深圳设置经济特区。近40年来,深圳作为我国经济市场化改革的先行城市,其经济社会发展发生了全面而深刻的变化,从一个边陲渔村发展成为人口逾千万的超大规模城市,成为中国经济效益最好的创新型城市之一。

深圳经济特区作为中国市场经济体制改革的试验田和对外开放的窗口,在近40年的改革开放进程中,不仅创造了令人瞩目的经济成就,而且在社会治理方面也有着较多的实践创新经验,探索出了一些较为有效的城市社会治理模式。同时,深圳经济特区在城市社会治理体制改革方面也面临较多先发性的现实问题和体制障碍,这对于其他城市社会治理体制改革或许具有一定的启迪和借鉴意义,其中凸显出的一些新兴问题和矛盾也值得深入研究。

一、社会治理改革的演进历程和基本特点 ▷▷

(一)"撤区建镇"与"撤乡建村"

在乡村体制下,深圳的农村基层行政组织为生产大队。从1979年3月5日国务院批复同意宝安县改设深圳市后,新城区不断被开发,入住城区的居民日益增多,从而迎来了深圳市第一波农村城市化的浪潮。在城乡基层组织建设方面,1983年深圳市开始撤销乡村体制,主要是改人民公社为区,设区公所,全市共设立21个区。1986年,宝安县开始进行撤区建镇和撤乡建村工作,原来的乡级政府基本上直接过渡到村民委员会。至1990年,全市共建立178个村委①。这一时期农村股份合作经济组织大量出现,至1991年,共兴办股份合作制企业1 352个,全市52%的行政村(92个)、75%的自

①　深圳经济特区研究会.深圳28年改革纵览[M].深圳:海天出版社,2008:228-230.

然村（341个）实行了社区型股份合作制。

1980年初，深圳蛇口工业区在全国率先进行了基层民主选举的试验，开启了我国改革开放以来在基层政权选举方面的尝试。1983年4月，该工业区进行了第一次推选工业区管委会的改革实验。1985年4月，该工业区进行了范围更为广泛的直接选举，工业区所有的正式干部职工都享有参与选举的权利，工业区所有机关干部、党支部正副书记、协会负责人和工业区工会、团委委员等都有被选举权。

（二）"村改居"与"街—居"体制

从1992年开始，深圳市迎来了第二波农村城市化浪潮。随着"村改居"改革的进行，农民逐渐变为居民，"街—居"体制应运而生。1991年11月，深圳市委率先在福田区上步村进行村委会和村民小组的撤销工作，成立居民委员会作为新的社区管理机构。在此基础上，1992年，深圳市委陆续颁布《关于成立特区农村城市化领导小组的通知》《深圳经济特区农村城市化工作方案》和《关于深圳经济特区农村城市化的暂行规定》等文件，开始在制度上对农村城市化进行规范。在这些文件的指导下，当年市属的宝安县撤销，改建为宝安、龙岗两个市辖区。但考虑到历史原因，同时为了维护国家农村政策的连续性，新建两区的镇、乡两级原有的行政管理格局不变，18个乡镇基层政权在相当时期内予以保留。特区内68个村委会撤销，相应改建为100个居民委员会和68个合作制集体股份有限公司。在此后一年时间里，173个自然村的4.5万多个农民转变身份成为居民。"村委会变居民委员会、农村变城市、农民变居民"的城乡一体化改革成效初现①。

在快速城市化的进程中，经济特区进一步探索了基层民主选举试验。如在1993年，宝安区沙井镇蚝二村推行"一张白纸选村干部"，要求"不定调子、不制框子、不搞暗示"，不提候选人名单，候选人的提名与正式选举全部交由该村村民完成，开始了"海选"尝试。1998年10月，龙岗区在全区

---

① 深圳经济特区研究会.深圳28年改革纵览［M］.深圳：海天出版社，2008：228-230；刘润华.民政30年——深圳卷［M］.北京：中国社会出版社，2008：29.

10个镇中探索各选1个村党支部的"两票制"选举,即民意推荐票和党员选举票。"两票制"中的第一票是民意推荐票,即广泛发动党员群众参与村党支部候选人的民意测评和推荐;第二票是产生村党支部班子成员的正式投票,即召开党员大会,由党员从正式候选人中选举党支部委员,再由委员选举党支部书记、副书记①。之后,深圳于1999年在全市农村党(总)支部换届选举中全面推行"两票制",在龙岗区的大鹏镇推行了"三轮两票制"选举镇长,此举在当时被视为"一种稳步推进基层民主政治的渐进策略"②。

(三)"撤镇改街道"与"居企分离"

为了解决前两次农村城市化遗留的"城中村"问题以及推进宝安、龙岗两区的"去农化",从2003年开始,深圳出现第三波农村城市化浪潮。

一方面,撤镇政府改为街道办事处,并推进"村改居"实践。2003年10月,深圳市出台《关于加快宝安龙岗两区城市化进程的意见》和《关于加快宝安龙岗两区城市化进程的通告》,重点是撤镇政府改为街道办事处,将村委会改为居民委员会。至2005年底,两区18个镇改为19个街道,218个村委会改为218个居民委员会,27万多个村民的农业户籍改为城市户籍,逐步享受与城市居民相同的社会保障待遇,并按城市企业员工标准参加深圳市的养老保险和医疗保险。同年,两区的集体所有土地一次性全部转为国家所有,从而把农民从土地中释放出来,有利于建立起一种土地、人口自由流动的开放型经济。至此,深圳成为国内第一个没有农民的城市,深圳市的基层政权组织由乡村体制完全蜕变为"街—居"体制。

另一方面,加快"居企分离"改革。"村改居"后,村委会的资产也相应转移到以此为基础设立的股份实业公司中。"村改居"后,居民委员会的办公场地、经费等不是由上级政府承担,而是由当地的股份实业公司承担,居民委员会主任和书记则由股份实业公司董事长和书记兼任,居民委员会委

① 王乐夫.论"两票制"对我国基层民主政治建设的贡献——以深圳市龙岗区为例[J].中山大学学报(社会科学版),2000(5):119-123.
② 俞可平.增量民主:"三轮两票"制镇长选举的政治学意义[J].马克思主义与现实,2000(3):27-28.

员也兼任公司董事,形成了居民委员会与股份实业公司"两块牌子、一套人员"的管理结构。之后社会管理与公司治理之间的矛盾日渐突出,因此,深圳市于1995年进行了"居企分离"改革,出台了《关于进一步加强城市社区居民委员会建设的若干意见》,其中明确规定"村转居居民委员会与当地的股份实业公司逐步脱钩。今后,村转居居民委员会的地位、待遇、经费和管理方式均与城市居民委员会一致。脱钩时股份公司要将居民委员会办公用房和办公设备无偿划拨给居民委员会"。截至2006年底,特区内基本实现了村转居后居民委员会与当地股份实业公司的分离。从2007年起,特区外的宝安区、龙岗区和光明新区的区政府完全承担起原由社区股份实业公司负担的社会管理费用,推动居民委员会与股份实业公司在机构和人员上的分离。"居企分离"改革的目的是厘清经济组织与群众自治组织的界限,使股份实业公司能够集中精力运作股民资产,居民委员会则致力于社区服务和居民自治工作。在实践中,城中村的诸多社区居民委员会虽然名义上脱离了股份公司,但由于政府在其运作经费方面的投入有限,事实上出现社区诸多的社会管理工作仍然由股份公司承担,出现了自治组织依赖于经济组织、自治组织和经济组织又依附于行政组织的现象。

（四）"议行分设"与"居站分离"

"街—居"体制下居民委员会虽然也承担社区服务、居民自治等工作,但完成上级政府交付的行政工作仍然是其主要任务。随着深圳全面改革的深化,相关职能部门的任务逐渐增多,下沉到居民委员会的工作也越来越多,造成了居民委员会超负荷工作且行政化倾向日益严重,而且功能调整之后的居民委员会仍然面临管理结构和管理模式上的不足,再加上基层群众民主法治意识逐步增强,要求改革社区管理体制的呼声也越来越大。为此,2002年,深圳市委、市政府开始着手理顺政府与社区关系,开展基层区划和社区调整工作,以现存自然整体小区为基本单位划分社区,并在此基础上逐步推行"居民委员会改革为社区居民委员会（居改社）"。这次改革是要把以往居民委员会"议行合一"的理念转变为"议行分设",因此在制度设计上,深圳市委、市政府在社区居民委员会下又设立社区工作站和社区服务站两个工作机构,实行"一会(合)两站"的管理模式。即社区居民委员会由社区居民选举产生,对社区公共事务享有议事权、决策权和监督权,不负责具体的社区工作;而社区工作站和社区服务站则执行社区居民委员会的决策,前者承担行政性工作,后者承担公共服务性工作,这样居民委员会行政和服务两种职能、两种角色开始得到分离。改革后的社区居民委员会的"基本任务和主要目标就是按照有利于城市经济建设、有利于城市管理的原则,通过改革城市基层管理体制,一方面加强对城市的行政管理,另一方面发挥社区力量,利用社区资源,努力建设现代文明的新型社区,强化城市社区的管理和服务功能,不断提高居民生活质量和社区文明程度,建立生活便利、人际关系和谐的新型现代化社区"①。

"居改社"后,实行的是一种"一会(合)两站"的管理模式。居民委员会依然无法完全脱离行政工作,只是交由下面的社区工作站执行。要使居民委员会完全去行政化,回归到基层群众自治组织的法律地位,需要把社区工作站从居民委员会中剥离出来。2005年初,深圳市委、市政府颁布《深圳市社区建设工作试行办法》和《深圳市社区建设发展规划纲要(2005—2010年)》,正式拉开"居站分设"的序幕,从而催生出一种新的管理模式——"一会(分)两站"。在这种模式下,社区居民委员会和社区工作站是平行、合作的工作关系:一个是群众自治组织,其成员由社区居民(包括户籍居民和非户籍居民)直接选举;一个是街道办事处派出的机构,承担政府在社区范围内的行政职能,其工作人员属于政府雇员,由政府在全社会公开选拔聘用。社区服务站则属于由社区居民委员会举办的民办非企业单位,开展公益性、福利性的低偿服务,政府则按照购买服务项目的方式进行资助。

"居站分设"虽然在组织层面理顺了政府与居民委员会的关系,实现了权力下沉,但仍存在这些问题:"一是居民委员会规模偏大,一个居民委员会往往跨若干个住宅小区,不利于开展居民自治,也不利于整合居民委员会、业主委员会、物业管理公司的力量与资源;二是许多社区工作站建立在

---

① 《中共深圳市盐田区委、盐田区人民政府关于在全区推进城市社区建设的意见》(深盐发〔2002〕2号)。

单个居民委员会的基础之上,不利于在较大范围内整合社区建设资源和控制行政成本。"①基于此,2007年2月,深圳市民政局颁布了《关于进一步完善社区管理体制的意见》,开始对社区居民委员会和社区工作站的分布范围进行调整,"6 000户以下的居民委员会,原则上不单独设立社区工作站,可以在若干个相邻的居民委员会共同设立一个社区工作站;对非封闭式管理的社区,可按常住人口约3 000户(约1万人)的规模适当调整划分居民委员会,社区工作站原则上不随居民委员会的分设而分设;对于实行封闭式管理、相对独立完整的住宅小区,居民委员会的设立在规模上可以有更大的灵活性,不必拘泥于户数的规定"②,从而形成"一站多居"体制。其目的是以拥有较小管辖范围的居民委员会推进居民自治,促进基层民主的发展;以拥有较大管辖范围的社区工作站更有效地整合社会资源,加强社区管理,控制管理成本。

(五)设立"社会工作委员会"

2011年7月,广东省委召开十届九次全会,专题研究社会建设问题,强调要把社会建设放到和经济建设同等重要的高度,并先后出台了《中共广东省委、广东省人民政府关于加强社会建设的决定》和7份实施意见,决定专门成立社会工作委员会。此后,深圳市按照广东省的要求和部署,也相继成立市级和区级社会工作委员会。2013年7月,深圳市为进一步加强对全市社会建设工作的组织领导,市委、市政府(深办字〔2013〕24号)对市社会工作委员会的组成人员予以明确,使其成为加强社会建设、创新社会管理工作而成立的专门机构。社会工作委员会实行委员制,相关职能部门为委员单位,社会工作委员会负责研究和统筹处理社会工作中的重大问题,重点解决单个部门难以突破的瓶颈,各委员单位按照单位职责参与社会建设。

---

① 中共深圳市委办公厅、深圳市人民政府办公厅、市民政局《关于进一步完善我市社区管理体制的意见》(深办〔2007〕1号).
② 中共深圳市委办公厅、深圳市人民政府办公厅、市民政局《关于进一步完善我市社区管理体制的意见》(深办〔2007〕1号).

（六）"一核多元"的社会治理格局

为了强化社区党委在基层治理中的领导核心和战斗堡垒作用，深圳市逐渐形成了以社区党委为核心、基层党支部为基础、社区全体党员为主体、社区各类群体性组织及居民群众共同参与的"一核多元"城市基层社会治理格局。2015年12月，深圳开始推行社区党建标准化，全市645个社区统一设立党委和党支部，并纳入社区统一管理。自实行党建标准化建设以来，社区党组织在资源整合、把握政治方向、稳定治理环境等方面发挥了至关重要的作用。深圳市《关于推进社区党建标准化建设的意见》明确，社区党委对社区工作负全面责任，在社区行使人事安排权、重要事项决定权、领导保障权和管理监督权；社区党委书记的工资福利待遇，参照财政核拨事业单位职员七级执行；市、区按平均每个社区每年200万元安排"民生微实事"经费，由社区党委牵头组织实施，增强社区党组织服务群众的经费保障；每个社区办公用房面积不低于250平方米，服务群众用房面积不低于400平方米①。

社区党委首先在社区服务中具有整合社区资源的功能。以前社区职责交叉模糊，社区治理过于行政化。自实行党建标准化建设以来，理清了社区党委、社区工作站、居委会的职责。其次，社区党委在经费安排、服务范围费等方面发挥着重要的统筹作用。再次，社区党委不同于党政机关的党委，不具有行政性，加上市委赋予社区党委"四项权力"，社区党委更有底气为社区做事了。另外，社区党委工作班子在日常工作中配备统一服装、佩戴党徽。社区居民对社区党委书记的称呼从"站长"到"书记"的改变，不仅仅是称谓上的改变，更多的是对社区党委工作的认可。最后，通过打造强有力的基层党建队伍，社区党委积极培育社会组织，引领各类社会组织参与社区各类志愿活动，使社工积极参与党建，充分发挥基层党组织在社区服务中的领导核心作用。

---

① 深圳社区党建标准化建设意见出台[EB/OL].（2016-04-18）[2019-05-01].http://sz.people.com.cn/n2/2016/0129/c202846-27651967.html.

深圳市社区党群服务中心采用政府购买、社会提供服务的新模式,鼓励社会参与,激发社会组织的活力。一是政府通过招投标的方式,引入多家社工组织进驻社区提供服务;二是社区成立社区基金会,居民、企业、社会组织纷纷响应;三是开展社区"民生微实事",按照社区居民、社会组织提出项目—社区两委初审—专家评审—社区居民议事会决议的程序确定项目,将基层协商民主和社会组织参与社区治理紧密结合在一起,激发了社会组织、社区居民主动参与社区治理的热情。社区居民既可以是被服务者,也可以是服务提供者。社区服务提供形成党建引领、多元参与的局面,成功打造了共建共治共享的基层治理格局。

(七)"党群服务中心"的社区服务模式

根据《深圳市社区服务中心设置标准(试行)》,社区服务是指依托各类服务设施,以特殊和困难人群为重点服务对象,以满足全体居民物质文化生活需求为目的,由政府主导,各类社会主体共同参与提供的各种服务。社区服务中心是社区服务的提供平台,由具有独立法人资格、在深圳市级或区级民政部门登记成立且通过了政府招投标的社会组织来运营,其运营经费主要来源于政府购买公共服务的经费或资助的公共服务费用。

根据《深圳市社区服务中心运营与评估标准》(深民函〔2013〕121 号),社区服务中心需要提供的社区公共服务包括为老人、残疾人、妇女儿童、青少年、优抚对象等基础人群服务,为药物滥用者、社区矫正人员、失业及特困人员等特定人群服务以及居民自助互助服务。概括来说,社区服务主要包括公共型服务、救济型服务、互惠型服务、参与型服务。① 公共型服务:以政府提供为主,包括加强社区公共设施建设,发展教育、科技、文化、卫生、体育等公共事业,为社会公众参与社会经济、政治、文化活动等提供保障。以合作为基础,强调政府的服务性,强调公民的权利。② 救济型服务:以单纯的财物救济为主,一般针对的是生活暂时困难的群众,如家庭遭遇灾难或重大疾病等突发性事件,由社会各界提供财力和物力方面的救济服务。③ 互惠型服务:以利益共享、互利互惠、责任共担等为基本运作原则,追求效率与公平,对经济发展与社会建设具有重要作用的服务。④ 参与型服务:强调所有人都是社区服务的生产者和使用者,参与主体多元、服务形式多样、服务内容专业。

自2011年起,深圳尝试在社区建立社区服务中心。截至2015年底,深圳实现了社区服务中心在全市范围的全面覆盖。2016年,根据中共深圳市委办公厅印发《〈关于推进社区党建标准化建设的意见〉的通知》,深圳市社区服务中心全部更名为社区党群服务中心,并投入更多资源支持社区服务,统一了服务中心的标志和人员服装。现深圳市社区党群服务中心共有1 050个。新的党群服务中心,是对过去工作的巩固和提升,把社工纳入党建领域,突出党群在社区服务中的地位和作用。简单来说,党群服务中心就是社区党委领导下的为社区居民群众提供公共服务的重要平台。更名后的社区服务中心将有两点变化:一是发挥基层党组织的领导核心作用。在原来社区服务中心的基础上加上"党群"两个字,是服务中心的新定位,今后的服务中心不仅要为社区提供服务,更重要的是体现党的形象、党的温暖,体现党在引领社会建设中的领导核心作用。二是社区资源更加丰富,服务体系更强大。深圳市委将在社区服务财政、服务阵地、队伍建设等方面加大投入,并通过统一服务中心标志和人员服装,增加社会认可度,建立服务中心的信任网络。

(八)社会组织发展迅速

深圳社会组织的发展走在全国前列。从总量上讲,深圳目前有社会组织12 612家,包括社会团体5 974家,民办非企业单位6 331家,基金会307家,总量上与北京(12 151家)基本持平,但低于上海(15 472家)。作为"社会组织改革创新综合观察点",深圳近年来坚持培育发展与规范管理并重,不断提升社会组织发展的质量,有序引导社会组织参与社会治理和公共服务,初步构建了一套符合实际需要,具有深圳特点的制度框架、工作机制、组织体系,形成了政府、社会"协同治理"的新格局。深圳市社会组织的发展主要经历了如下几个阶段。

1. 政府为发展经济主动倡导设立行业组织

改革开放之初,深圳大部分的民间组织是在市场经济建设过程中,政府为更好地实现自身的管理职能和行业利益，"从上而下"倡导成立的。当时这些民间组织大多数都挂靠在相关政府职能部门，因此还不能算严格意义上的民间组织，而是属于依附于政府职能部门的行业性组织，其活动的开展需要相关主管部门批准。如成立于 1986 年 4 月 23 日的深圳市电子行业协会，以及成立于1987年1月16日的深圳市钟表行业协会（SZWA），都是深圳市成立较早的协会，但当时它们仍然由相关的科技业务主管部门来运作和管理，主要由一些公务人员负责协会的相关管理工作。但这些行业协会的出现，在一定程度上拉开了深圳民间组织发展的序幕，对于整合行业的资源，促进行业经济的发展发挥了重要作用。如成立于1986年10月23日的深圳市家具行业协会，是中国家具业第一个行业机构，这为提升深圳家具业在全国乃至国际上的竞争力有着重要意义。

2. 提出"人员自聘、工作自主、经费自筹"

1995年初，深圳市委、市政府等六部门共同发布《关于全市性社会团体管理若干问题的通知》，从此确立了深圳民间组织"人员自聘、工作自主、经费自筹"的运作模式。该通知指出，"今后，全市性的社会团体经费来源渠道均调整为自筹解决。各社会团体可根据自身活动的需要和经费收支能力，按照精简的原则，自行确定编制定员。其专职工作人员原则上从市内聘用，确需从市外调入业务骨干的，经市民政局审查同意后，向市人事劳动部门申请调（招）干调（招）工指标"，并要求"各部门领导应认真按照国办发〔1994〕59号文件精神，不兼任社会团体领导职务。如确需由有关部门领导兼任的，应报市政府批准"。对比此前民间组织的经费、人事等关键环节都依赖主管单位的情况而言，"三自"原则有利于深圳民间组织的自主性发展。此后，虽然深圳还颁发了《深圳市社会团体财务管理规定》（深民字〔1995〕54号）、《深圳市社会团体组织通则若干规定》（深民字〔1995〕56号）、《关于民政、公安部门加强社会团体管理工作的办法》（深民字〔1995〕92号）等文件，但是，深圳民间组织（以行业协会、商会为主）因为资金、项目资源、发展空间，加之双重管理体制的束缚等因素的影响，仍然无法独立于主管单位而存在和发展。

3. 成立行业协会服务署推进行业协会民间化

2004年，深圳市委、市政府发布《关于印发〈深圳市行业协会民间化工作实施方案〉的通知》。在这一文件的指引下,深圳市政府和深圳民间组织紧密合作,以组织机构、运作机制的民间化为重点,完成了人员脱钩、办公场所分设、财务独立等具有划时代意义的工作。深圳市成立行业协会服务署,统一行使行业协会业务主管单位的职责,并以此为契机,强力推动行业协会民间化改革。其主要内容是:各行业协会在机构、办公场所、人员和财务等方面与原业务主管单位全面脱钩,切断了各行业协会与政府各职能部门的行政依附关系,使行业协会真正拥有独立的社团法人地位。当年共有211名党政机关公职人员辞去在行业协会兼任的领导职务。从此,深圳民间组织进入了具有现代意义的发展时期。

4. 行业协会由民政部门直接登记

2006年底,深圳市将行业协会服务署和市民政局民间组织管理办公室合并,组建深圳市民间组织管理局。从此,深圳市实行行业协会由民政部门直接登记的管理体制,在全国最早实现了行业协会民间化。通过简化手续,民间自发成立社会组织的难度大大降低了;通过直接登记,切断了政府各职能部门与社会组织的行政隶属关系,实现了社会组织在程序意义上的真正民间化,使其获得独立的法人地位。

5. 丰富直接登记管理的社会组织类别

2007年6月10日,深圳市民间组织管理局正式对外挂牌。该局由市民间组织管理办公室和市行业协会服务署合并而成,为深圳市民政局下设副局级行政事务机构。2008年9月,深圳市加大改革步伐,出台了《关于进一步发展和规范深圳市社会组织的意见》,规定对工商经济类、社会福利类、公益慈善类社会组织实行由民政部门直接登记管理的体制。在此基础上,市民间组织管理局配合行政管理体制和事业单位改革,加大政府职能转变力度,重新厘定和规范政府、市场、社会三者的关系,着力从发展规范、职能转移、财政扶持等方面,加强社会组织建设。

随着社会组织的发展,深圳市制定了一系列政策措施规范社会组织的发展,先后颁发了《深圳市行业协会法人治理指引》《深圳市行业协会管理制度示范文本》《社工机构行为规范指引》等文件,同时,深圳大力开展社会组织评估,促进社会组织的自律与规范管理。其重点是以民间化和社会化为核心,从登记管理体制改革入手,深化社会组织的系统改革,着力增强社会组织活力,促进政府职能转变。

6. 深化社会组织管理制度改革

深圳始终坚持改革创新、放管并重,不断提升社会组织发展质量,有序引导社会组织参与社会治理和公共服务。2018 年 7 月,市委、市政府专门出台了《关于深化社会组织管理制度改革促进社会组织健康有序发展的若干措施》,要求加快构建统一登记、各司其职、协调配合、分级负责、依法监管的社会组织管理制度,形成结构合理、功能完善、竞争有序、诚信自律、充满活力的社会组织发展格局。

一是完善社会组织准入退出机制。优先发展行业协会商会类、科技类、公益慈善类、社区服务类社会组织。强化登记审查,更加注重对拟成立的社会组织的合法性、必要性、可行性以及发起人、拟任负责人的资格审查。健全退出机制,对长期不开展活动、决策机构不能有效履职的社会组织,责令限期整改;对相关领域竞争过度的社会组织,由登记管理机关和业务主管单位负责引导、整合资源,实行合并或注销。

二是健全社会组织监管体系。建立了社会组织随机抽查、行政约谈等执法制度,建立了政法部门牵头,民政、网信、台办、财政、市场和质量监管、公安、审计、税务、外事、国安等相关职能部门参加的社会组织联合执法机制,还将加快构建社会组织综合监管信息化平台,加强社会组织登记、管理、执法等方面的信息共享,运用信息化手段落实对社会组织的综合监管措施。

三是优化社会组织发展环境。深圳对在社区开展养老照护、公益慈善、文体娱乐等活动的社区社会组织,简化登记程序,完善落实各项财政扶持和税收优惠政策,支持这类社会组织发展。

四是加强社会组织党建工作和行业自律。深圳市纪委、市"两新"组织党工委、市民政局联合制定出台了《关于加强党的领导推进行业自律拓展预防腐败工作领域的实施意见》,明确由行业党组织主导推进行业自律工作,要求各行业协会在党组织的领导下,结合行业实际开展行业自律工作,研究制定行业自律规约,引导本行业的经营者依法从业;研究制定行业职业道德准则,规范从业人员的职业行为;建立健全行业反贿赂管理体系,组织开展岗位廉政风险防控教育培训;对违反行业自律规约或行业职业道德准则的会员单位或个人,按照情节轻重实行行业惩戒[①]。

二、社会治理实践创新的模式比较 ▶▶

城市社会治理体制改革是党、政府与各类组织之间权力职能关系的多方位调整。改革开放以来,虽然深圳仍然沿袭了"两级政府、四级管理"的城市社会治理总体体制设置,但下辖各区也因地制宜,政府在与社会互动的过程中,为切实解决城市发展过程中的现实问题,在城市治理方面不断进行积极的探索,对旧的城市基层社会治理体制进行了相应的改革,又为城市社会治理体制创新提供了"个案范本",形成了一些具有特色、影响广泛的治理新模式。下文在对城市基层社区类型进行总结分析的基础上,分别对荣获第三届和第四届中国地方政府创新奖的"盐田模式"和"南山模式",以及"桃源居模式"和"和谐共建促进会模式"进行对比分析。

"盐田模式""南山模式""桃源居模式""和谐共建促进会模式",实际上体现了城市治理体制改革的四个发展向度。"盐田模式"很大程度上是在坚持"居民自治"为主导的情况下,推进了"议行分设"与"居站分离"改革,但居委会面临着被"边缘化"和"空心化"的困境;"南山模式"主要是以"党政嵌入"为主导,推出了"党员浮出水面""十百千万行动"等具体举措,但面临着积极性不高和社会认可度欠缺等问题;"桃源居模式"主要遵循以"企业服务"为主导的理念,通过经济组织和市场手段提供社区服务,但又遭遇企业发展难以为继的尴尬局面;"和谐共建促进会模式"主要秉持以"多元组织"为主导,通过在现行组织系统外创设和谐共建促进会这一平台,试图整合居委会、业委会、社区工作站、辖区企业等各类城市基层组织参与城市治理,但该组织也面临组织定位模糊、权威性欠缺等现实问题。

---

① 深圳社会组织发展 走在全国前列[EB/OL].(2018-08-07)[2019-05-01].http://www. sohu.com/a/245618113_161794.

（一）以居民自治为特色的"盐田模式"

基层群众自治的根本性问题，是如何厘清政府行政权与群众自治权的区别并妥善处理二者之间的关系。目前，居民委员会虽然享有基层自治组织的名义，但是在现实中却是行政与自治职能兼顾，甚至导致行政功能干扰自治功能。"盐田模式"就是试图通过"议行分设"机制，将社区权力（议事决策权和执行权）进行适当分割，使其相互制约，变政府管制为社会自主管理，使居民委员会摆脱行政化，回归自主化，从而形成政府与社区的二元互动，以合作、协商等方式实施社区公共事务管理的新城市治理模式。

1. 从"议行合一"到"议行分设"

"盐田模式"的形成经历了一个长期的摸索、博弈过程。在这个过程中，基层自治组织逐渐从行政机关中剥离出来，其本质意义上的自治功能不断得到恢复和强化。盐田区正式设立于1998年，正是城市经济体制改革如火如荼的时期。这个时期的盐田区居民委员会经过"村改居"后，却与当地的集体股份实业公司挂钩，实际上是"股民之家"，不仅承担行政和服务职能，还要承接集体股份实业公司的部分经济管理工作。这容易导致权力寻租行为。为此，盐田区委、区政府在1999年进行了城市治理的第一次改革——实现居民委员会与股份实业公司的分离。这次社区经济管理体制的革新，剥离了居民委员会的经济功能，初步解决了党政机构与企业的组织权力错位问题，厘清了各自的权责，为居民委员会更大限度地回归自治功能打下了基础。

2002年，盐田区政府开始实行社区社会治理体制的改革。"从居民委员会的'议行合一'的旧体制向以'议行分设'理念构建的'一会（合）两站'社区组织体制的过渡，进一步将承担政府工作的社区工作站从社区居民委员会中剥离出来，归入政府条条管理为标志的'一会（分）两站'的社区管理新模式。"①在具体实践中，全区依照资源分配状况把21个居民委员会调

---

① 《理顺政府与社区关系，构建和谐现代化社区——深圳市盐田区创建"社区建设示范区"》。

整为17个社区居民委员会,在此基础上设立"一会两站"的社区组织结构,"一会两站"又分为"一会(合)两站"和"一会(分)两站"两个阶段。"一会(合)两站"是对集行政、服务与自治功能于一身的居民委员会进行职能分解,由社区居民委员会、社区工作站、社区服务站三个机构共同承担相应的职能,即由民主选举产生的社区居民委员会,作为一个对社区公共事务进行议事、决策、监督的机构,不从事具体的社区工作,以使其居民代表性更强、更广。"一会(分)两站"是在社区居民委员会下面设立社区工作站和社区服务站两个专门的工作机构,共同执行社区居民委员会的决策。社区工作站主要承担大量政府交办的行政性工作,社区服务站则主要完成群众需办的社会公共服务,使社区居民委员会的两种角色、两种责任通过两个组织进行初步分化和规范①。职能的分化使各个社区基层组织能够明晰各自的权、责、利,专注于自身的功能发挥,往专业化与职业化方向发展。"一会(分)两站"组织框架如图6-1所示。

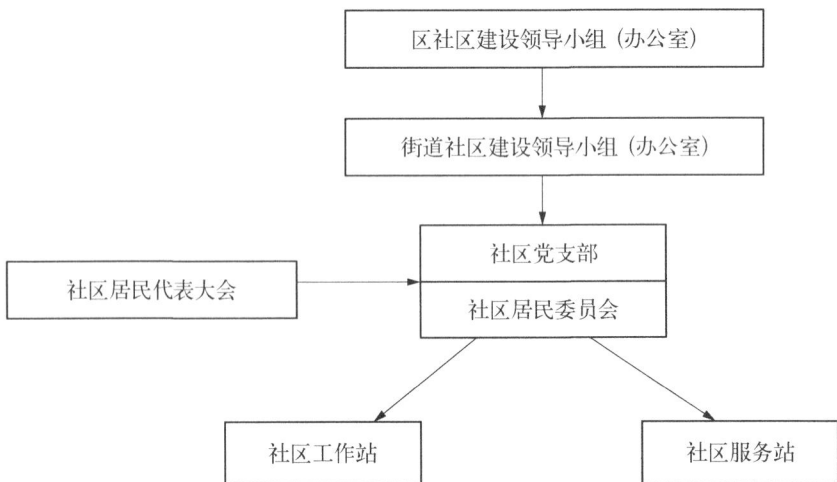

图6-1　"一会(分)两站"组织框架图

资料来源:《中共深圳市盐田区委、盐田区人民政府关于在全区推进城市社区建设的意见》(深盐发〔2002〕2号)。

---

① 《理顺政府与社区关系,构建和谐现代化社区 ——深圳市盐田区创建"社区建设示范区"》。

2. 从"一会（合）两站"到"一会（分）两站"

"一会（合）两站"虽然解决了议行分设、职能分化的问题，但在实际运作中，政府与社区的矛盾依然存在。这是由于"两站"同属于一个组织，人员、经费、工作任务交叉与重叠的现象时有发生。2005年，盐田区实行"一会（分）两站"的社区管理体制，分离政府职能与社会职能，"重新界定社区工作站职能定位，将社区工作站从社区居民委员会中分离出来，作为街道办事处在社区的办事机构，主要承担政府交办的工作。把目前已经下沉到社区的各项工作分别归并到社区组织、社区服务、社区工作、社区环境、社区治安、社区文化和社区计生7个类别中，以此作为社区工作站的主要职能……从而将政府职能从社区居民委员会中完全剥离出来，使社区居民委员会成为真正意义上的群众性自治组织"①。这种分离不仅仅是结构上的分离，而且在人员、办公场地、经费、工作职责、运作方式等方面也都实行了分离。社区工作站作为政府的末梢，承担起原先居民委员会的职责，其工作人员属于政府雇员，经费由区政府全额拨款；社区居民委员会则完全回归自治职能，做居民的"头"，其成员由社区居民直选产生，实行属地化、兼职化，不再交叉任职于社区工作站；社区服务站则登记为民办非企业，做居民的"手"，"根据居民的需求开展便民利民、提高居民生活质量的低偿服务，并按照政府购买服务项目的方式为群众提供社会福利、社会保障、社区残疾人服务、社区老人服务和其他社会公益性服务等无偿服务，逐步实现社区服务的社会化"②。这一阶段"一会（分）两站"的组织框架如图6-2所示。

为了进一步完善居民委员会的自治制度，盐田区于2008年建立健全了居民代表大会—社区居民委员会—社区居民委员会的服务机构的自治组织体系，试图从组织机构层面保证居民既是社区居民委员会的选举人，又是社区居民委员会运作的决策人和监督人。2009年，盐田区确定了社区居民委员会的"三会制度"，并广泛开设居民论坛，将其作为社区居民委员会开

---

① 《理顺政府与社区关系，构建和谐现代化社区——深圳市盐田区创建"社区建设示范区"》。

② 《中共深圳市盐田区委、盐田区人民政府关于在全区推进城市社区建设的意见》（深盐发〔2005〕6号）。

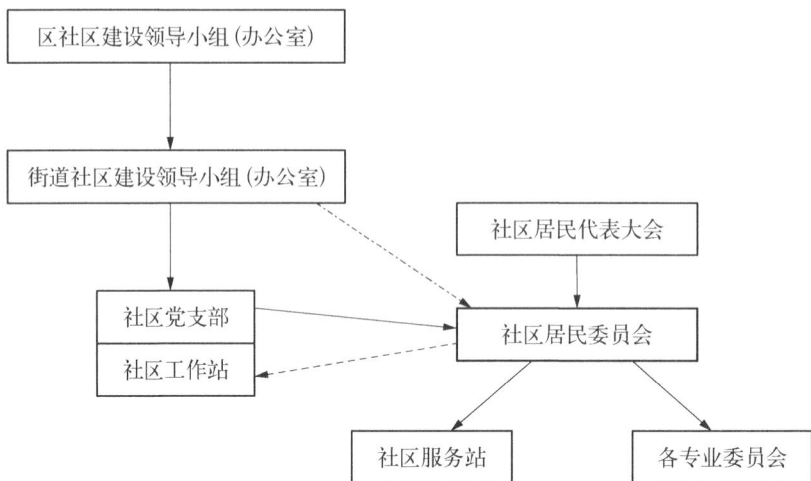

图6-2　"一会（分）两站"组织框架图

注：实线表示领导与被领导关系，虚线表示指导与被指导关系。

资料来源：侯伊莎.透视盐田模式：社区从管理到治理体制［M］.重庆：重庆出版社，2006：32.

展居民自治的主要组织运作形式，这在一定程度上增强了居民委员会的法定自治功能。"三会制度"主要指居民委员会的民主评议会、民主协调会和民主听证会。盐田区制定了《盐田区居民论坛程序》，通过居民委员会搭建"居民论坛"，邀请相关政府部门人员、专家和法律工作者，与居民面对面对话，让居民了解有关政策出台的背景和目标，加深他们对盐田区委、区政府相关方针政策的理解、认同和支持；同时，居委会通过居民论坛及时听取居民意见和建议，从而使党和政府的决策能够化作居民的自觉行动。

同时，盐田区较为注重发掘制度内的政治资源，要求在各社区居民委员会设民意表达工作室（同时加挂区党代表工作室、人大代表社区联络站、政协委员工作室牌子），充分发挥"两代表一委员"联系基层群众的政治优势。为促进居民有序参与，盐田区还特别出台了《中共深圳市盐田区委关于完善民意畅达机制促进基层民主政治建设的实施意见（试行）》，充分调动居民委员会收集社情民意，真正做到让基层党员群众"有地方说话""说了有人听""有事能解决""有权去评判"，进一步发挥居民委员会的调解作用。社区居民委员会积极利用社区民意表达工作室这一平台，发挥自身优势，协助"两代表一委员"联系基层党员群众，实现民意畅达机制与社区居民委员会自治机制的对接,不断满足居民有序参与的需求。

"盐田模式"实质上是一种政府推动和社区参与相结合的模式。在社区建设初期,社区的发育程度不高,居民参与社区自治的意识不足,一旦削弱街居行政功能将会导致基层社会管理的混乱,因而城市治理体现出来的是一种政府主导的行政模式,即政府通过强制性的国家权力,依靠科层制的机构网络,以直接而具体的政府行为代替社区行为来管理公共事务。在低水平的公民社会中,国家强大的行政能力更能聚合社区的人力、物力、财力,加快社区建设。随着公民社会的发展,居民的利益更加多元化,在经济自主实现后,居民必然开始追求政治自主,但在现有的体制中,党政不可能完全脱离社区建设,这也是"盐田模式"为代表的政府推动和社区参与相结合的合作型模式的生成逻辑。合作型城市治理相比之前的行政化管制,权力也开始分散且多元化,被治理对象不再完全被动,这有利于提高基层群众自治的积极性。从政府角度而言,把基层社区组织作为城市治理的主体,不仅能节约管理成本,还能依靠社区自身整合资源,符合社区发展的内在要求。这种模式在目标定位上是正确的,它旨在寻求政府权力下放的载体,但由于各种社区主体之间的关系有待进一步协调,"议行分设""居站分离"之后的体制在现实中也遇到诸如居民委员会可能被边缘化、工作站人员的积极性不高等现实问题。

3. "居站分设"之后的居委会边缘化问题

"居站分设"实现了新的分权机制。拥有平行关系的社区居委会与社区工作站分别执行自治职能和行政职能,从而实现彻底的"议行分设",使居委会回归到真正意义上的自治组织。但是,"居站分设"一定程度上是在业主自治能力不足和民主参与需求相对低下的状态下做出的一种制度设计,其适应性与持续性面临着诸多考验。目前,它存在的现实问题主要是居委会自治能力薄弱,有被"边缘化"的可能。这一问题的出现,有以下四方面原因:一是居委会长期以来一直承担着上级政府交办的工作,缺少自治经验。二是虽然我国宪法和《城市居民委员会组织法》对居委会"基层群众自治组织"的地位给予了正式的立法确认,但是在实际操作中,对其工作程序、工作方式等都没有明确的规定,这使得没有实战经验的居委会只能

"摸着石头过河",政府、居委会与居民往往对自治形成理解上的偏差。三是传统的制度惯性使得居委会仍然表现出对政府的依赖(尤其在行政拨款上),未能实现从"按命令行事"到"依民意决策"的转变。四是社区自治的制度与社会环境还未形成。① 政府缺乏有效的监督机制,加上对居委会、社区工作站两者职能分化可能引起矛盾与冲突的担忧,不敢让居委会发展壮大;② 居委会缺乏引入优秀人才的机制,其成员专业化、职业化的程度不高;③ 少数居民对居委会能否真实反馈他们的利益诉求,对政府能否及时解决问题失去信任,参与社区事务的热情也相对较低。因此,冲破传统体制的障碍,合理调节各方利益,建立理性、良好的互动格局,才能防止居委会被"边缘化"。

4. "居站分设"之后的工作站行政化问题

传统以行政权力为主导的城市治理体制是社区自治的桎梏。虽然居委会与社区工作站实行了分离,但在旧有的权力集中的体制框架内,社区工作站事务繁多,有变相行政化的可能,居委会在逻辑上和操作上仍然有再次回归行政化的可能。首先,基层党政不分是城市治理改革的先天缺陷,在"居站分设"的制度框架下,行政机构不便于对自治组织施加影响,由于党政权限不清、职责不明,党政领导交叉任职(社区党总支设在社区工作站,站长兼党总支书记)等现象依旧存在,在党与社会关系的层面依然延续原先的权力结构和制度在运行,这就为通过党的机构来实现对社区居委会的干预预留了空间,兼有政务功能的社区党组织依旧可以实施行政权力。其次,传统的管理方式是"自上而下"的层层领导,"居站分设"剥离了居委会的行政功能,只保留了自治与服务功能,而社区自治奉行的是一种"自下而上"的运行逻辑,这就在原先的权威模式中引入了相反的要素,造成"自上而下"的权威结构在某种程度上的裂变,势必带来"自上而下"与"自下而上"两种运行逻辑的冲突。在这两者的博弈当中,由于传统体制的惯性,加上居委会本身的自治能力不强,也并非一个刚性的权力机关,由此导致居委会势必会出现一种"路径依赖",即政权的末梢组织(街道办、社区工作站)在社区一切事务中仍然占主导地位,把居委会作为一种行政工具,居委会也会表现出对政府的依赖性。最后,"居站分设"之后,由于政府的诸多事务需要相应的组织机构去完成,必然在社区中设置诸多工作站,配置专门人员完成行政性事务。因此,如何界定社区工作站工作人员的身份,满足其合法权益也是地方政府有待解决的现实问题,如果将其视为事业单位或政府职员,则必然倒退到行政化的老路。

(二)以党政嵌入为特色的"南山模式"

如果说"盐田模式"是从城市治理体制层面厘清居民委员会与工作站的职能区别,以还原居民委员会的自治功能,那么"南山模式"是在构建和谐社区的过程中探索党和政府如何引领基层群众有序自治。"没有发展不能稳定,离开稳定难言发展,稳定的基础在基层,基层的支点在社区。"时任南山区区长刘庆生如是说①。"南山模式"就是要使社区群众真正行使应有的权力,形成一种国家与社会的良性双向互动,实现社区的和谐稳定发展。从内在逻辑来看,这些探索实际上遵循了"吸纳"和"嵌入"相结合的双向互动路径:一方面,通过激活现行体制中的民主因素、创新机制,理性地协调各种利益关系,及时化解现阶段社区中的多样矛盾,充分吸纳和整合社情民意,引导基层群众有序自治,把居民的参与诉求纳入现行体制内有序释放,努力增加社区和谐因素;另一方面,通过充分挖掘体制内的政治资源,加强基层党建,发挥先锋党员、政协委员和公职人员参与社区建设的积极性和模范作用,广泛联系人大代表,创设制度机制,规范业主委员会等新兴组织的运作,将传统政治资源嵌入基层社会中去代表民意,理性促进党和政府引领社会。

南山区正式设立于1990年,20世纪90年代中期起开始逐步向高科技与居住型城区转变。这既为南山的经济发展带来了新的契机,也使南山区的人口不断膨胀。在这种情况下,各种社会矛盾日益凸显,环境质量、市政建设、房地产与物业管理、劳资关系等矛盾引起了多起业主维权事件。再加上业主委员会、物业公司等各种各样的基层社团和中介组织的出现,导致社区的利益主体多元化,利益格局也随之改变。而且随着社会的转型,公民社会

---

① 吴春燕,易运文.和谐社区看"南山模式"[N].光明日报,2009-04-04(4).

也在不断成长壮大,个体维权行为开始转为集体行动,公民在追求经济利益的同时,也开始呼吁社会政治利益,要求对公共事务和公共政策享有更多的知情权和参与权。这些对社会的和谐稳定提出了挑战,也暴露出传统社会管理方式的不足。鉴于此,南山区委、区政府认识到,只有通过沟通与对话,整合体制内外两股力量,开展和谐社区建设,协调各方利益,才是解决矛盾纠纷的最好方式。

为此,从2006年底开始,南山区全面开展和谐社区建设,提出从2007年到2009年实施和谐社区建设"三年行动计划",并以《中共南山区委、南山区人民政府关于开展"和谐社区建设年"活动的实施意见》(深南发〔2007〕1号)、《中共南山区委、南山区人民政府关于全面推进"和谐社区建设年"工作的实施意见》(深南发〔2008〕1号)和《中共南山区委、南山区人民政府关于做好"和谐社区建设年"全面普及工作的实施意见》(深南发〔2009〕1号)三个一号文件为指导,形成了"一核多元"党政嵌入与吸纳的"南山模式",其具体运作方式如下。

1. 社区党组织嵌入

社区党组织嵌入是指通过加强和改善社区党建工作,努力将社区各级党组织建设成为扩大基层民主的核心、表达社情民意的窗口和化解社会矛盾的平台,以社区党组织为内核,整合城市基层社会中的其他社会组织,引导基层群众进行有序自治的嵌入机制。南山区把提高社区党组织在构建和谐社区中的能力作为工作重点,提出了社区党建"三个全覆盖"的理念和目标,即实现社区党组织的全覆盖、社区党员管理和服务的全覆盖与党员在社区建设中作用发挥的全覆盖,并将"三个全覆盖"作为考核与评价和谐社区建设成效的重要标准。

2003年,南山区只有1个社区党总支和165个党支部。随着社区党建活动的深入展开,在广泛开展社区党员调查摸底和服务行动的基础上,目前建立了14个社区党委,58个党总支,931个党支部,党小组基本覆盖到了街巷和门栋。这些社区党委(党总支)对业主委员会、物业公司等社区组织进行统一管理,制定了议事协调规则,社区党员过"双重组织生活",初步形成了党员负责家庭、党小组长负责楼栋、党支部书记负责小区、党委书记负责社区的格局。招商街道积极探索"一核多元"的社区党建新机制,通过双直选的方式成立社区党委和党总支,推选优秀民营党务干部担任社区党委书记,进行了"两新组织"党员担任社区党委书记的尝试。其中,文竹园社区将原社区党总支下辖的 3 个党支部和辖区 3 个民营企业党支部进行整合,按属地管理的原则成立文竹园社区党委,初步形成了以社区党委为核心、基层党支部为基础、社区全体党员为主体、社区各类群体性组织及居民群众共同参与的"一核多元"社区党建新局面。该社区党委在居民委员会换届选举期间,充分发挥党组织的领导核心作用,各党支部和党员积极响应,专门组建 13 支"两委"换届选举服务队。每个支部承包一至两个片区,支部书记主动承包部分楼栋,广大党员发动家属和亲友参与,在广泛宣传、选民登记和选举投票等重要环节,广大党员起到了较好的带动作用。另外,"红花岭和谐企业工作室"中的党建联络员负责指导工业园区内的企业党建工作,积极带动企业开展"工建、团建、妇建"工作;协助做好工业园区党组织和党员管理与教育培训;组织企业党支部开展各项活动,并为企业党支部开展活动提供服务和支持;协调企业与员工、企业与企业、企业与股份公司、企业与政府之间的关系,维护工业园区的和谐稳定。

南山区在开展"十百千万行动"活动中,通过培育、宣传、推广十类社区组织典型,让这些组织活跃在社区,积极整合它们共同参与构建和谐社区。其中就包括业主委员会、义工组织、物业管理公司、驻社区共建单位、中介机构、老年团体、民间服务组织、民间文艺团体、农城化股份公司、"五小"队伍(社区"小小监督员、小小宣传员、小小志愿者、小小楼栋长、小小交通协管员"队伍)等。同时,南山区通过号召、发动并组织社区内的党员、国家公职人员参选业主委员会委员,有意识地引导政治素质好、热心社区公益事业、议事能力强的业主进入业主委员会。区建设局专门负责加强业主委员会委员在民主自治、依法办事等方面的统一培训,加强对他们的管理和引导,努力将业主委员会建设成为居民依法参与民主自治、党员和国家公职人员参与社区建设的良好平台。南头街道星海名城社区党支部建立了以社区党总支为龙头,社区工作站、居民委员会、业主委员会和物业管理处共同参与的"五位一体"社区共管共治机制,用以协调和处理业主与政府、业主与物业管理处、物业管理处与政府以及业主与业主之间的关系。这在一定程度上将社区内的各种组织纳入以社区党总支为中心的管理体制范围之内。

2. 党员（公职人员）嵌入

党员（公职人员）嵌入主要是通过发动、组织社区内的党员、政府公职人员、人大代表、政协委员等，发挥他们政治立场坚定、法律素质较高、议事能力较强等优势，让他们成为国家法律政策的解说员、践行者和推动者，积极引导基层群众进行有序的城市治理的嵌入机制。生活在现代新型商品房社区内的党员干部、政府公职人员、人大代表、政协委员等，理应是建设和谐社区的中坚力量和重要政治资源。但目前在许多社区里，由于联系机制不健全，邻里间疏于沟通和了解，在党政机关或事业单位担任一定职务、发挥着重要作用的这些群体，在社区中却变成了"隐形人"。南山区通过号召和组织社区居民党员、驻区单位党员、流动党员及公职人员在社区里"亮身份""树形象""起作用"，充分发挥他们的先锋模范作用，大力开展携手共建和谐社区的"十百千万行动"，即树立十类社区组织典型，号召上百名党员和国家公职人员竞选小区业主委员会委员，让上千名党员和国家公职人员担任楼栋长，发展万名社区义工共建和谐社区，让这部分人在和谐社区建设中发挥积极性、主动性，承担起维护社区稳定、化解社会矛盾的重要职责。同时，南山区人大常委会办公室要求各街道和社区制定人大代表信息公示制度和代表接访、走访、约访、回访群众制度，实现人大代表履职的定时化、定点化、规律化、规范化，倡导设立代表公示栏和代表信箱，公开本辖区的各级人大代表照片、姓名、单位及职务、联系方式等信息，让人大代表在社区亮出身份，积极发动人大代表参与和谐社区建设"十百千万行动"。许多小区的宣传栏或楼栋入口处，大多贴有"党小组长""楼栋党员联系人""楼栋长"的照片及联系方式的公示牌。目前，南山区已有9 306名党员、公职人员到社区登记，已有725名党员、公职人员在本社区业主委员会任职，有2 481名党员、公职人员担任楼栋长。又如雷公岭村在召开居民代表大会过程中，专门在村民中推荐了7名德高望重的老干部、老党员、老人大代表作为候选人，选举成立了雷公岭村居民理事会，遵循"自我管理、自我教育、自我服务、自我监督"的原则，积极引导村民开展社区自治活动。

（三）以企业主导为特色的"桃源居模式"

"桃源居模式"是一种企业服务与居民参与相结合的治理模式。社区企业（主要是开发商和物业管理公司）在社区建设中起主导作用，对社区发展进行规划，通过建立社区经济组织获得服务资金作为社区建设的活动经费和工作经费，并在鼓励社区居民普遍参与的基础上，建立完善的服务体系，组织社区服务、公益、文化等活动，满足居民的物质生活和精神生活需求。与"盐田模式"依靠政府的推动来促进居民的社区参与和企业的辅助参与，"南山模式"依靠党委、政府的大力引导来构建和谐社区不同，"桃源居模式"更突出企业在城市治理中的主导角色。它改变了过去由政府包办社区服务体系的模式，按照市场经济发展的要求，由社区物业发展商划拨工作经费和活动经费用于社区建设和社区工作，组织公益、文化发展等各种类型的社区活动，重新建立社区服务体系。正如桃源居（深圳）实业有限公司董事长李爱君所说："'桃源居模式'的核心，在于健全的社区公共服务体制与公共福利体系。千家万户在公共事业的循环运行之中参与家园共建，形成了一个自我管理、相互服务、彼此理解、共同关爱的社区文化价值体系。在桃源居，社区之所以能够提供如此良好的公共服务，源于它拥有一个自治自助的社区公共服务体系。"[①]

桃源居社区位于深圳宝安西郊，总建筑面积为116万平方米，是深圳最大的地产项目。该项目规划居住人口5万人，现已入住4.8万人，建筑密度仅为26.2%，在总体规划中配建有"一个学校""两大广场""三大公园""四个功能分区""五大会所"，其中拥有15万平方米的商业配套，可提供社区就业岗位3 000余个，是一个以商业为龙头、教育为特色、环境为依托、文化为内涵的综合性社区。历经十几年的发展，经过9次社区规划调整，桃源居治理已经逐步形成一种"桃源居社区服务自治模式"[②]。桃源居的社区公共服

① 李爱君.新型城市社区建设如何"共赢"——对深圳桃源居建设模式的思考[J].人民论坛,2008(17): 56-57.
② 中共中央党校深圳桃源居社区课题调研组."桃源居模式"领创中国社区发展[N].学习时报,2009-12-07; 徐勇.桃源居业主能对开发商进行审计[N].新民晚报,2007-08-06.

务走的是政府的公共服务、企业的市场服务、社会组织的社区服务相结合的共同发展之路。整个服务体系包括了党政机构、桃源居社区公益事业发展中心、清华实验学校、晶晶幼儿园、老年协会、社区义工组织、社区老年大学、社区女子学校、儿童泛会所、"桃源人家"组织、社区义务联防队、邻里互助队、便民服务站、森林公园等政府部门、民办非企业单位和公益性服务组织。

1. 社区经济组织：社区服务的经济基础

良好的社区管理与服务需要大量资金的投入。在大胆探索过程中，桃源居开发商引进企业模式，使公建设施的资产、资金在市场中运作，赢得收益，从而为社区建设提供持续不断的资金来源。桃源居社区公益事业发展中心是深圳市首个社区非营利性经济发展组织，其前身是2006年成立的桃源居社区发展服务中心，是桃源居社区发展建设的基础，为社区公建设施的运营提供了强有力的保障。按照《深圳市桃源社区服务中心章程》的规定，服务中心是以企业为主导的非营利性民办非企业单位，是社区内的经济组织，是实现社区可持续发展的经济补充单位。桃源居社区公益事业发展中心立足于社区，向社会提供有偿服务，所得收入全部用于社区公益事业和福利事业的发展，其中三分之一收入用于支付社区服务中心每年义工、社工及员工的工资福利和正常办公经费，三分之一收入上缴市民政局桃源居社区公益慈善基金，三分之一收入用于社区救助、奖励基金[①]。在运作中，它有别于国外松散型的公共服务组织，采取紧密型的管理模式，以实体企业的身份来管理和协调若干个社会组织，并向这些组织拨付必需的经费，以此共同向社区提供公益性与福利性服务。2008年11月8日，桃源居集团捐资1亿元人民币发起设立桃源居公益事业发展基金会，其宗旨是"推进中国社区发展，发展社会组织。利用社区劳动力，发展社区经济，完善社区服务，培育社区福利，积累社区资本，创建社区自救自助、民主自治的公共服务体系"[②]。在此基础上，桃源居社区还提出"五个一点"资金筹集方式，即"政府承担一点、物业管理费补贴一点、开发商赞助一点、社区经营组织营利补贴一点、

---

① 桃源居成立我市首家社区服务中心 引领风气之先[N].深圳商报，2006-11-26.

② 桃源居城市治理模式将成全国示范[J].领导决策信息，2008(45)：18.

政府管理下的社区义工组织奉献一点",通过多种渠道募集社区服务资金。这套体系的存在,为社区服务提供了源源不断的资金支持,保障了社区服务的可持续发展。

2."六位一体":社区服务的实践模式

"党委领导,政府管理、企业赞助、居民共建"是对桃源居社区服务模式的概括。其中包括了党组织、政府、企业、社区居民委员会、业主委员会和社区义工站六大主体。它们之间的统筹配合,实现了治理与服务的统一。① 党的领导。2005年8月成立的桃源居社区党委是广东省首个社区党委,下设居民委员会、学校、居民和物业公司等5个党支部。党组织扮演社区的领导与监督角色。② 政府管理。桃源居社区工作站是西乡街道办的派出机构,承担社区的行政工作。其他如社区公建设施运营机制的建立、社区治安等工作也由政府组织协调。宝安公安分局代表政府负责对包括桃源居社区在内的全辖区提供必要的公共安全服务,直接领导社区警务工作,并委派民警承担社区警务的职责。③ 企业赞助。企业在实现预期利益的同时,还应主动承担企业的公民责任。在人本理念的指导下,桃源居集团先后投资了6.8亿元用于配套设施建设,又投资了6 000万元把紧邻的垃圾场改建成生态公园,后又投资600万元把横跨社区的两座人行天桥建成社区标志性建筑——"连心桥"。桃源居开发商还捐资2 500万元分别设立儿童教育发展基金、妇女教育基金和老年事业发展基金,2008年更斥资1亿元设立桃源居公益事业发展基金会,每年用于社区文化、体育、卫生事业发展的资金就近千万元①。
④ 居民共建。社区居民委员会、业主委员会和社区义工站是居民共建社区体系的核心。社区居民委员会是居民自己选出来的利益代言人,在政府、企业与居民之间发挥桥梁作用,同时积极地为居民提供服务。社区业主委员会是私有产权人的利益维护者,是社区业主决策的制定者,它与物业公司建立起统一的服务监督机制,使所有业主在同一个业主公约下参与社区建设。2005年11月,社区居民委员会和业主委员会专门聘请了会计师和律师对桃

---

① 桃源居——和谐社区建设的试验田[J].社区,2007(19).

源居开发商和物业公司成立以来的历史账目进行审计,此举增进了企业与业主之间的信任①。社区义工站是桃源居社区福利体系的组织核心。它的存在,不仅极大地降低了社区公建设施的营运成本,而且培养了社区居民的群体意识和服务意识。义工站实行"从义工到社工"的发展模式,即在就业年龄段的业主只要愿意为社区提供服务、热爱社区工作,就可以成为一名义工,当其工作一定时间或者作出一定贡献后,就可以升级为社工,并由社区经济组织根据最低工资保障提供经济补偿。这一举措极大地调动了居民参与社区服务和公益活动的积极性。目前社区有9个义工站,有1 000多个义工,服务于社区衣食住行的方方面面②。

3. 社区福利:社区服务的现实保障

社区建设的核心是管理和服务。而服务的目的正是通过满足居民的需求,增强社区成员的幸福感、归属感,加强社区的凝聚力,从而切实提高社区居民的实际福利水平。桃源居社区的管理者直接把社区服务转化为居民福利,构建出涵盖社区服务、生态环境、教育、体育、医疗卫生、文化、交通、就业在内的八大福利保障体系,满足了从社区弱势群体到所有居民的不同年龄、不同群体的"人居需求"。社区福利可分为以下三个层次:① 针对少数群体开展的社区福利。桃源居社区建立起社区就业保障体系,优先解决有困难的居民就业。社区商业设施配套达17万平方米,入住人口近5万人,吸引了许多以第三产业为主的企业入驻社区。管理者通过与企业对接,使部分居民在当地就业。另外,通过建立"桃源人家"和社区义工站,适时利用社区民办非经济组织,使居民优先享受社区就业。"桃源人家"是一个社区志愿服务组织,它首创了一种公益活动积分机制,即居民积极参与社区服务、社区建设、社区文化、社区公益等居民共建家园活动后可获得相应的积分,凭此换取相应的福利,包括优先享受社区就业。社区义工站则以"义工—社工—社区职工"的发展模式鼓励居民参与社区工作,并根据工作质量与工作时间给予一定的补偿,并优先提供社区就业机会。② 针对人数众多的

---

① 徐勇.桃源居业主能对开发商审计[N].新民晚报,2007-08-06.
② 桃源居——和谐社区建设的试验田[J].社区,2007(19).

特定人群开展的福利。社区里有不少老人,管理者以"老有所养、老有所乐、老有所学、老有所成"理念为指导,首创"居家养老"和"社区养老"相结合的养老模式,先后设立了老人会所、老年大学、老年文化艺术团、老人作坊、老人农庄。同时,社区还创设了老年事业发展基金,开设桃源颐康旅游专营店,发展老人经济,以此来补充老人活动经费,维持老年事业的持续发展。在关爱儿童方面,社区里设有儿童泛会所、儿童教育中心、深圳清华实验学校,方便孩子学特长、学知识,设立了儿童教育基金,力求全方位地培养孩子。面对社区里众多的女性同胞,管理者建立了社区女子学校,为社区女性提供学习、职业培训的机会,提高女性的综合能力。对持有"桃源人家"卡的女性,还规定"高中以下文凭的,在完成教育后,凭毕业证可享受相当于全部学费的奖学金;在家待业的,第一次进行上岗培训,取得职业上岗证的,也可以享受全额奖学金"①。而妇女教育基金的设立,更为社区的女性事业提供了源源不断的资金支持。③ 针对社区全体居民开展的福利。社区医疗、生态环境、交通、体育是面向社区全体居民所设置的基本福利。社区内建立了面积达 1 800 平方米的社区社康中心,为居民提供医疗、防疫、保健、康复、卫生咨询、健康教育等全程卫生服务,建立社区住户一人一卡、一家一档的健康档案,做到小病不出社区,保健在社区。在社区环境上,开发商将以前的垃圾填埋场改造成森林公园,并建立了国际植物园、桃花山公园等生态园区,目前社区绿化覆盖率已达42%。

4. 企业主导的市场失灵问题

桃源居利用自身创新、灵活、高效等优势,在社区中引入市场竞争机制,既提升了公共服务的质量,又满足了居民不同层次的公共需求。与此同时,公共机构和第三部门也参与社区服务,从而形成了政府—企业—公民社会之间互动合作的服务网络。总的来说,桃源居模式具有以下特点:一是社区服务和社区自治相结合。社区企业把社区居民纳入社区服务体系中,既培养了居民的服务奉献意识,又提高了其组织化程度,客观上还增加了居民参加社区建设和治理的覆盖面。这种社区服务的过程就是一种社区自治的过

---

① 桃源居——和谐社区建设的试验田[J].社区,2007(19).

程。二是寓社区管理于社区服务之中。政府通过公共服务实现了对社区的引导，企业通过市场服务实现了社区建设的目标，社区组织通过公益服务实现了对社区应尽的职责，社区居民通过互助服务实现了对社区活动的参与。三是社区服务以社区居民为导向。如桃源居社区针对不同年龄、不同层次的群体提供不同的服务项目。四是社区服务主体多元化。在以企业为主导提供统筹性社区服务的情况下，党委、居民委员会、社区工作站、业主委员会、社区公益中心等党政机构和各种社会组织都加入社区服务体系中，形成了多元主体的服务体系。这种模式实现了社区管理方式的创新，政府只进行原则上的规划统筹，一般性的社区行政管理事务，如流动人口登记、计划生育、征兵、劳动就业等又由社区企业以创新的物业管理方式加以承接，同时各种社区民间公益组织大范围地服务社区，较好地满足了居民需求。由此，基层组织行政化、公民和第三组织依赖政府等问题得到了一定程度的解决。

　　但是，此种以开发商为后盾、低物管费的运作模式，在现实中也存在业主委员会如何监督物业公司和开发商，低物管费如何保障物业服务质量等诸多亟待解决的问题，桃源居实业（深圳）有限公司董事长李爱君也坦称："'公益'的开发模式为以后埋下隐患，社区建设过分依赖于开发商的'公益'，物业管理亏损完全靠开发商输血，这种繁荣其实是一种假象，做公益事业不能和自己的楼盘挂钩。"①

　　在商品房社区，房产业主与物业公司之间围绕物业权益产生的矛盾日益凸显，导致了一系列业主维权事件的发生。由于桃源居社区分区多期开发，导致20多个小区的居民虽享有同样的物业服务却缴纳不同的物业管理费。这些小区物业管理费共分为10个等级，每平方米从0.8元到2.8元不等。2009年6月，由于社区开发行将结束，桃源居社区工作站、业主委员会、开发商、世外桃源物业公司、居民委员会和社区公益中心召开"六方联席会议"，讨论在桃源居集团（社区开发商）离开后如何保持原有的治理模式。物业公司的代表在会上提出物业公司每年需要靠开发商"输血"来弥补亏损，现在开发商撤离后要自负盈亏，因此要通过提高物业管理费来解决物业运营

① 李爱君."输血"造出的社区繁荣是一种假象［N］.南方都市报，2010-01-08.

亏损和长期以来的"异费同服务"问题。由于提高物业管理费属于业主与物业公司之间的敏感话题,六方经过数次讨论与磋商,才于2009年10月达成一个初步共识:"在开发商撤离社区的前提下,桃源居社区如果仍将实行统一管理,则应适当提高老社区的物业管理费标准,使整个社区的管理费标准体系趋同。"会议还决定,由业主大会投票决定是同费同服务还是异费异服务。其实,无论是以老社区涨物业费来实现同费同服务,还是以降低老社区服务标准来实现异费异服务,对桃源居5万业主而言都是一个艰难的抉择。2009年11月,物业公司向业主委员会提出申请,要求按照"六方联席会议"达成的共识统一管理费。2009年12月24日,业主委员会组织物业管理公司与涉及调费的四个小区业主代表进行谈话;翌日,六方代表又再次与四个小区业主代表进行交流。会后,业主委员会正式公告了物业管理费的调整细节,各有关方面也开始按照程序开展工作。2010年1月4日下午,在清华实验学校就是否统一管理费举行唱票大会。但在大会开始之前,几十名业主强行闯入会场,认为会议组织者以保安冒充业主代表,并以此为由砸扔现场桌椅,致使唱票中止。10日上午,近2 000名业主齐聚桃源居大家乐广场,以业主委员会不作为为由,举行签名罢免业主委员会活动,后在街道办的协调下方才离开。此后,宝安区委区政府与西乡街道办组成专案工作组,进驻桃源居社区开展综合协调工作。从桃源居的管理费风波中可以看出,目前城市商品房社区一个亟待解决的问题是,物业管理企业需要在市场机制下建立起一套服务标准体系,并与业主之间建立起一种质量与价格、权利与义务对等的关系①。

（四）多元协商为特色的"和谐共建促进会模式"

在目前居委会日益趋向"行政化""空心化""边缘化"的背景下,城市

① 物管调价风波引发桃源居5万人"大家庭"面临"合"与"分"大抉择[N].深圳晚报,
2010-01-11(17);杨涛.桃源居引风波 深圳物管费调价难陷恶性循环? [EB/OL].
(2010-01-14)[2019-05-01].http://sz.focus.cn/news/2010-01-14/838937.html;梅云
霞.桃源居拟调物管费引纷争[N].南方都市报,2009-12-28(39);梅云霞.桃源居部分
业主要求罢免业主委员会[N].南方都市报,2010-01-11(25).

治理体制改革开始出现一种在现有体制外寻找制度创新的现象,"体制外创设"的特点比较明显。如龙岗区在各街道各个社区分别成立社区和谐共建促进会。和谐共建促进会通过定期组织议事会议,有助于提高居民对公共事务、社会发展动态、政府政策的认知水平和参与能力,培养其妥协、协作、互助意识,从而实现社区居民的自我管理、自我服务和自我完善。和谐共建促进会成立以来,围绕议事、决策、落实这一主线,全方位参与社区的公共服务和社会管理等各项事务,有序运行,在化矛盾、促发展、构和谐等方面发挥了较大的作用。但是,在目前的城市治理体制中,并没有和谐共建促进会这一组织形态,事实上是在现行体制中多创设出了另一个自治组织。因此,其法定性质模糊、权责义务不明确,这在较大程度上制约着该组织的长远发展。

深圳市龙岗区现下辖11个街道、131个社区工作站(包括新设的2个社区工作站),其中村改居社区(由原来行政村改制或拆分而来)85个,居改社社区(在原来的圩镇居委会以及商品住宅小区基础上建立)46个;龙岗区成立了2个社区党委、127个社区党(总)支部、217个居民小组党支部;成立了140个居民委员会、445个居民小组;共改制组建了254家股份合作公司,其中社区一级的74家,居民小组一级的180家。截至2013年6月,全区106个社区和谐共建促进会组建完毕,共有会员3 248人,其中,外来人员963人,占会员总数的29.6%。

和谐共建促进会由社区居民自发组成,有独立的议事场所,有稳定的资金来源和明确的服务宗旨,并在区民政局进行了备案,其性质为居民自治性组织,会员全部来自社区居民,且均为自愿加入。和谐共建促进会独立运作,居委会对其进行运作指导。其会员由社区内机关、企事业单位,社区党组织、工作站、居委会,社区物业管理公司、社会组织的代表及联络本社区的党代表、人大代表和政协委员十类人群构成。其中,外来人员不少2人。社区居民议事会设常务委员13人,从社区居民议事会成员中推荐产生,其中6人从社区党组织、工作站、居委会的成员中产生。

经过近两年的筹备与实施,和谐共建促进会在平台建设、制度设计、居民自治、矛盾化解、民意整合等方面取得了诸多成效。但由于其组织性质模糊、功能定位不明确、社区居民自治意识淡薄、自治能力薄弱等因素的影响，龙岗区推行和谐共建促进会也面临着许多现实困难和问题。

1. 机构设置缺乏正式法律文本的保障

龙岗区委根据《中共中央办公厅、国务院办公厅印发〈关于加强和改进城市社区居民委员会建设工作的意见〉》的规定，按照《龙岗区推进2012年度深圳市社会建设"风景林工程"项目推进方案》的要求，制定了《龙岗区和谐共建促进会章程》作为指导本区和谐共建促进会实际运作的规范性文件。

根据该章程，和谐共建促进会的会员由居民自荐、居民联名推荐和社区综合党委、工作站、居委会推荐人员组成，会员提出的议题只是表达个人意见，并不能代表其他居民的观点。如图6-3所示，调研组向龙岗区10个街道社区居民发放的1 030份有效问卷中，认为成员代表性非常广泛的居民只占受访人数的12.8%，认为"比较广泛"的占受访人数的45.0%，另外还有26.2%和16.0%的受访人表示"不清楚"和"很有限"。以上调查数据表明，四成以上的社区居民对和谐共建促进会成员的代表性有所质疑，更遑论对"和谐共建促进会"会员议事制度和议事结果的认同。

同时，和谐共建促进会形成的决议对非会员也没有法律约束力，得不到广大居民的认可和执行。因此，龙岗区虽然制定了《龙岗区和谐共建促进会章程》这样的规范性文件，但章程内容对社区居民行为的约束力较弱，也没有具有更高效力的法律、法规或政府规章来保障章程的实施。

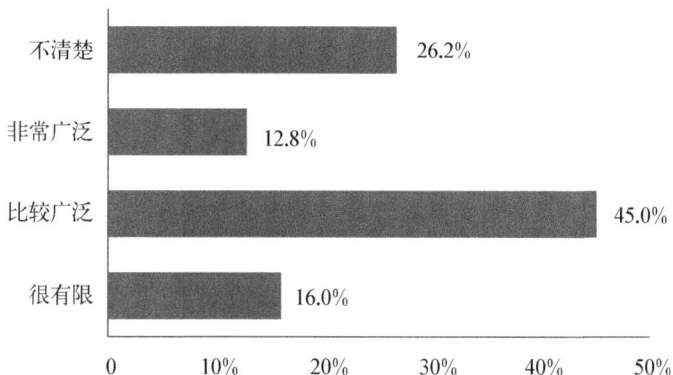

图6-3　和谐共建促进会成员代表性调查结果

2. 组织定性存在自相矛盾之处

一方面,根据《龙岗区和谐共建促进会章程》第二条的规定,"和谐共建促进会是在社区综合党委的领导和社区居委会的指导下,以畅通渠道、汇集民意、促进参与为原则,依法备案成立的社区居民实行自我组织、自我教育、自我管理、自我服务的非营利性社会团体"。作为社团组织的和谐共建促进会,与社区综合党委、工作站、居委会之间并不存在直接的隶属或领导与被领导关系。

另一方面,在实际运转中,和谐共建促进会的组织构成与议事章程都体现了浓厚的行政化色彩。各社区和谐共建促进会的会长、副会长、秘书长的职位往往由社区工作站、居委会、综合党委负责人兼任,会员中体制内的工作人员所占比例也过高。在本次社区居民调查中,约1/4的社区居民对和谐共建促进会人员构成的行政化倾向颇有微词。如图6-4所示,分别有24.8%和2.1%的受访人表示本社区和谐共建促进会成员中政府工作人员所占比重"比较大"和"非常大",另有26.6%的受访人表示对本社区和谐共建促进会成员中政府工作人员占比情况不清楚。

如此一来,不仅加重了已担任多项职务的社区工作人员的负担,而且束缚了和谐共建促进会自身的发展。不少兼任和谐共建促进会会员的社区工作人员为了减轻压力,要么直接缩减和谐共建促进会的日常工作量,要么按照社区工作站的工作方式开展和谐共建促进会活动,使得和谐共建促进会居民的自治性大打折扣,也违背了设立和谐共建促进会实现居民自治、完善

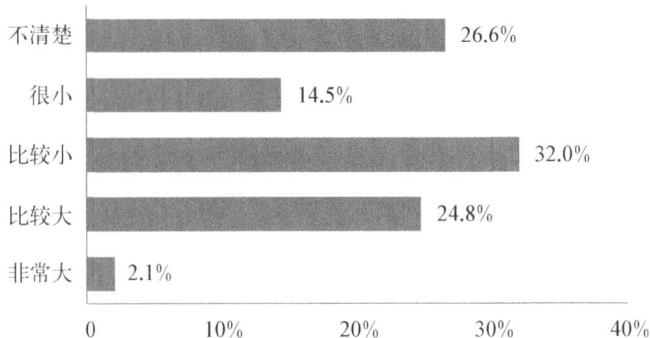

图6-4　和谐共建促进会成员中政府工作人员占比调查结果

基层治理的初衷。

3. 与其他平行基层组织的关系不明确

目前社区主要组织有综合党委、居委会、工作站、股份合作公司。和谐共建促进会的功能不容易发挥，居民也难以辨别和谐共建促进会与其他机构的区别。根据本次调查数据显示，只有18.4%的社区居民表示很清楚和谐共建促进会与社区居委会、工作站等其他组织的区别，52.4%的居民表示知道一点；此外，分别有21.0%和8.0%的受访人表示"很难区分"和"完全不能区分"它们之间的差别（见图6-5）。

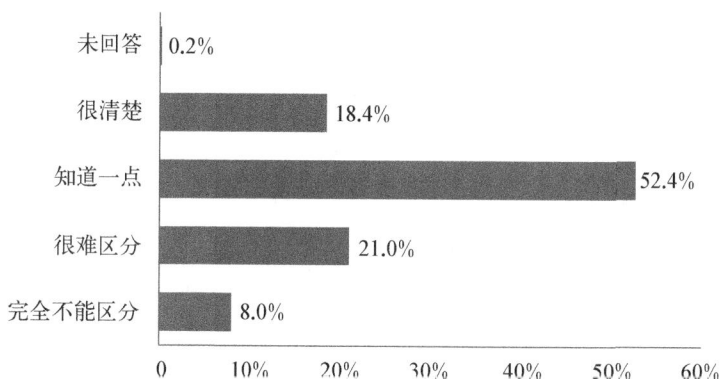

图6-5　居民能否辨别和谐共建促进会与居委会、社区工作站等组织的区别的调查结果

更有甚者，一些社区居民和社区工作站的工作人员认为，和谐共建促进会的社区自治功能与社区综合党委、居委会、业主委员会服务居民的功能重叠，和谐共建促进会与社区的其他自治组织没有区别，因此没有必要成立和谐共建促进会。居民调查数据也突出地反映了这一问题，只有49.5%的受访人认为和谐共建促进会"有必要"存在，10.3%的受访人未回答这一问题，另有31.0%的受访人表示它"可有可无"，9.3%的受访人认为它"完全没必要"存在，如图6-6所示。

不仅如此，社区居委会、社区业主大会对和谐共建促进会的认识也不统一，没有形成协同参与社区建设的共识。一方面，社区居委会、工作站在开展社区和谐共建工作中，没有把和谐共建促进会作为参与主体的重要力量；另一方面，和谐共建促进会本身的制度设计也没有与社区居委会、工作

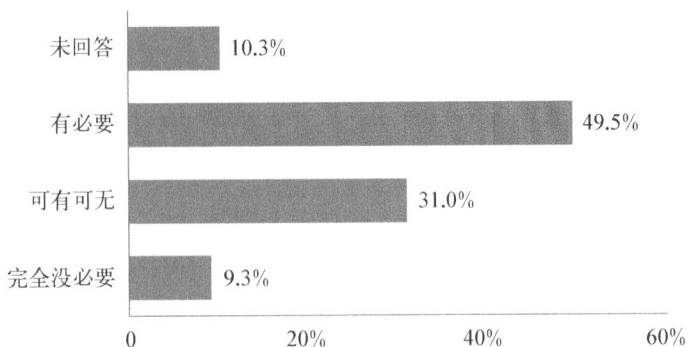

图6-6　居民是否认为和谐共建促进会有存在必要的调查结果

站建立常规化的对接关系,使得后者在工作程序上往往绕开和谐共建促进会,从而大大限制了和谐共建促进会作用的发挥。

4. 与上级政府职能部门的关系不明确

和谐共建促进会作为非营利性社会团体,按照我国《社会团体登记管理条例》的规定,应当经业务主管单位审查同意,在民政局予以登记。但在目前的实际运作中,和谐共建促进会普遍只是在所属街道备案,而非进行法定登记,由此导致两方面的困境:一方面,和谐共建促进会不具备社团法人的法律资格,给和谐共建促进会的资金筹集、活动开展等方面带来了困难;另一方面,当和谐共建促进会在遇到涉及范围广、人数多、影响大的社区"棘手"问题时,和谐共建促进会仅依靠自身力量很难解决,对上级政府职能部门会有较强的依赖性,但由于其主管单位不明确,政府职能部门对和谐共建促进会的工作没有形成常规性、制度性的协助处理机制,因此导致和谐共建促进会经常出现议事结果难解决的现象。长此以往,必然影响社区居民、社会各界力量参与和谐共建促进会的积极性。由此,不少政府机关工作人员、和谐共建促进会会员都要求明确和谐共建促进会的主管部门的归属以及和谐共建促进会与该主管单位的协助工作机制。

三、社会治理改革的路径依赖和问题分析 ▷▷

道格拉斯·诺思认为在制度变迁进程中存在"路径依赖"(Path

Dependence）和 "自我增强机制"（Self-reinforcing Mechanisms）问题。他认为，制度一旦形成，往往会产生一种 "路径依赖" 的强大惯性，使得之后的人们往往只能按照既有路径行事，制度在演进过程中还会 "自我强化"，甚至可能顺着错误的路径和方向下滑，导致制度变迁被 "锁定"（lock-in）在某种无效率或低效率的停滞状态，而一旦进入此种锁定状态，制度变迁就颇难摆脱和超越既有制度的制约。

由于受传统政府管制体制的影响，导致行政权力在自治领域过度延伸。目前，深圳的城市基层社会管理体制仍然保留着一定的管制色彩，具体表现为区政府各职能部门、街道办、社区工作站之间的职责关系还不够顺畅，多头管理和任务简单下放现象比较突出，市、区、街道、社区四级社会管理体制，在居委会运作、业委会管理、社会组织发展、公共服务提供等方面，存在一些迫切需要解决的现实问题。

（一）"两级政府、四级管理" 的体制依赖

虽然深圳率先开启了中国的经济市场化改革进程，在城市治理体制变迁进程中也进行了 "蛇口工业区选举试验" "三轮两票制" "居企分离" "议行分设" "居站分离" 等民主自治导向性的改革，社会组织也得到了较大发展。但是，深圳总体上在体制上仍然沿袭了国内传统的 "市—区—街道—社区" 的 "两级政府、四级管理" 城市治理格局（见图6-7），一些民主选举改革实践被搁置。在城市治理体制层面，深圳不但没有摆脱传统权力干预式的管控模式，相反由于经济快速发展导致大量流动人口聚集，以及陌生社会缺乏城市文化认同，其城市治理体制相较于其他城市更加依赖于政府的管制。目前，深圳下辖六个行政区和四个新区：福田区、罗湖区、南山区、盐田区、宝安区、龙岗区和光明新区、坪山新区、龙华新区、大鹏新区。自2010年7月1日起，深圳经济特区范围延伸到全市。

正是这种体制变迁的 "路径依赖"，导致在现阶段的城市治理组织架构中，原本作为派出机构的街道办，又下设了行政化色彩较浓的社区工作站，出现基层管理层级过多，街道办呈现出 "二传手" 的趋势。大量行政性事务下沉到社区工作站，其承担了大量的基层建设和社会维稳等具体社会治理

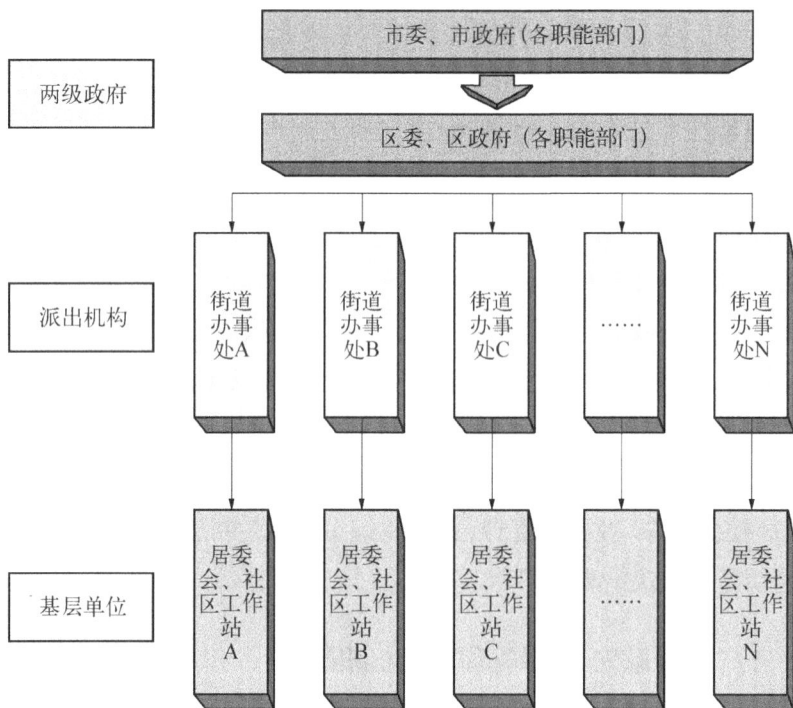

图6-7　"两级政府、四级管理"社会治理架构

工作任务。街道办和社区工作站工作人员忙于应付各种检查,无暇顾及与居民的沟通,坐在办公室管理的现象较为突出;加之工作站又无执法权,人口管理、治安、消防、查违等诸多实际工作事实上难以深入社区,较多社会治理工作流于形式。

市区"多头"职能部门都"单向"地给街道和社区工作站委派任务,社会建设和管理的合力难以形成,导致街道办和社区工作站疲于应付各种考核、检查、评比、创建等活动,增加了行政成本,影响了行政效率,如图6-8所示。某些职能部门进行的一些创新探索,在落实过程中,一些举措往往难以得到其他部门的配合和支持,导致行政资源不能有效整合,各部门独立行事的困境制约着城市基层社会治理体制创新的深入推进。

上级各职能部门之间缺乏经常性的工作协调机制,片面强调各部门自身的任务和要求,社会治理的信息数据共享平台暂未建立。例如,各职能部门要求社区提供统计数据时,所需要的统计口径并不一致,甚至同一部门做

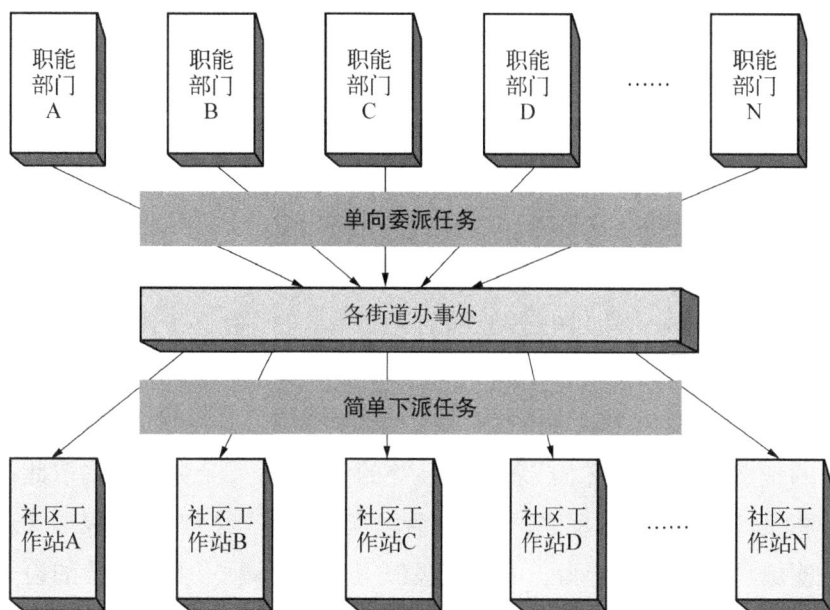

图6-8 相关职能部门—街道办事处—社区工作站任务分派方式

同一类调查时每次下发的表格格式都不一样,造成社区工作人员经常性重复上门、重复登记。社区工作站原本已经积累一定的数据资料,只要工作要求规范化,采用统一、固定的格式,就可以通过数据库自动调取数据。但由于上级职能部门的要求经常变动,使得社区工作站经常要重新搜集数据并填报。这种相对原始的登记手段,大大增加了社区工作站的工作量,效率低下,在收集资料时还人为制造了工作人员与居民的矛盾。此外,相关职能部门有时下达任务只是发份文件,社区工作人员由于缺少专业知识,又得不到相应的指导,在开展工作或执行任务中困难重重,遇到问题不知所措,很多工作并不能完全做到位。

(二)"主管责任"与"属地责任"的现实冲突

基于"属地管理"原则,只要在街道办所管的辖区范围内发生的任何事件,街道办都必须掌握和处理。根据这一原则,市区各职能部门把大量工作任务下放到街道办,对于上级政府下达的文件、指示精神,区政府也常会直接转发至街道办,并定期进行检查、考核,还会不时增设一些"一票否决"

项,增大了街道办的工作压力。此外,还有许多在街道办之外能单独行使行政权的职能部门,如公安、消防、工商局、劳动和社会保障局、城管等部门,在"属地管理"原则下,也常向街道办布置任务,淡化了主管职能部门自身的责任。由于各部门都是自行安排工作,部门之间缺乏协调,下达任务有一定的随意性,使得街道办无法以统一、规范的工作模式来完成,工作量大且效率低下。街道办通常只能把精力集中在社会安全、计生等个别"重点工作"上,对其他工作则可能采取应付的态度,或者再简单下放到社区工作站。

从制度经济学的角度来看,公务人员在行政管理过程中偏向于采取何种行为,在很大程度上取决于其对具体行政行为的成本和收益的预期,当该行为的预期收益大于成本或者并非纯粹的负收益时,公务人员采取此种行为的积极性就会增加;反之,他们就会以规避、拖延、应付等消极形式选择性地实施具体的行政行为。由于上级部门片面强调"一票否决"的检查项目,从而导致街道社区的工作人员往往只重视一些核心的检查项目,其他契合居民需求的社区服务工作常常被搁置或忽视。"重检查、轻服务"使得城市基层治理工作的开展较为被动。

例如,单就计划生育检查而言,一年大大小小的检查有8次之多,有的街道每个月都要进行一次检查,由于计生实行"一票否决"制,检查结果的好坏,直接影响到区、街道等部门的直接利益,因此社区人员的全部精力都放在迎检工作上,其次才顾及其他工作。除了"一票否决"的检查外,其他大大小小的检查也都对社区工作站的工作人员构成较大压力,结果不理想会直接导致其受罚。而相比之下,社会服务类工作是否高质量完成对工作人员的影响较小。在这种机制下,社区工作站往往把有限的精力都用于应付检查,无暇顾及社区服务类的工作。

近年来,由于政府强调管理重心下移,未执行社区工作准入制度,致使社区工作负担过重。据不完全统计,目前社区工作站负责的工作多达26类、125项,其中长期性工作有100多项,临时性工作有20多项,有60多项属于社会工作类,日常需要排查和统计的工作有100多项,需要迎接各个职能部门检查的工作有121项,如表6-1所示。工作任务明显加重,导致社区工作站无暇顾及其职责内的服务类工作,难以为居民提供人性化和高效率的社区服务。

表6-1　社区工作站的工作类别及具体内容

序号	工作类别	具　体　内　容
1	信访工作类 （5项）	① 信访投诉核查上报工作；② 各类矛盾隐患排查工作；③ 各类矛盾调解工作；④ 群体事件应急工作；⑤ 司法宣传工作
2	党建工作类 （7项）	① 基层党组织建设；② 组织党员学习工作；③ 流动党员管理工作；④ 组织党员活动；⑤ 培养发展新党员；⑥ 困难党员的帮扶慰问工作；⑦ 党务宣传工作
3	统侨台商工作类 （3项）	① 统战工作；② 侨务调查工作；③ 宣传工作
4	政法工作类 （7项）	① 社会治安综治工作；② 安全文明小区管理工作；③ 维稳工作；④ "6·10" 工作；⑤ 禁毒工作；⑥ 群防群治工作；⑦ 人防技防工作
5	武装工作类 （3项）	① 征兵工作；② 民兵集训工作；③ 民兵应急工作
6	交通安全工作类 （2项）	① 交通安全宣传；② 铁路沿线安全宣传工作
7	工会工作类 （5项）	① 基层工会建设工作；② 企业工会费收缴工作；③ 工会维权工作；④ 工会宣传工作；⑤ 工会统计工作
8	团青妇工作类 （6项）	① 关工委工作；② 妇女工作；③ 共青团工作；④ 宣传工作；⑤ 统计工作；⑥ 组织开展各类活动
9	义工联工作类 （2项）	① 社区义工队组织工作；② 义工联活动
10	科协工作类 （3项）	① 科普协会建设工作；② 科普宣传工作；③ 组织开展科普活动
11	民政工作类 （11项）	① 拥军优抚工作；② 清坟工作；③ 低保工作；④ 星光计划工作；⑤ 复退人员工作；⑥ 拥军共建工作；⑦ 居务站务公开工作；⑧ 低收入人员保障工作；⑨ 居家养老服务工作；⑩ 老年优待证申办工作；⑪ 民政类统计工作
12	劳动工作类 （4项）	① 下岗再就业工作；② 劳动保障工作；③ 劳资纠纷调解工作；④ 劳动统计工作
13	农林水工作类 （3项）	① 农业普查工作；② 森林防火工作；③ 水力资源普查工作

（续表）

序号	工作类别	具　体　内　容
14	文化工作类（5项）	① 文化宣传发动工作；② 社区群众文艺队伍组织工作；③ 组织社区文艺活动；④ 大家乐舞台兴建申报工作；⑤ 公用文化设施维护管理工作
15	卫生工作类（4项）	① 初级保障工作；② 精神病防治工作；③ 精神病随访工作；④ 协助社区健康服务中心工作
16	计生工作类（11项）	① 户籍人口育龄妇女工作；② 流动人口育龄妇女工作；③ 计生统计工作；④ 育龄妇女查验证工作；⑤ 育龄妇女查环查孕工作；⑥ 计生协会工作；⑦ 计生宣教工作、生殖健康宣教工作；⑨ 优生优育工作；⑩ 避孕药具发放工作；⑪ 省、市、区、街道检查考核工作（每年度8次以上，一票否决）
17	环保工作类（3项）	① 环保污染普查工作；② 环保法规宣传工作；③ 协助环保执法查处工作
18	城管工作类（14项）	① 市容环境卫生工作；② 市政管理工作；③ 清查违建房工作；④ 植树绿化工作；⑤ 消杀工作；⑥ 梳理行动后续管理工作；⑦ 旧屋村管线整治工作；⑧ 地下管网排水排污整治工作；⑨ 犬只管理工作；⑩ 旧城改造工作；⑪ 门前“三包”工作；⑫ 卫生达标村创建工作；⑬ 除“四害”工作；⑭ 旧屋村卫生费收缴工作
19	安全监督工作类（3项）	① 安全生产检查工作；② 安全生产工作；③ 安全生产类统计工作
20	体育工作类（5项）	① 社区群众体育队伍组织工作；② 组织社区体育活动；③ 公用体育设施兴建申报工作；④ 公用体育设施维护管理工作；⑤ 省、市体育先进社区创建工作
21	残联工作类（5项）	① 残疾人康复工作；② 残疾人随访工作；③ 收缴企业残保金工作；④ 组织残疾人参加活动；⑤ 残联统计工作
22	出租屋管理工作类（2项）	① 出租屋人口登记信息采集管理工作；② 市、区、街道检查考核工作（每季度检查考核1次以上）
23	档案管理工作类（1项）	档案分类管理工作
24	工商工作类（4项）	① 无证经营登记工作；② 无牌无证经营清理工作；③ 协助工商部门执法工作；④ 工商管理宣传工作
25	社会保障工作类（3项）	① 低保户随访工作；② 老年社保工作；③ 社会保障统计工作

（续表）

序号	工作类别	具　体　内　容
26	消防安全工作类（4项）	① 消防安全检查工作；② 消防安全统计工作；③ 消防安全宣传工作；④ 配合消防部门执法工作
合计		26类,共125项

　　另据调研统计,街道和社区开具各类证明和加盖公章的事项分别高达75项和134项之多,且诸多盖章事务是没有法理依据的。而社区工作站是根据《深圳市社区工作站管理试行办法》(深办〔2006〕45号)的规定设立的,一般只配置5~7名工作人员和8~10名协管员,其主要工作是按以上规定的第二条第二款"社区工作站是政府在社区的服务平台,协助、配合政府及其工作部门在社区开展工作,为社区居民提供服务"。现在社区工作站的工作已不仅仅是"协助、配合政府及其工作部门在社区开展工作",而是常年忙于应付政府各部门下达的各种排查、数据统计和迎检工作。

（三）"压力型体制"与"倒三角漏斗"的管制模式

　　"压力型体制"指的是各级地方党政组织为了实现经济赶超和其他目标,采取任务数量化分解和高度物质化奖惩相结合的管理手段和方式。为了完成任务与指标,地方各级政治组织(以党委、政府为核心)把任务和指标层层量化分解,落实到下级组织以及个人,令其在规定时间内完成,然后根据完成情况给予政治和经济方面的奖惩。由于主要任务和指标的评价方式是"一票否决"制,即一旦某项任务未达标,即视其全年成绩为零,取消奖励资格,所以各级组织实际上是在"零和博弈"式的评价体系的压迫下运行的①。因此,压力型体制是指下级政府主要迫于压力而完成上级政府布置的任务和各项指标,上下级政府间处于压力状态之下②。

---

① 杨雪冬.压力型体制:一个概念的简明史[J].社会科学,2012(11):4-12.
② 荣敬本,等.从压力型体制向民主合作型体制的转变[M].北京:中央编译局出版社,1998.

（1）行政事务进社区不受限制。就深圳而言，按照《深圳市街道办事处工作规定》第十九条规定，"市、区人民政府所属工作部门不得直接向街道办事处下达任务，确需街道办事处协助完成的任务，应由市或区人民政府布置下达"；以及第二十条"市、区人民政府有关职能部门根据工作需要，并分别报经市或区人民政府批准，可在街道办事处设立派驻机构。派驻机构应尊重街道办事处的职权，接受街道办事处的协调，支持街道办事处的工作"。《深圳市社区工作站管理试行办法》（深办〔2006〕45号）第八条也规定，"政府工作部门不得直接向社区工作站委派工作任务，凡需社区工作站协助完成或承办的工作事项，必须经区社区建设工作委员会审核批准。政府工作部门要求社区工作站协助或承办的临时性、非常规性工作，应实行'费随事转'，并提供必要的工作条件"。

但近年由于政府强调工作重心下移，一些政府职能部门便借此机会随意向街道或工作站下派工作任务。只要在街道办和社区工作站所管的辖区范围内发生的任何事件，街道办和社区工作站都必须处理和解决，形成"上面千条线，下面一根针"的状况。比如，工商登记要求工作站完成提供"场地使用证明"的事项。据当时国家工商总局关于市场主体经营场所使用证明的相关规定①，除个体工商户的经营场所"无法提交经营场所产权证明的"，需要"政府批准设立的各类开发区管委会、村居民委员会"出具证明外，其他均无须当地社区工作站出具证明，这属于工商行政管理部门私自设置行政许可前置条件，违反了《中华人民共和国行政许可证法》第十五条第二款"地方性法规和省、自治区、直辖市人民政府规章，不得设定应当由国家统一确定的公民、法人或者其他组织的资格、资质的行政许可；不得设定

---

① 2009年4月发布的国家工商行政管理总局《关于印发〈内资登记申请提交材料规范〉和〈内资企业登记文书规范〉的通知》（工商企字〔2009〕83号）；2004年7月发布的国家工商行政管理总局《关于印发〈个体工商户、个人独资企业、合伙企业登记申请材料及格式规范〉的通知》（工商个字〔2004〕118号）；2007年5月发布的国家工商总局《关于做好合伙企业登记管理工作的通知》（工商个字〔2007〕108号）；2011年11月将执行的国家工商总局《关于印发〈个体工商户登记文书格式规范〉的通知》。

企业或者其他组织的设立登记及其前置性行政许可。其设定的行政许可,不得限制其他地区的个人或者企业到本地区从事生产经营和提供服务,不得限制其他地区的商品进入本地区市场"的规定,增加了工作站的工作负担。类似还有一些证明事项,如出国证明、购买住房证明、火化补助申请、养犬证明、财产拥有人证明、居民年收入证明、住房证明、房屋产权证明、遗产证明等,社区工作站处于"开也不是,不开也不是"的两难境地,由此衍生出许多社区矛盾。

（2）社区工作事项考核设置不合规定。按市政府规定"社区工作站是政府在社区的服务平台,协助、配合政府及其工作部门在社区开展工作,为社区居民提供服务"。其主要职责是协助政府职能部门发现问题、处理问题。现在由于片面强调街道和社区的"属地责任",将一些与社区工作站的性质不匹配、按规定需要行政执法部门才能完成的事项交工作站处理,导致社区工作站疲于应付各种检查。比如,将社区工作站排查的消防安全隐患放上网格,消防部门自己不及时处理,还以网格中未处理事项来认定社区工作站工作不到位。本应由政府职能部门完成的工作职责,交社区工作站处理并纳入考核范围,政府职能部门由责任主体变为考核主管部门,不仅违反了《深圳市行政执法主体公告管理规定》(深圳市政府令第126号)第四条关于"行政执法主体应当在市政府公告的职责和权限内依法实施执法活动。未经公告或者超越公告的职责和权限范围的执法活动无效"的规定,还增加了社区工作站的工作负担。

（3）各职能部门的工作联动性不强。由于区、街道各职能部门和科室之间缺乏常态化的工作联动协调机制,片面强调各部门自身的任务要求,社会管理的信息数据共享平台暂未建立。因此,人为地给工作站增加了诸多重复性工作。

市、区、街道、社区的工作关系就像一个"倒三角漏斗",市、区政府的各个职能部门组成这个倒三角形的主要部分,而社区工作站则处于这个倒三角漏斗靠下方的位置,各个职能部门下发的工作任务,都交由社区落实,行政事务进社区的随意性很强,导致社区工作站难以应付,居民成为管理的末梢而非服务的对象(见图6-9)。

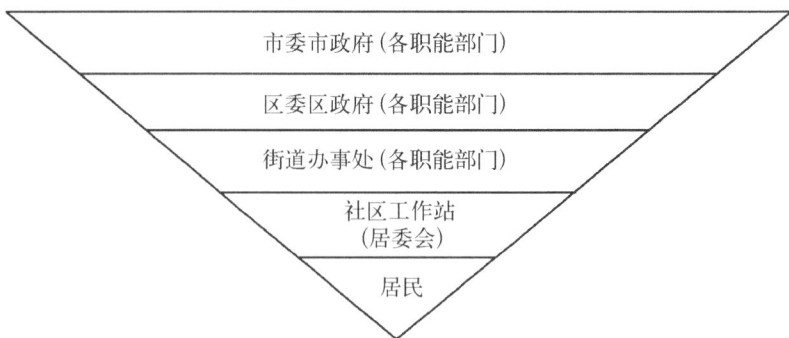

图6-9　市—区—街道—社区工作关系的"倒三角漏斗"

（四）社会治理"法治化"水平欠缺

街道综合执法的意义在于快速、及时地处理基层的一些违法行为，维护社区的良好法治环境。但在现实中，城市基层综合执法远未达到预期的效果。因执法难到位引发居民的大量投诉，社区内时有暴力冲突、集体上访等事件发生，影响了社区的和谐稳定。执法队虽然投入了大量的人力、物力，但是常常面临各种抗法、拒不配合执法的现象。如查违建时常吃"闭门羹"，被挡门外无法入户察看，查非法屠宰时被人提刀追砍，执法人员"出力出汗还要出血"，执法活动困难重重。又如居民小区违法饲养信鸽和宠物、非法开办午托班、居民楼非法开办公司、乱搭乱建占用消防通道、居民楼非法改为货物仓库、乱摆摊和超门店经营、"黑煤气"经营等违法问题长期得不到有效解决，既有损法律的威严，又引发了居民的违法效仿行为，导致上述问题的原因主要有如下几个方面。

（1）执法主体职责不明确。如《深圳经济特区消防条例》（2009年修订）第六十五条规定"公安机关消防机构、公安派出所应当按照规定的职责范围履行消防监督职责，建立执法责任制"，消防安全执法检查主体为公安机关消防机构和公安派出所，街道办事处只承担协助公安机关消防机构开展消防监督检查的责任。但按照深圳消防安全网格化管理的要求，大量消防安全日常管理职责落在了街道和社区身上，街道和社区检查处理消防问题的主体资格不合格，权责不对等，管理效果有限。

（2）街道执法队存在角色冲突。由于部门执法与综合执法关系不顺，职能部门执法的主体责任逐渐淡化，街道执法队执法过程中存在角色冲突，大大影响了执法效果。比如，目前街道执法队承担了城管综合执法与土地规划监察的双重任务，存在"一班人马、一部用车、两套制服、两套执法证、两套法律文书"的现象，在执法过程中执法队员经常需要更换制服、变换身份，甚至开着城管执法队的车去执行土地规划监察任务，引发居民的不满和投诉。

（3）无法可依窘境难破解。在基层综合执法过程中，执法队时常面临着部分执法事项无法可依的窘境，导致执法活动难以开展。如针对违建现象，目前尚无法律对执法人员进门执法、限制人身自由等强制性权力做出明确规定。在实际执法过程中，往往存在违法当事人"闭门不开"阻挠执法现象，影响了执法效果，而当事人违法成本较低，致使违法现象久查未绝，暴力抗法事件也屡见不鲜。

（4）法律法规缺乏可操作性。部分法律、法规和规章没有明确的执法细则，不易操作，导致执法效果差。如信鸽饲养问题，《深圳经济特区市容和环境卫生管理条例》（2011 年修正本）并没有对其中第五十条"因教学、科研以及其他特殊需要饲养"的例外情况的认定和相关审批部门做出明确规定，致使违规养鸽的现象难以被查处，由此导致了邻里矛盾。又如《深圳经济特区消防条例》（2009 年修订版）第十六条、第十七条明确了出租人及承租人的消防安全责任，但未规定公安消防机构对其违法行为如何进行处罚，因此该条例对出租人和承租人并无约束力。再如《深圳市燃气条例》（2006年）第二十七条虽明令禁止购买"黑煤气"，但第三十八条又将"直接为预约用户提供送气服务"排除在外，而"预约送气"很难认定，并且条例并无相应的具体处罚标准，导致非法经营燃气现象难以杜绝。

（5）执法工作人员缺乏专业知识。街道综合执法在实际工作中，涉及的专业领域较多，对执法人员的专业素质要求较高，甚至部分执法事项还需掌握专门的检查技术。但目前各个街道综合执法队执法专业知识较为缺乏，且协管员或临时聘用人员占据街道综合执法队的多数。如深圳市某区 8个街道总计有 695 名综合执法人员，因编制的限制，其中在编的仅有 168 人，而临聘人员与协管员合计则多达 527 人，占执法队总人数的近 76%；综合执行人员的文化程度上以高中为主,占比为49%,拥有大专学历的只有8%,本科及以上学历的也仅为22%,而整个综合执法队拥有法律专业背景的人则更少,合计仅有47人,占比约为7%(见表6-2)。

表6-2　深圳市某区街道综合执法队人员文化程度状况统计

街道名称	综合执法队（人）				文　化　程　度						法律专业毕业人数
	总人数	在编	临聘	协管	高中（中专）以下	占比	大专	占比	本科以上	占比	
A街道	103	19	4	80	1	5%	4	21%	14	74%	2
B街道	99	21	5	73	73	74%	5	5%	21	21%	6
C街道	99	19	10	70	70	71%	9	9.1%	20	20.2%	9
D街道	52	17	0	35	29	75%	8	15%	15	10%	1
E街道	99	18	7	74	74	75%	7	7%	18	18%	9
F街道	80	26	0	54	50	62%	8	10%	22	27%	3
G街道	68	22	2	44	40	59%	7	10%	21	31%	8
H街道	95	26	10	59	2	7%	9	34%	24	92%	9
合计	695	168	38	489	339	49%	57	8%	155	22%	47

注:因协管员流动性大,A街道和H街道文化程度项,只按在编人数统计。

现在大多数城市普遍存在基础设施老化和危房旧屋的问题,不仅有着诸多安全隐患,而且影响了居民的正常生活,其生成原因与房屋产权保护制度、相关法律法规的不健全有着重要关系。如深圳市南山区除粤海街道外,其他7个街道均存在数量不等的危房旧屋,总计有4 201栋、2 582 093.63平方米,涉及人数超过65 212人。其中,南山和南头是旧屋数量最多、旧屋总面积最大、涉及人数也最多的两个街道。这些危房旧屋大多修建年代久远,安全隐患多,90%以上租给外来人员,管理难度较大。此类危房旧屋多处于改造难的境地,目前仅靠"政府回租"的方式难以根除隐患,影响居民的生命财产安全。

又如,一些城市街区普遍存在基础设施老化陈旧问题,地下排洪、排污设施及管线建设年代久远,破损严重,且超负荷运转。社区内的燃气管道、井盖等尚没有全面改造,部分社区还存在变电器与电线老化、文体设施破损或建设不足等问题,存在很多安全隐患,影响了居民的正常生活,居民对此意见较大,普遍对更新基础设施、建设大型公园与室外活动场所的呼声较高,导致上述问题的主要原因如下:

（1）危房旧屋改造无明确的法规政策。危房旧屋特别是许多独门独栋的危房旧屋改造难以适用《深圳市城市更新办法》(2009)、《深圳市危房拆除重建规划管理规定》(2013)、《深圳市原村民非商品住宅建设暂行办法》(2006)、《深圳市城中村(旧村)改造暂行办法》(2004)等规定,实际处于法规政策的空白地带。旧屋改造的审批程序、办法、条件、标准和资金等都无政策法规的明确规定,处于既不能修缮或拆除重建,也不能进行有效管理的两难境地,存在较大安全隐患。

（2）"政府回租"危房旧屋治标难治本。如南山区于2008年9月曾印发《南山区城中村危险房屋整治实施方案》(深南府办〔2008〕59号),明确提出对辖区城中村居民旧房经专业机构鉴定其危险程度为C、D级的危险房屋进行专项整治,采取政府回租和加固翻修的办法消除安全隐患。政府回租虽然一定程度上减少了安全隐患,但由于每平方米10～15元的租金,达不到业主要求,业主意见较大。同时,政府每月要支付巨额的租金,财政压力较大,且回租的实施、管理及回租后的监督又耗费基层大量的人力和物力。

（3）尚没有明确的基础设施更新改造规划。虽然《深圳市城市更新办法》(2009)、《深圳市城市更新办法实施细则》(2012)等文件中对城市公共基础设施与文体活动设施更新改造有相应的规定。但目前深圳尚没有制定明确的整体性更新改造规划,许多老化的基础设施仅是小范围的修修补补,难以完全根除隐患。而公共文体活动设施建设由于早期规划预计不足,大多受场地限制,并且安装时未考虑维护和管理经费以及管理主体单位问题,一些年久失修的公共文体活动设施得不到全面修缮,引发新的安全隐患。

（五）"公民社会"理念的提出与沉寂

深圳于2006年就提出了"公民社会,共同成长"的理念;2008年,深圳首次将"公民社会"写入政府工作报告；2008年5月，深圳市曾在网上公布了两份有关政治和行政改革的文件草案，即《中共深圳市委、深圳市人民政府关于建设社会主义示范市的若干意见（征求意见稿）》与《深圳市近期改革纲要（征求意见稿）》。2010年，深圳市委领导表示，"建设中国特色的公民社会，深圳一定会走在全国前列"，"我们希望更早建立公民社会"。在2010年11月举行的深圳市委全会上，深圳"十二五"规划的建议获得通过，深圳率先提出建立现代公民社会，这也是全国第一个将"公民社会"概念写进"十二五"规划建议稿当中的城市。这在一定程度上反映了在社会转型的复杂背景下，政府对公民社会理念的认同，以及想要推进社会领域改革和政治发展的积极姿态。2011年10月10日，深圳市委领导强调"要让一流的法治成为深圳经济特区新时期更为显著的城市特质，成为深圳最具竞争力的创新创业环境，成为深圳建设现代化国际化先进城市的坚强保障"。但是，此后"公民社会"理念逐渐淡化，这在一定程度上反映出在体制改革层面，地方政府的相对局限性，地方的一些体制性改革仍然高度依赖中央层面的授权和认可。

（六）房产业主维权事件频发

改革开放以来，随着住房商品化改革的逐步深入，我国城市住宅产权体制发生了重大变化，物业公司和业主委员会也随之如雨后春笋般涌现。1981年3月10日，深圳市成立了我国内地第一家专业性的物业公司——深圳市物业公司，开始对我国第一个商品房小区——东湖丽苑实行专业化的物业管理。而业主委员会作为新兴的业主自治组织是在十年之后才逐步发展起来的。1991年9月，在借鉴中国香港、新加坡等地有关业主管理房屋的经验的基础上，我国第一个业主委员会在深圳万科公司的地产处女作——深圳天景花园成立。但当时并非称为"业主委员会"，而是叫作"业主管理委员会"。业主委员会起源于民生纠纷的处理过程中。当时，天景花园物业管理处因为按照市政府的价格政策，对业主商住楼宇用电按照商业用电标准收费，引起小区业主不满。物业管理处夹在供电局和业主之间，无能为力。一次偶然的机会，一位业主利用私人关系处理好了困扰物业管理处许久的难题,天景花园从此按照居民用电收费。这个偶然事件就成为天景花园成立业主委员会的重要契机。在万科房地产公司的支持下,天景花园业主委员会作为中国第一个业主委员会宣告成立。这个新生的社会组织在当时被誉为"世纪创造"。之后,业主委员会这一模式获得了深圳政府主管部门的认可,成为1994年颁发实行的《深圳市经济特区物业管理条例》的重要内容之一。1996年3月,天景花园业主委员会注册为社团法人。

由于房地产市场发展的不规范、相关产权制度的缺失以及有关行政主管部门不作为、行政管理不善、行政干预失当等现象的出现,自20世纪90年代至今,作为住房商品化改革的先行城市,深圳比较早地出现了一些业主维权事件,业主委员会的兴起对于传统单位体制下的社区管理模式形成了现实挑战。业主维权过程中的矛盾和冲突呈升级态势,业主封堵道路、与纠纷方发生肢体冲突、大规模集体上访等事件经常见诸报端和网络媒体,引起了社会各界的广泛关注,其中一些典型案例包括"丰泽湖山庄事件""鼎太风华事件""滢水山庄事件""西部通道事件"等。

业主维权逐渐趋向组织化的联合,业主不再局限于利用单个物业区域内的业主委员会来表达和实现物业权益,而且逐渐通过自由组合一些"非正式组织"来表达诉求。如深圳的一些业主较早就向政府提交了组建"深圳市业主联合会"的联名信,试图谋求与"深圳市物业管理协会"并驾齐驱的组织地位。虽然政府层面最终没有批准成立"深圳市业主联合会",但是在实践中事实上已经形成非法定、非正式的业主联合组织。2012年,深圳的业主论坛成立。它是由深圳大学社会管理创新研究所、《住宅与房地产》杂志社牵头,12位热心小区公共事务人士发起的民间学术交流平台,以探讨小区公共事务、调解小区纠纷、促进小区和谐为宗旨。该论坛通过探讨国内外小区治理先进经验,结合深圳的实情,致力于探寻适合本地发展的小区治理模式,鼓励和促进小区发展实践,为实现各个小区的和谐不懈努力。深圳业主论坛的主要活动形式是每月举行一次论坛,探讨、交流社区建设中的各类问题。

现阶段,业主、业主委员会、房地产开发商、物业公司、住宅行政主管部门之间围绕住宅区内各类物业形式及社区自治权发生了诸多纠纷甚至冲突,业主与居民委员会、街道办事处在有关社区管理问题上也存在诸多纷争和矛盾,社区物业纠纷越来越多并日趋复杂化,业主维权日渐成为一种普遍的社会现象。业主维权动机逐渐从最初单纯的经济利益诉求,开始向为维护经济权益、追求社区自治权利和有关民主政治权利转变,"经济利益性维权""自治权利性维权""政治权利性维权"日渐呈现出相互渗透和融合的态势。在维权的组织化程度方面,"个体自发式维权"开始向"群体自觉式维权"和"团体组织化维权"过渡,维权主体正处于组织化过程之中;在维权方式上,除行政式维权和司法式维权之外,还出现了技术式维权、商业式维权、职业式维权、参与式维权等新形式,维权方式日趋多样化和专业化。一些维权精英为更好地维护自身及所代表的业主群体的利益,开始积极参与各类活动以影响公共政策及有关规则的制定。社区业主维权动机多元化、维权主体组织化、维权方式多样化和专业化、维权活动政治化趋势初见端倪,这也必将对深圳的城市社会治理产生重大而深刻的影响。

四、社会治理的发展趋向和改革建议 ▷▷

(一)提升政府在社会治理中的依法"管治"能力

1. 逐步理顺社会治理体制

探索街道办事处和社区工作站的层级缩减和职能整合改革试点。借鉴国内外城市治理体制改革成功的经验,按照"扁平、精简、高效"的原则,尝试推进街道办事处和社区工作站的层级缩减和职能整合改革,形成"区—街道(大社区)"的扁平化社会治理格局。

明晰社区工作站的主要职责清单,明确社区工作站应该承担的工作任务和考核标准,对其目前承担的繁杂工作进行全面清理和优化组合,剥离其违规承担的一些核定职能外的工作,逐步明晰社区工作站的组织性质和职责范围,原则上社区工作站不再作为行政性的考核对象。社区工作站原来承担的一些公共服务性事务被逐步剥离,交由居民委员会、社区服务中心和社会组织来承接。

加快完善社区行政事务准入制度,出台社区行政事务准入目录,规范区职能部门向街道、社区下沉任务的程序、标准和类别,避免上级职能部门随意向社区工作站、居民委员会、社区服务中心和社会组织委派工作,为社区服务中心和社会组织的自主健康发展提供良好条件。将不属于街道办事处和社区工作站的职责,如经济管理、社区自治、社会服务等剥离出来,交由居民委员会、社区服务中心、社会组织和相关企业承担,实现区政府与街道办事处,街道办事处和社区工作站、居民委员会、社会组织、企业的点面组织关系的良性互动。

2. 切实转变基层政府职能

将处理政府与市场、政府与社会的关系作为转变基层政府职能的关键突破口,按照行政许可、行政处罚、行政强制、行政征收、行政裁决、行政检查、行政确认、行政给付、行政指导、行政服务等职权进行分类,制定各职能部门和街道办事处的权力清单和权力运行流程,并通过电子政务网等平台向社会公开,达到摸清行政权力底数,厘清政府与市场、社会的关系,合理配置区、街道和部门的事权,有效规范权力行使,并充分接受群众和社会监督的目的;出台相应的年度计划和实施方案,把区级职能部门和街道办事处不该管、管不好的职能全部交由居民委员会、社区服务中心、物业公司、业委会、社会组织、企业来承接;集中开展针对区级职能部门和街道办事处的职能权限专项整理行动,优化街道办内部各职能科室的设置,提高社会治理的协同能力,将街道办事处作为基层行政管理、综治维稳、综合执法的终端,基层社会管理职能由街道办事处各职能科室统一组织实施。

以减少和规范基层各种繁杂的行政性检查项目为突破口,实行主管部门责任与属地管理责任相结合的责任追究制度,加大对各职能部门的主管责任追究力度,改变目前"主管部门责任淡化、属地责任难以落实"的尴尬现象。让区级职能部门真正代表政府在辖区内起到主管的作用,使街道和社区能真正服务于居民、化解纠纷和促进和谐,避免街道和社区将一些行政性事务和检查项目"转嫁"和"下压"给居民委员会、社区服务中心和社会组织。

取消区、街道违规委托社区承担的各项工作任务和指标,取消面向社区开展的各种不必要的创建达标评比活动和工作台账,集中整理和减少加挂在社区中的各类组织机构牌子,切实解决社区目前评比检查活动和工作台账过多、过滥的问题,重点增强社区工作站和居民委员会服务辖区居民的能力。以转变基层政府职能为契机,对现有的规范文件进行全面排查,重点清理一些不合时宜、相互冲突和缺乏可操作性的文件,依法依规出台一系列适应新形势发展需要的规范性文件。

对各职能部门要求街道社区开具的各类证明和加盖公章事项,进行全面分类、整理和规范,将本不属于街道办事处和社区工作站职责范围内的事项,纳入相关政府职能部门统一管理,规范前置审批事项的条件、标准和程序,严格做到依法行政,避免职能部门向街道社区委派过多行政事务;探索形成以"政府主导、社会参与、合同管理、动态监督"的政府购买服务工作机制;编制出台"三个目录",即政府职能转移目录、公共服务购买目录和社会组织发展目录,并制定配套的落实计划和保障措施,实现转变政府职能、购买公共服务、发展社会组织的系统化、常态化和联动化。通过项目委托、合同管理、购买服务等多种方式,将原属于但不适宜区政府职能部门或街道办事处承担的一些公共服务性事务,逐步"转移"给居民委员会、社区服务中心和社会组织,促进政府职能转变,提升居民委员会开展社区自治、服务辖区居民的能力,推动社会组织的专业化和自主化发展。

(二)提升社会治理中的居民有序"自治"能力

自治意味着"人类自觉思考、自我反省和自我决定的能力。它包括在私人和公共生活中思考、判断、选择和根据不同可能的行动路线行动的能力"①。市场经济条件下公民的维权意识和法治观念不断提高,相对独立的政治人格逐渐形成,民众对政治人物及公共政策的独立思考和自主判断开始形成,这必将导致公民对自身政治权利的自觉维护和对公共事务的广泛参与。

长期以来,为了强化计划经济时代下政治权力的统治功能以及稳定单

---

① 戴维·赫尔德.民主的模式[M].燕继荣,等译.北京:中央编译出版社,1998:380.

位体制中的社会秩序的需要,我国城市管理实际上是由市区政府、街道办事处及所辖各居民委员会统一运作的行政化管制,主要是通过单位体制的严密组织和控制将居民局限在特定区域内。这种具有行政色彩的管制方式虽然在改革开放之后有所弱化,但由于传统制度的惯性及基层管理人员固化的官僚思维,加之有关居民自治法律制度的缺位以及执行难等问题,在现实中仍然普遍存在街道办及居民委员会通过传统行政化方式管理社区的现象。旧有的社区管理体制与具有自治性质的业主委员会之间存在诸多实际性冲突,具体表现为对业主委员会的组建、备案、运作等方面设置种种限制和阻碍,这在一定程度上激化了业主和业主委员会与街道办、居民委员会之间的矛盾。因此,有必要明确街道办及居民委员会的角色定位,弱化传统社区管理中的行政化管制功能,从法律地位、制度建设、内部管理、人员安排、资金来源、监督考评等方面加强居民委员会这一自治性组织的培育和建设,"在管理层面,有大量的鼓励行政分权的理由,这些理由不同于在政治上的考虑"①。城市基层政府应该将一些具体的城市治理权限逐步"放权"给居民委员会、社会组织和业主委员会等新兴组织,将一些城市公共事务的处理权力交由不同的自治性组织自主行使,街道办主要负责治理一些宏观的、涉及社会秩序稳定和社区整体利益的公共事务。

1. 激活居民委员会的法定自治功能

居民委员会是城市治理的重要组织依托,充分发挥居民委员会作为法定自治组织的作用,才能有效促进城市治理体系和治理能力现代化。但是由于居民委员会长期以来受制于计划时代单位体制的"政治服从"和"行政屈从",在实践中日渐呈现出"行政化""空心化""边缘化"的特点,其内在的法定自治功能日益虚化。在后单位时代的现代城市治理中,有必要为自治组织"增能",激活和优化居民委员会的法定自治功能、社区服务功能、政治整合功能、民意吸纳功能和矛盾化解功能,将其打造成城市治理体系和治理能力现代化的主要组织平台。

---

① 戴维·H.罗森布鲁姆,罗伯特·S.克拉夫丘克.公共行政学:管理、政治和法律的途径 [M].5版.张成福,等译.北京:中国人民大学出版社,2002:111.

　　加强居民委员会的自治能力主要体现在要强化其"自我管理、自我教育、自我服务"的法定功能,可以视社区的实际情况推行"议行分设"改革,将社区治理中的议事与执行功能予以分离。在制度、程序和操作方面确保居民可以通过真正的直接选举产生居民委员会主任和委员,充分发挥居民委员会在参与决策社区公共事务、监督社区管理工作、反映社情民意等方面的积极作用。在居民委员会中定期召开社区议事会议,充分发挥其议事和监督功能,参与议事的成员主要由各小区居民推荐的拥有较强公信力的热心人士或社区精英组成,议事成员可以针对社区内的公共事务进行经常性和制度化的多方沟通与协调。同时,有必要由政府聘用专职的社区工作者组成社区事务工作站,将基层政府的一些具体行政事务及居民委员会的一些决议交由社区工作站来执行,具体负责社区的日常行政工作,依法、高效履行其职能。通过适当的"议行分设"来理顺政府与居民委员会、居民委员会与居民之间的关系,加强居民委员会和业主委员会对物业公司的监督,充分发挥居民委员会与业主委员会在社区治理中的主体作用。

　　(1)增强居民委员会的法定自治功能。根据《中华人民共和国城市居民委员会组织法》和其他法律、法规,从加强组织建设、明确职责任务、夯实工作基础、健全自治制度、协调工作关系等方面,将居民委员会打造成主要的基层群众性自治组织平台,全面加强社区居民自我管理、自我教育、自我服务、自我监督,切实解决"居站分设"改革之后不少社区居民委员会自治功能不强、服务方式落后、活力不明显等"空心化""边缘化"问题,任何单位和部门不得对其进行行政性考核,避免居民委员会的行政化倾向。

　　(2)增强居民委员会的社区服务功能。探索以居民委员会为组织平台整合各类社会组织提供社区服务的机制,形成"一居多社"的社区服务提供、监督和管理模式,将居民委员会打造成优化、监督和整合社区服务的主要组织;充分挖掘和提升居民委员会的服务潜力和服务能力,通过财政支持、项目委托、购买服务、合同管理等多种形式支持社会组织发展,按照居民的实际需要提供各种类型的社区服务,提升社会组织的运营能力,培育和提高社会组织向政府推广社区服务的能力。

　　(3)增强居民委员会的民意吸纳功能。以还原基层群众自治组织和做大做强居民委员会为原则,依托居民委员会这一组织平台,在党代表工作室的基础上建立"两代表一委员"工作室,通过挖掘体制内的政治资源,盘活社会自治资源,激活行政资源;建立健全社区党组织和社区居民委员会联席会议制度、社区居民会议制度、社区居民议事会会议制度、社区听证会议制度、社区居民评议会会议制度、社区居务公开制度和居民论坛制度,促使社情民意通过人大代表、党代表、政协委员、居民代表等渠道得以顺畅表达和及时反映,充分发挥居民委员会的民意吸纳和政治整合作用。

（4）规范社区居民委员会管理制度。进一步规范居民委员会日常工作制度,加强财产、档案、公章管理与监督;规范居民委员会成员接待和访问制度,实行错时值班、轮流值班等工作制度;鼓励具备条件的居民委员会根据实际需要聘请专职工作人员,负责办理居民委员会日常事务,其经费由居民委员会自筹解决;完善居民委员会居务、财务公开制度,对居民委员会财务状况进行独立的第三方审计,按照社区党风廉政信息公开的要求及时向社会公布结果,接受居民监督;建立居民委员会工作评估制度,制定以居民满意度和社情民意知晓度为导向的居民委员会工作评估标准,引导居民委员会围绕促进民主、关注民生、服务居民开展活动。

（5）优化居民委员会队伍结构。健全居民委员会的民主选举制度和程序,创建居民进行选民登记、参与选举过程的便捷形式,增强居民委员会成员的代表性;逐步调整选民结构,突破户籍制度的限制,鼓励非户籍居民参与民主法治社区创建,支持热心居民通过合法选举程序成为居民委员会委员;选择若干社区作为试点,探索居民委员会主任和委员的专职化改革,鼓励社区聘请专业管理人员担任居民委员会专职秘书,提高居民委员会主任和委员的补助;激励社区内政治和文化素质高、服务管理能力强、热心社区事务的居民代表、大学生、社工、居民竞选居民委员会主任;鼓励辖区符合条件的业委会成员、企业、社会组织负责人及公职人员通过选举兼任居民委员会委员;提倡符合条件的居民委员会成员作为党代表、人大代表、政协委员候选人,鼓励党代表、人大代表、政协委员参加所在社区居民委员会成员的选举;建立健全定期学习和能力培训机制,切实加强对居民委员会成员的培训力度。

2. 加强业主委员会的制度化建设

业主委员会是伴随着住宅商品化和市场化进程而出现的一种新型组织。它一般是指住宅产权人、使用人通过业主大会选举产生业主代表，监督物业公司的运作，反映业主的利益、意愿和要求的自治性组织，其成员主要为物业管理区域内的业主代表。业主委员会的权力基础是业主对物业的所有权。它代表小区物业的全体业主，对与物业有关的一切重大事项及社区的公共事务拥有参与权和决定权。但在现阶段，由于法律地位的模糊、管理制度不完善、资金短缺等问题的存在，业主委员会仍然存在自治能力不足的现实问题，保障自治功能有效发挥的体制建设也较为落后。因此，有必要从法律法规上明确业主委员会的诉讼主体资格，从制度建设、管理体制、选举方式、资金来源、业主监督、人员素质诸方面加强业主委员会的组织建设，增强其承载街道办和居民委员会所剥离的具体社区事务方面的自治功能，提高业主委员会对房地产开发商及物业公司的监督水平。

从本质意义上而言，业主委员会制度体现的是业主对小区自主治理的需求，它所要求的社区自治在根本上是业主基于房产权益而自愿参与的活动，而非政治性的社会管理。因此，业主委员会在一定程度上也是以房产私有权为纽带，业主通过"身份契约"方式成为业主大会成员，达到自我管理、自我服务目的的新兴组织。目前，业主委员会逐渐成为构建多元主体共同参与的城市治理体系中的重要一员，因而在确立业主委员会法律地位的基础上推进其制度化建设尤为关键。

住房商品化改革和城市住房体制变迁，促使住宅的产权关系发生了深刻变化。商品房社区内出现了以业主委员会为代表的新兴主体，其对现代城市治理框架和治理方式将产生诸多现实影响，社区空间内居民的公共利益纽带和公共服务需求与传统社区相比也有着诸多差异。总体而言，与单位体制下的社区相比，业主委员会对于新型商品房社区的公共治理的影响主要表现在以下方面。

（1）业主委员会的产生建立在业主拥有房产私有产权的基础之上。在实行住房体制改革之前，我国城市社区居民的住房是国家和企事业单位按照社会福利形式，以低租金或无租金的方式分配给居民的，不但房屋产权归国家和企事业单位所有，而且在房屋的修缮及小区的管理诸方面都是由单位的房管部门或政府的相关部门来负责。随着住房商品化和市场化改革的推行，住房产权制度发生了深刻变化。住宅房产逐渐成为社区业主的一种私有财产形式，业主与房地产开发商及物业管理公司之间也表现出一种市场交易关系，传统计划体制下的居民逐渐演变为拥有私有房产权的业主，业主委员会的产生也是此种逻辑在现实中的演绎。利益来源的市场性以及房产的私有性，在根本意义上决定了新兴商品房小区的治理基础只能建立在对业主房产权的保护层面上。

（2）业主委员会的出现促使社区治理主体发生了重大变化。传统的住宅分配和社区管理方式具有极强的行政管理和单位体制色彩，由于利益的依附性及传统意识形态的影响，居民的活动方式与范围在较大程度上受到传统单位体制的束缚与制约。日常性的社区公共事务主要由房产所有单位管理，一般由单位后勤部门或相关政府房管部门管理。居民委员会在法律意义上被赋予的自治组织功能长期受制于行政权力，事实上成为基层政府在社区中的衍生品，变成了街道办工作的附属性机构。而在新型商品房社区，对于大多数业主而言，房产可能是倾其当前甚至未来资源而得到的最大一宗财产，因此，业主有着较强烈的维权经济动因，加之社区是家庭成员平常生活的主要场所，希望拥有良好的居住环境也就成为居民的普遍心愿，谋求相应的社区自治权利成为必然趋势。这种自治权利往往需要特定的组织机构形式来实现，在已经被行政化的居民委员会担负业主自治诉求无望的情况下，业主委员会作为自发成长的组织需要承担起这一重任，但这一变迁过程往往会面临诸多现实问题。就其运行机制而言，商品房社区中的网络型治理体系体现了这样的关系谱：一是业主是商品房物业的所有权人，业主大会是业主委员会的决议机关，业主委员会是代表业主对物业实施自治管理的机构，业主委员会的重要事务都应该经业主大会许可；二是物业服务企业是管理小区物业的专业性市场组织，它应该受到业主委员会的监督和制约；三是居民委员会与业主委员会共同作为社区居民的自治性组织，二者应该构建起互相配合、互相支持、互相协助的组织关联。

（3）新型商品房社区在现阶段出现的公共问题日益复杂化。单位体制下的传统行政管理方式,使社区公共事务管理一般寓于政治权力掌控的范畴中,一些社区问题和居民矛盾往往是在单位得以协调和解决,基本没有因为产权问题而与单位发生争议的情况出现,居民之间的关系也高度依赖单位内的等级秩序,社区总体上处于单位制管理之下相对平稳的运行状态。而在住房商品化改革之后,新型社区物业管理中的矛盾甚至冲突越来越多,围绕商品房而发生的产权纠纷具有一定的普遍性,这主要表现在:一方面,与传统计划体制下的集权式单位管理体制不同,商品房社区在根本上是由拥有私有房产权的业主自由聚居而成的,由于利益的一致性和同构性,他们一般对社区公共问题持有相同或相似的看法和观点,特定情况下经过一些维权代表的组织动员,常常会转化为现实的集体行动;另一方面,业主自发的组织化联合迹象日益明显,特别是其居住利益遭受高度组织化的开发商、政府相关部门、企业等方面的侵害时,自发成立各种权益性组织已经成为业主维护自身合法权益的重要方式,商品房社区居民的组织化联合初现端倪。业主委员会也正是在此背景下逐渐发展起来的。

《中华人民共和国物权法》在2007年3月16日的十届全国人大五次会议上通过。它的出台为完善我国建筑物区分所有权制度奠定了法律基础,填补了我国在建筑物区分所有权制度上的空白,明晰了产权,就建筑物区分所有权人对其专有部分享有占有、使用、收益和处分的权利做出了明确规定。但在法律实践中,这些规定仍然需要配套的具体实施细则,为解决社区矛盾和物业纠纷提供更为具体、明晰的规定。而且物权法对于业主委员会组织性质的定位还是较为模糊,物权法第七十五条只是规定"业主可以设立业主大会,选举业主委员会。地方人民政府有关部门应当对设立业主大会和选举业主委员会给予指导和协助"。物权法第七十八条则规定"业主大会或者业主委员会的决定,对业主具有约束力。业主大会或者业主委员会作出的决定侵害业主合法权益的,受侵害的业主可以请求人民法院予以撤销"。从总体上看,有关业主委员会的法律地位还相对模糊,从而导致在法律实践中各地法院在处理由业主委员会提起的有关诉讼时无所适从,在是否受理具体诉讼案件时存在诸多争议。这在一定程度上不利于法律实施的统一性和权威性。因此,有必要加强业主委员会和业主大会的制度化建设,可以从物业公司和业主委员会的市场关系层面出发,明确其作为民事主体的自治性组织的定位。同时考虑将居民委员会和业主委员会一并纳入城市社区组织法的范畴之内,进行法律关系方面的调整。

一方面,这有利于从组织的层面保护业主的合法权益,完善我国财产保护制度。财产权是民事主体所享有的具有经济利益的重要权利形式。它内在地具有物质财富的内容,也是社会物质资料占有、支配、流通和分配关系的法律表现。洛克将财产权作为天赋人权的核心内容,认为它是自由、平等、安全等人权实现的基础,并强调私有财产神圣不可侵犯①。同时,要强化业主委员会的地位和作用,必须在法律上规定业主大会适用于民法上的"其他组织",有参与法律诉讼的资格,并且应该规定达到一定规模的业主大会可以取得法人资格,即注册法人团体。业主委员会以业主大会的代表机构身份从事民事行为和法律诉讼活动,具有一定的组织性和稳定性,可以行使民事权利,承担民事责任,在具体的民事纠纷、争议中享有独立的诉讼权利,有独立的诉讼主体资格。从当前国外的立法来看,大部分国家和地区的业主大会具有社团法人资格,如英国、新加坡、美国、日本以及中国香港等国家和地区。如果业主委员会登记为社团法人,业主大会可以自己的名义对外实施法律行为,以全体业主的全部或部分财产来承担民事责任,同时为个别业主违反业主公约的行为认定提供了法律依据,并可请求有关损害方面的赔偿。总之,从长远看,业主委员会登记为社团法人,既可促使其运作的内外部条件更加规范和有序,又将有利于整个物业管理行业的健康发展。

另一方面,这有利于通过规范业主组织的形式来规范业主的维权行为,促进业主群体有序地表达自身利益诉求。我国房地产市场经过20多年的发展,各种物业纠纷和社区矛盾逐渐显现出来。这不但与业主自治立法的缺失有关,而且与业主的分子化状态有关,从而导致了业主处于弱势地位,其权益频繁受损。一些小区里业主与开发商、物业公司之间积怨较深,业主采取极端方式的无序维权加剧了社区矛盾。这迫切需要经由业主委员会这一组织通道归纳和集合民意,进而通过"组织整合"的形式将业主委员会纳

---

① 洛克.政府论:下篇[M].叶启芳、瞿菊农,译.北京:商务印书馆,1964:77.

入现行体制之中进行管理,以利于业主群体有序地表达自身利益诉求。

3. 完善社会组织培育和监管体系

政府职能转变一般是指国家行政机关在特定时期内,根据经济社会发展的现实需要,对其应担负的职责及发挥的功能进行优化和调整的过程,包括对职能的范围、内容和形式的转移与变革。就深圳实际而言,要以转变政府职能为重点,将政府不该管、管不好的事务,分领域、有节奏地逐步向社会放权,加强政府向社会组织购买专业服务的长效机制建设,以深化行政管理体制改革为契机,加快各部门向社会组织转移职能的步伐。将原本属于社会组织的职能归还社会组织;将新增的公共服务职能交给社会组织,应不再设立新的事业单位;现有政府工作事项中,将适合交给社会组织的项目,委托给社会组织完成。通过发展民间组织实现政府职能转变取得实质性进展,厘清各个职能部门的社会管理职责关系,提高政府运用民间组织有效管理社会的能力。

虽然深圳民间组织的快速发展为深圳的和谐社会、公民社会建设带来了蓬勃的生机,但是要从根本上促进现代社会的全面发展,适应经济社会的快速变化,满足民众参与民间组织的需求,就需要进一步解决和完善体制性问题,切实推进政府职能的有效转变。从现实来看,虽然深圳市政府对民间组织进行培育扶持、监督管理的各项措施取得了一些实效。但是,无论是从民间组织的法制建设,还是民间组织的注册登记,抑或是民间组织的后续评估和监督管理等方面,都仍然存在着有待拓展的空间。

(1)简化和降低社会组织登记和备案门槛。借鉴商事制度改革的成功经验,进一步推进社会组织直接登记制度改革,简化登记手续,优化登记流程,全面实行工商经济类、公益慈善类、社会福利类、社会服务类、文娱类、科技类、体育类和生态环境类等社会组织直接到民政部门登记;深化社会组织备案管理职能下沉到街道办事处的改革,实行"备案转登记"的升级管理制度,将一批运行良好的备案社会组织纳入直接登记范围;探索将外来人口联谊会、出租屋租客房主协会、白领阶层兴趣组织、业委会、社区虚拟组织纳入备案管理范畴,扩大居民自治范围,提高社区服务多样性,逐步突破社会团体名称无字号限制,扩大社会团体名称使用字号范围,凸显社会团体的公益服务性质。

（2）改善和创新社会组织孵化培育方式。通过降低门槛、项目委托、购买服务、专项支持、财政补贴、人才培训、资金筹措、税费减免等多种形式，鼓励、支持和帮助各类别社会组织加快发展；激励社会组织捕捉参与社会建设的有利时机，积极扩大社会服务项目的范围，提高自身素质，做好承接政府公共服务转移的准备；推动制定社会组织接受企事业单位、居民捐赠办法，税务部门根据国家有关法律法规，研究制定针对社会组织的税收减免政策。

（3）建立健全监管社会组织的长效机制。以组织信息公开化、购买机制市场化、权利义务契约化、绩效评估日常化、市民投诉便捷化为目标，建立健全社会组织参与公共服务供给的准入和退出制度，制定与社会建设工作相匹配的社会组织服务监督办法，建立规范的社会组织服务行业标准，完善行业内部自律监督制度；出台委托第三方专业机构参与社会组织评估的实施办法，专门进行资质审查、跟踪检查和绩效评估，形成公开、公平、公正的竞争激励机制；推进社会组织运作的公开化和透明化，完善组织监督、审计监督、捐赠人监督、公众监督、媒体监督和自我监督等多种监督形式。

借鉴香港等地的成功经验，推进社会组织管理和服务信息的公开，将社会组织的成员构成、服务类别、项目开展情况、资金使用明细、工资待遇、市民评价和投诉等信息全部向社会公开，市民和媒体可随时查询社会组织的各类信息，减少社会组织运作中的"灰色地带"，以信息公开强化社会监督，促进社会组织规范运行。健全网上审批和流程监控制度，完善社会团体和民办非企业单位成立、变更登记业务网上审批制度，对受理、审核、审批、出证、发证等流程进行严格监控，规范审批权力的运行。

建立健全"过程式"和"阶梯式"监管制度，改变目前社会组织监管单纯依赖形式化年检的现状，注重对于社会组织运行各个环节和时段的"过程式"和"阶梯式"监管，强化随机抽查、例行年检、专项检查、执法监察的相互配合，对存在问题的社会组织，综合运用诚勉谈话、整改复查、引导注销、依法撤销等措施，避免社会组织"带病运行"；实行社会组织服务质量"居民投诉排行榜"和"信用黑名单制度"，并与"社会组织星级评定"挂钩，按照月、季和年度时段,对各类社会组织的运作投诉情况进行实时统计和排名,对于居民投诉较多的社会组织进行重点随机检查,一旦查实情况,根据违规情况,在项目委托、资金资助、活动开展等方面给予相应的限制;加强社会组织的自律制度建设,制定出台加强社会组织自律的有关制度,充分发挥其在促进社会组织自律、协调组织关系、形成组织合力、强化日常交流方面的积极作用,由社会组织自行协商出台规范各类服务的标准和活动规则。

（三）提升社会治理的协同"共治"能力

从合作网络的途径对公共治理理论进行研究的学者一般认为,公共治理就是要构建一个多中心的公共行政体系,建设公共服务供给的合作网络,同时要优化公共行动者互动的环境,在一定意义上"所谓治理就是对合作网络的管理,又可称为网络管理或网络治理,指的是为了实现与增进公共利益,政府部门与非政府部门(私人部门、第三部门或公民个人)等众多公共行政主体彼此合作,在相互依存的环境中分享公共权力,共同管理公共事务的过程"①。公共治理要求变革单中心的政策框架,建构多中心、多角色互动与合作的治理体制。

由于公民权利意识的觉醒和参与诉求的增强,城市治理生态正在发生深刻变化。因此,有必要在改革传统高度行政化的城市管理体制的同时,对城市体制进行必要的调整或重新配置,重点激活现有制度体系的民意吸纳功能。我国公共权力系统可以有条件地将某些民间自发机构纳入现行体制下进行规范治理,将社会的多元化利益诉求纳入体制内有序释放,推进社会多元化主体共同参与的网络型"共治",促使多方利益主体共同参与的公共治理体系的形成和有效运行。

1. 代议性吸纳与商议性吸纳

此方式主要是通过人民代表大会这一制度平台和代议渠道,发挥人大代表或人大代表联络员的作用,及时了解居民的各种需求,将基层群众的

---

① 陈振明.公共管理学——一种不同于传统行政学的研究途径[M].北京:中国人民大学出版社,2003:87.

自主参与诉求经由人大代表或其联络员进行有序疏通，实现对民意的吸纳。如深圳市南山区招商街道结合辖区实际创建了"人大代表工作室"，由区人大和街道党工委安排区人大代表深入社区，定期接待群众来访，及时转办群众反映的突出问题，及时反馈处理结果，为人大代表联系选民提供了常设平台，居民与人大代表之间建立起较为畅通的交流渠道，实践中取得了良好效果。这一模式之后在全区街道逐渐得以推广。南山街道在月亮湾片区创设了"人大代表联络工作站"，采取招募、选用和聘请等方式产生片区人大代表联络员，联络员并非人大代表，主要是片区内各小区业主委员会、物业管理处、工业区及附近一些学校的负责人。该工作站的主要职责是"承办需要进入人大代表议案的共性问题及人大代表联络员联席机制能够协调解决的事情；转办属于相关部门职能范围内及需要进入法律程序的事情，或叮嘱当事人依法办理；协办涉及面较广的问题，协助主办方和协调相关方；督办已经转办或协办的事情，跟进督促，跟踪落实"。该工作站全天候开放，有联络员轮流值班，并设立了公告栏，公布了便于居民反映问题的电话、意见箱及电子邮件。联络员扎根社区与居民进行实时交流，广泛搜集社情民意；受人大代表委托对社区内一些公共问题进行研究分析，通过人大代表形成议案，提交相关政府职能部门解决，并跟踪办理进度；对片区内的环保、治安、城管等公共性事务进行监督和协调，针对热点问题、重大问题，协助人大代表以及政府有关职能部门、相关组织机构、公共舆论媒介与居民进行互动式的讨论协商。"人大代表联络工作站"的实践探索，在一定程度上在解决社区矛盾和冲突、畅通群众与公共权力系统的沟通渠道，以及协调城市基层各方利益主体之间的关系等方面发挥了积极作用，实际上成为收集、吸纳和整合社情民意的重要平台。

　　商议性吸纳方式主要指在城市治理过程中，通过挖掘现行体制内的民主制度空间，创新社情民意的协商和沟通机制，及时了解和广泛整合居民诉求，对凡是与居民直接利益相关的具体性事务或与其间接利益相关的社区公共性事务，在多方主体共同参与的平台上实行民主商议与治理的民意吸纳机制，其主要做法是：一是成立社情民意恳谈活动工作小组，由社区工作站成员、辖区人大代表、业主委员会委员代表、居民代表共同组成，收集社情民意,组织召开居民恳谈会,督促社区工作站解决或向上反映社区热点和难点问题,向居民反馈调处结果等。二是建立社情民意信息员队伍。信息员队伍以辖区党员、居民代表、人大代表、政协委员、物业公司工作人员、辖区大单位工作人员、业主委员会委员、楼栋长等为主,作为掌握社情民意的辅助力量,定期联络社区居民,收集社情民意。三是创新基层人大代表、政协委员履职机制,引导人大代表参与"十百千万行动",开展"政协委员到社区"活动。目前已有50名区人大代表、政协委员担任业主委员会委员、业主委员会主任或楼栋长,推动了一批难点问题的解决。在社区"两委"换届中实行"双直选",吸纳社区各阶层利益代表进入社区党组织和居民委员会,增强了社区的凝聚力,维护了社会的稳定。四是通过走访、设置电话热线、创建专用社区QQ群、电子邮箱、设立社情民意意见征集箱等方式,建立多渠道收集社情民意工作机制。五是社情民意恳谈会的内容和协商结果,通过统计和分类之后,凡社区层面可以解决的问题,及时予以解决;社区层面不能解决的问题,由街道协调解决。

　　2. 机构性吸纳与精英性吸纳

　　此方式主要是将基于房产私权而形成的业主委员会,基于居民共同利益自发形成的各种社区权益性组织,基于居民兴趣爱好和共同志趣所组成的各种民间机构,以及适应现代商品房社区发展而逐渐新起的物业服务公司等组织,纳入现行体制内来有序管理的机制。"人大代表联络工作站"是南山街道办及南山区人大常委会针对居民的社区自治要求设立的。该工作站的办公场地由南山街道办提供,南山区人大常委会及南山街道办在专题调研、举办会议及日常联络等方面也给予一定的资金支持,并准予工作站正式挂牌开展日常工作,且政府等相关部门通过颁发奖状的方式对相关人员予以精神鼓励;而工作站每月向街道办和区人大常委会汇报工作,工作站所撰写和征集的议案必须要经过人大代表的签名。在一定意义上,南山街道办和南山区人大常委会实际上采取了"机构吸纳"的方式,有效地将民间自发的组织机构纳入现行体制。此种机制的主要特点是公共权力系统通过一定的授权并给予其一定的条件支持,将正处在组织化过程中,而又没有正式编制和明确法律地位的群众性组织纳入现行政治体制框架内来进行管理。这些机构形态往往是以具体的、共同的社区利益作为其形成和存在的基础,相关成员常常对某些公共政策和公共事务持相同或相似的看法和观点,并具备一定的集体行动能力。

精英性吸纳方式则主要是通过招募、动员和培育等方式,将社区中的活动积极分子、意见领袖、维权精英和热心人士吸收到居民委员会、工作站、"人大代表联络工作站"等组织机构当中,利用他们长久扎根基层、活动能力强、民意支持率高等特点,带动居民共同参与和谐社区建设之中。如在月亮湾片区"人大代表联络工作站"的筹建过程中,南山区政府及南山街道办萌发了在社区招募政治上靠得住、思想上愿合作、民意上有威信及活动上有能力的热心人士担当"人大代表联络员"的想法。于是,在片区享有较高声誉、行事较理性和稳妥的敖建南担任了"人大代表联络工作站"站长,南山街道办同时又推荐他担任了居民委员会副主任。从"人大代表联络员"的构成来看,他们中的大多数是在片区居民中享有较高威望的活动精英和意见领袖,他们或是业主委员会的主要负责人,或是长期热衷于社区公共事务的热心人士,都是"说话算得了数"的人物,具备较强的组织和号召能力,在片区里拥有较广泛的群众基础。

3. 立法性吸纳与行政性吸纳

"选举是市民社会对政治国家的直接的、不是单纯想象的而是实际存在的关系。因而显而易见: 选举构成了真正市民社会的最重要的政治利益。"[1] 由于选举直接关系到公民政治权利和利益能否顺利实现,涉及权力的委托与被委托关系,既是现代国家政权获得长期合法性的必经程序,也是不同社会利益群体进行政治博弈的重要途径,因此选举制度是现代国家政治制度的核心部分,具有关键性、普遍性、全局性和敏感性的本质特征。在 2003 年"深圳竞选"现象中,虽然自荐竞选者的数量较少,且当选率极低,但他们对我国选举制度中长期存在的"确认型选举"或"安排式选举"等不成文惯例形成了现实冲击,这实际是公民以自己的政治实践主动去实现早已为我国法律文本所规定的公民政治权利,其目的是通过竞争方式参与人大

---

[1] 马克思恩格斯全集: 第1卷 [M].北京: 人民出版社,1956: 396.

代表选举,以表达其特定的利益诉求、维护自身及其所代表的群体的切身利益。这种"竞选"现象将对国家权力结构和制度体系产生深刻影响,因此社会各界对在市场经济条件下出现的自荐竞选者群体予以了广泛关注。

正是在我国政治生态发生深刻变化的现实背景之下,我国公共权力系统为巩固其在新的历史条件下的执政基础,于2004年对选举法进行了修订,以提高我国现行政治体制的社会适应性。2004年,选举法的修订虽然仅属于"微调",但其中却蕴涵着丰富的政治信息,也彰显了我国政治改革的渐进性特征。这次修订,修改了直接选举中确定代表候选人程序上存在的一些模糊之处,重新恢复了预选程序,增加了"选举委员会可以组织代表候选人与选民见面,回答选民的问题"①的规定,并强调"对正式代表候选人不能形成较为一致意见的,进行预选,根据预选时得票多少的顺序,确定正式代表候选人名单"②,从而为适度提升选举的竞争性,减少和防止"暗箱操作"提供了一定的制度空间,反映了我国执政党欲通过适当放宽对选举提名和预选的限制,增强候选人之间的竞争性,丰富选民的选择面,便于将民众日益增长的参政诉求纳入现行体制内进行有序释放,体现了我国执政党为提高发展社会主义民主政治的能力而在制度建设方面进行的积极探索。

此种由国家行政机关通过行政渠道和方式将公民或社会组织的利益诉求和政治表达纳入行政管理范围内加以协调和吸纳的民意整合机制,可以称为"行政吸纳"。深圳市的公民李某通过广告形式寻找人大代表和政协委员,希望他们转达自己的政策建议的信息见报后,深圳市有关方面于次日就委托一位人大代表从李某处听取了全部建议,并将一些政策建议按照相关程序进行了处理。之后李某陆续接到深圳市政府有关部门的邀请,分别参与两个专题研究,其中包括研究制定"阳光工程"的实施办法,以及探讨深圳市商会的作用和发展趋势等有关会议。

由于社会中的利益主体是多元的,利益需求的内容和层次也呈现出多样性的特点。公民或特定组织的具体意见和建议往往并不一定会被提升至

---

① 《中华人民共和国全国人民代表大会和地方各级人民代表大会选举法》(2004年修正)。
② 《中华人民共和国全国人民代表大会和地方各级人民代表大会选举法》(2004年修正)。

立法层级,因为在一定意义上立法权是由人民通过自己的代表机构(即议会)集体行使的一种权力。在我国,人大立法要以宪法为基本依据,以维护国家法制统一为准则,以党的领导为根本指导,同时要根据经济、政治、社会及文化的发展状况,遵循法律的起草、法律草案的提出、审议法律草案、法律的表决通过及法律的公布等立法程序,才能对那些涉及面广、意义深远、带有普遍性的重大社会问题及社会关系进行法律上的调整和规范。公民"广告参政"现象的出现,一方面凸显了现行人大代表制度有待进一步完善;另一方面从人大会议的程序性和严肃性而言,李某以个人名义所提的建议没有被人大作为正式提案提出,也在情理之中。行政管理具有现实性、针对性、效率性、适应性等特点,因此在应对此类公民个人的政治表达或政治接触现象时,"行政吸纳"也可以是十分有效的民意整合方式。在现代社会"公民与政府的关系可以看作是一种委托—代理关系,公民同意推举某人以其名义进行治理,但是必须满足公民的利益并且为公民服务"①。因此,政府有义务通过座谈会、论证会、听证会、书面征求意见、公民旁听、网上讨论、直接接待等多种形式,积极吸纳民众进入公共政策的制定、执行和监督过程中,在充分吸纳和整合民意的基础上,不断提高民主执政的能力。

4. 组织化共治与协商式参与

以"需求式参与""组织式参与""协商式参与"为原则,创新公民通过社会组织参与城市治理的形式、路径和机制,逐步将社会组织打造成多元共治的"社区服务共享平台""社情民意沟通平台""社区文化共建平台""邻里矛盾化解平台",丰富城市协商民主治理形式。

(1)搭建居民参与的"社区服务共享平台"。积极推行"小项目、大范围"的社会组织培育支持方式,创新社区居民通过社会组织参与城市治理的路径和机制。每年定期开展社区服务居民需求调查,鼓励居民通过社会组织参与制定和享受社区服务项目,转变传统的"政府配餐"服务模式,推行"居民点菜、政府买单"服务模式,问政于民、问需于民、问计于民。从社区居民实际需求出发,编制政府向社会组织转移职能、购买服务的目录,引

① 欧文·E.休斯.公共管理导论[M].彭和平,等译.北京:中国人民大学出版社,2001:268.

导和支持社会组织参与各类公共服务,通过每年实施一批"小项目",激活备案社会组织的活力,推出为社区居民量身定做的多元化服务项目。

（2）搭建居民参与的"社情民意沟通平台"。依托居民委员会、社区党组织和辖区的"两代表一委员",重点发展一些整合和沟通社情民意的"社区议事会"之类的社会组织,创新社情民意的协商和沟通机制,及时了解和广泛整合居民诉求,对凡是与居民直接利益相关的具体性事务或与其间接利益相关的社区公共性事务,在多方主体共同参与的社区协商民主平台上进行集体商议与合作治理。充分挖掘体制内的民主政治制度资源,在完善"两代表"（党代表、人大代表）融入社区制度的基础上,建立健全"两代表"居民联络员机制,积极发动热心居民参与收集社情民意。

（3）搭建居民参与的"社区文化共建平台"。充分发挥社会组织在建设社区生活共同体中的重要作用,以方便居民参与、便于组织活动为原则,激发居民通过社会组织广泛开展形式多样的社区文化活动,积极组织居民开展各类文体活动,以居民的共同兴趣爱好为纽带,丰富辖区居民的精神文化生活,重点培育一批群众参与度高、社会影响广泛的文体类社会组织。

（4）搭建居民参与的"邻里矛盾化解平台"。充分发挥社会组织作为社区矛盾调解器的重要作用,利用社会组织扎根社区,熟悉社区情况,能及时发现矛盾纠纷,调解时能起到事半功倍的作用,探索成立一些"民间调解队""说事评理坊""和谐企业室"等社会组织,通过积累社会资本构建现代社区中的"熟人社会"。在外来人口聚居的"城中村"片区,推动成立"出租房租客协会""出租屋业主协会""外来人口服务中心"等社会组织。

第七章

深圳城管执法40年

唐 娟[①]

① 唐娟,法学博士,深圳大学社会管理创新研究所所长、城市治理研究院教授。

城管执法是城市管理机关执行法律规范、实施行政管理的公务活动过程。由于城管执法是一个复杂的社会系统工程,包括城管执法的主体制度、程序制度、责任制度、救济制度、评价制度等多个制度环节,这些具体制度的运行情况在很大程度上反映了一个地方城管执法水平的高低。因此,城管执法问题一直是城市社会的热点问题,尤其是在流动人口众多、人口结构严重倒挂的深圳,城管执法体制改革更是迫在眉睫。在梳理和总结深圳改革开放40年发展时,非常有必要对深圳多年来城管执法改革的发展历程、实施情况和经验等作简要回顾。

一、城管执法改革发展的基点和历程 ▶▶

(一)历史基点与变革初衷

20世纪80年代深圳建市之初,深圳市辖区只包括经济特区和宝安县两部分,城市建成区实行街居体制,非城市建成区则实行镇村体制。其中,特区内城市建成区只有罗湖区和福田区两个区。

1984年12月,建设特区的最早一批基建工程兵转业,其中26人被分到深圳市公用事业管理公司下属的市容卫生监察处,成为深圳成立经济特区后的第一批城管执法人员。他们在经过警校的三个月培训后,开始在罗湖区和福田区执行城市管理执法工作。"当时的执法内容主要还是对乱设摊点、乱写乱画、乱设灯箱广告、撒漏污染城市道路、乱搭乱建违法建筑等进行监查管理。"① 深圳市公用事业管理公司市容卫生监察处也成为现在深圳市城市管理行政执法监察支队的前身。不过,深圳城管执法体制的发展与全国城市管理体制变迁的宏观背景密不可分。

20世纪80年代末,随着农村经济改革的深入推进,大批农村人口向

---

① 扎根城管三十年 默默无闻孺子牛[N].深圳商报,2017-09-18.

各大城市快速转移。在全国范围内,"脏、乱、差"的"城市病"和城市管理中的分散执法问题越来越突出。为解决此问题,国务院于1988年明确了由建设部负责归口管理、指导全国城建监察工作;1991年,建设部设置了城建监察办公室,其职能范围包括城市规划、市政设施、公用事业(水、电、气)、市容环境卫生、园林绿化五方面的行政执法工作;1992年,建设部颁布的《城建监察规定》,要求各个地方城市政府将之前成立的各类名称不一的城市管理队伍统一纳入城建监察队伍中,各个城市城建监察队伍的组织形式、编制、执法内容、执法方式由城市政府根据实际情况来确定。由此各地城市执法队伍膨胀,市容、交通、公安、工商、园林、税务、环保、卫生、规划等领域在城建监察的框架下都成立了执法队伍,各自执法、重复执法、多头执法情况严重。因此,进一步推进城市管理行政执法体制改革势在必行。

1996年,全国人大常委会出台了《中华人民共和国行政处罚法》,其中第16条专门规定了"相对集中行政处罚权"制度。依据此法,国务院开始推行"城市管理综合执法试点"。自1997年,北京、上海、广东成为全国第一批"城市管理相对集中行政处罚权试点"城市。从此,"城建监察"的概念被改为"城市管理",城管队伍不再归口建设部而完全由地方政府管理,并综合执行此前城建监察队伍的各项执法权。

就深圳而言,20世纪八九十年代正是经济特区建设的初期,特别是1992年邓小平南方谈话确立了社会主义市场经济体制后,作为市场经济发展的排头兵,深圳更是吸引了来自全国各地的大批务工人员。同时,经济特区开始扩容,盐田区、南山区相继成立。城市人口暴增,使深圳的城市管理问题较之其他城市更为突出。由1984年底转业的26名基建工程兵组成的城管执法人员已经难以支撑繁重的执法任务。因此,深圳作为一个崭新的城市,城管体制建设首先要解决的是执法队伍建设问题。1993年,深圳在全国率先正式成立市容环境执法队。1996—1997年,深圳城管执法队伍开始扩招,由最初的26人增加到200多人。在人员结构上,高校应届毕业大学生的比例开始大幅提高。1984年到1997年,一支专业化的城管执法队伍开始形成。

（二）城管执法改革历程

此阶段可视为深圳市城管执法建设的起步阶段。此后，深圳市开始着手进行城管执法体制的建构性工作，其城管执法体制改革可以被划分为如下四个阶段。

1. 试点探索：1998—2005 年

在推行"相对集中行政处罚权"制度的大背景下，1998年5月15日，深圳市人大常委会发布了《关于批准深圳市人民政府在罗湖区进行行政综合执法检查和处罚试点的决定》，拉开了城管执法相对集中行政处罚权改革的帷幕。该决定批准深圳市人民政府在罗湖区进行行政综合执法检查和处罚试点，同意罗湖区人民政府成立行政综合执法机构，并规定了罗湖区行政综合执法机构的名称、组织机构、人员编制、执法范围、执法程序、复议管辖等具体实施方案由罗湖区人民政府拟定，报深圳市人民政府批准并公布实施；罗湖区行政综合执法机构具有独立的行政执法主体资格，在市人民政府确定的试点范围内，市、区相关行政机关依照法律、法规和有关规定在罗湖辖区按各自职权范围只行使行政管理权和监督权，不再行使检查权和处罚权①。

2000年1月31日，国务院法制办向广东省人民政府发出了《关于在广东省深圳市开展城市管理综合执法试点工作的复函》（国法函〔2000〕8号），同意广东省人民政府在深圳全市开展城市管理综合执法试点工作。随后，广东省人民政府办公厅发布了《关于在深圳市开展城市管理综合执法试点工作的通知》（粤办函〔2000〕236号）。2001年10月，《深圳市人民政府关于开展相对集中行政处罚权试点工作的决定》（深府〔2001〕143号）出台；同年11月，广东省政府在《南方日报》上发布了《关于在深圳市开展相对集中行政处罚权试点工作的公告》，深圳正式启动了相对集中的行政处罚权试点工作。

广东省政府发布的《关于在深圳市开展城市管理综合执法试点工作的

---

① 深圳市人大常委会《关于批准深圳市人民政府在罗湖区进行行政综合执法检查和处罚试点的决定》（1998），该决定于2001年12月21日废止。

通知》规定,深圳市相对集中的行政处罚权试点工作由深圳市人民政府负责组织实施,深圳市城市管理行政执法局、各区城市管理行政执法局为市、区人民政府负责集中行使行政处罚权的行政机关,具体行使 8 项职责:行使城市规划管理方面法律、法规、规章规定的行政处罚权;行使市容环境卫生管理方面法律、法规、规章规定的行政处罚权;行使城市园林绿化管理方面法律、法规、规章规定的行政处罚权;行使环境保护管理方面法律、法规、规章规定的行政处罚权;行使工商行政管理方面法律、法规、规章规定的对无照商贩的行政处罚权;行使公安交通管理方面法律、法规、规章规定的对侵占道路行为的行政处罚权;行使房产管理方面法律、法规、规章规定的行政处罚权;履行广东省、深圳市人民政府规定的其他职责。同时规定,上述行政处罚权由城市管理行政执法局相对集中行使后,有关部门不得再行使;若仍然行使的,其做出的行政处罚决定依法一律无效。广东省政府要求,深圳市城市管理行政执法局、各区城市管理行政执法局自 2001 年 12 月 1 日起在深圳市行政区域内实施执法工作,其执法人员必须持省人民政府统一制发的行政执法证上岗执法。公民、法人或其他组织对深圳市城市管理行政执法局做出的行政处罚决定不服的,可以提出行政复议申请,由深圳市人民政府依法受理;对区城市管理行政执法局做出的行政处罚决定不服的,可提出行政复议申请,根据当事人的选择,由区人民政府或者市城市管理行政执法局依法受理。

深圳市根据广东省政府的要求,结合本市情况,按照行政职能"精简、统一、高效"的原则,正式建立了城市管理行政执法组织体系、城市管理行政执法的管理体制及运作机制,并于 2001 年 12 月 1 日正式运行。根据《深圳市人民政府关于开展相对集中行政处罚权试点工作的决定》,深圳市开展相对集中的行政处罚权试点工作的愿景是通过相对集中的行政处罚权来规范执法行为,并逐步解决城市管理中存在的市区执法机构较多、多头执法、重复处罚、执法效率不高、执法行为不规范等问题,进一步理顺综合执法与专业管理的关系,明晰市、区、街(镇)城市综合执法职责与权限,建设一支高效、廉洁、公正、文明的城市管理行政执法队伍,建立起运转高效、保障有力的城市综合管理机制,实现对城市的依法管理和长效管理,全面提高城市的现代化管理水平,促进城市经济社会协调发展。

根据深府〔2001〕143号文件,设立了深圳市城市管理行政执法局和区级城市管理行政执法局。深圳市城市管理行政执法局是深圳市人民政府在城市管理方面集中行使行政处罚权的工作机构,具有行政执法主体资格,与市城市管理办公室合署办公。其具体职责有7项:负责组织和协调全市的城市管理行政执法工作;研究、制定全市城市管理行政执法的政策、规章制度、实施细则、管理目标和任务,并组织检查落实;组织、协调全市重大行政执法活动和统一的执法行动;负责查找较大的跨区违法案件以及涉及面广、造成重大影响的违法案件,负责全市执法队伍的日常督察工作;负责全市行政执法业务培训、业务考核和评比工作;协调各区、市政府相关部门,配合做好有关城市管理行政执法工作;办理市政府交办的其他事项。

区级城市管理行政执法局是各区人民政府在城市管理方面集中行使行政处罚权的工作机构,具有行政执法主体资格,与区城市管理办公室合署办公,具体行使5项职责:承担本辖区内城市管理行政执法任务;负责执法队伍建设和管理,负责对派驻各街道办事处(镇)的行政执法队的执法工作进行管理、监督和评比;按照职责和任务的分工,组织专项执法行动;协调区政府相关工作部门配合做好城市管理行政执法工作;办理市城市管理行政执法局和区政府交办的其他工作。区行政执法局下设若干行政执法队,派驻到各街道办事处(镇)工作,各行政执法队定期成建制轮换。行政执法队以区行政执法局名义行使执法权,业务工作接受区行政执法局领导和监督,日常工作由各街道办事处(镇)指挥、调度和考核。

城市管理行政执法工作机构行使如下9项行政处罚权:① 行使城市容貌、环境卫生、城市园林、城市绿化、风景区、市政设施、爱国卫生、犬类管理方面法律、法规、规章规定的行政处罚权。② 行使环境保护管理方面的法律、法规、规章规定的对违反社会生活噪声管理规定和未经批准焚烧废弃物行为的行政处罚权。③ 行使水务管理方面法律、法规、规章规定的对违反水土保持、水资源管理、河道管理规定行为的行政处罚权。④ 行使卫生管理方面法律、法规、规章规定的对未取得《医疗机构执业许可证》擅自执业和无《食品卫生许可证》的街头流动饮食、食品摊档的行政处罚权。⑤ 行使工商行政管理方面法律、法规、规章规定的对室外流动无照商贩和违法设置户外广告行为的行政处罚权。⑥ 行使公安交通管理和市政管理方面法律、法规、规章规定的对擅自挖掘道路或者违法占用道路施工、摆摊设点、堆放物料行为的行政处罚权。⑦ 行使房屋租赁管理方面的法律、法规、规章规定的行政处罚权。⑧ 行使畜禽屠宰管理方面法律、法规、规章规定的对私设屠宰场、非法屠宰畜禽行为的行政处罚权。⑨ 履行法律、法规、规章或者市人民政府授予的其他职权。

各区城市管理行政执法局则可根据本辖区实际需要适当扩大执法范围。扩大执法范围的事项,由区政府报市政府批准后实施。

城市管理行政执法机构的组建与市、区机构改革同步进行。市、区城市管理行政执法局本着精简、高效的原则,其执法人员优先在现有城管监察队伍和相关部门执法人员中录用,差额部分由市、区城市管理行政执法局确定选拔条件,由人事部门按照公务员管理规定,在全市范围内公开考核录用。

全市城市管理行政执法体制按照"责权统一、精简高效、重心下移"的原则,实行"条块结合、以块为主"和市、区双重领导的管理模式。市、区两级城市管理行政执法局的分工是:市城市管理行政执法局主要负责制定规定,提出要求,做好指导、协调、监督和检查工作;各区行政执法局承担具体的执法任务。市城市管理行政执法局统一制定的规章制度、目标计划和中心任务,各区城市管理行政执法局必须执行和落实,不得各行其是。各区城市管理行政执法局在业务上接受市城市管理行政执法局的领导,其负责人的任免须事先书面征求市城市管理行政执法局意见。在开展重大执法活动或其他特殊情况下,市城市管理行政执法局对各区城市管理行政执法机构有统一调度权。市、区城市管理行政执法机构的经费分别由市、区财政全额核拨,并参照公安机关人员的福利待遇给予执法人员特殊岗位补贴。

行政处罚权相对集中后,实行决策权与执法权相分离,审批权与处罚权相分离。各级政府行政主管部门继续履行行政审批、行政许可、设施维护、检查监督等管理职责,不再行使已统一由城市管理行政执法部门行使的行政处罚权;若仍然行使的,其所做出的行政处罚决定一律无效。相关行政主管部门与城市管理行政执法部门在工作上各司其职,逐步建立协调有序、行之有效的工作配合机制,逐步形成和完善联席会议制度、联络员制度、审批备案制度。各行政主管部门在行政管理过程中,应履行如下权利义务:可根据上级部署以及本部门工作需要,建议城市管理行政执法部门组织专项执法行动;发现行政管理相对人的违法行为属于城市管理行政执法部门职责管辖范围的,移送城市管理行政执法部门处理并知晓处理结果;发现城市管理行政执法部门处罚不当或不作为的,有权提请同级人民政府或其上级城市管理行政执法部门进行检查和纠正。其中,公安部门根据城市管理行政执法工作的需要,应安排适量警力协助市、市城市管理行政执法部门开展统一或专项执法行动,保障城市管理行政执法工作的顺利进行。

在制度实践上,从2001年12月到2005年间,"相对集中行政处罚权"制度得以确立,执法范围得以明确,市、区两级城市管理行政执法局相继成立,并由区城管执法局向街道办事处派驻执法队;9项执法范围或权力涉及58部法规、286项处罚条款。市、区共配备城管行政执法编制人员800名,建立了"条块结合、以块为主"和"市、区双重领导,三级执法"的管理模式①。

2. 深入推进:2006—2008年

"市、区双重领导,三级执法"的管理模式建立后,基层(街道和社区)城市管理综合执法力量不足,成为城市管理综合执法工作存在的突出问题。在本阶段,深圳空间面积狭小,地域面积只有1 953平方千米,户籍人口不到300万人,而实有管理人口逾千万,人口流动率居全国之首,因此基层管理规模过大、配置失衡、执法力量不足的状况也较为严重。由此造成粗放式的城市管理,难以达到范围到位、程度到位、质量到位的精细化要求。只有将综合执法重心下移到街道一级,才能在一定程度上解决行政执法领域和基层政府管理中存在的问题。

2006年,深圳市在宝安区大浪、龙华、民治、布吉等六个街道进行街道城

---

① 深圳即将启动城管行政执法体制改革[N].深圳特区报,2014-12-10.

市管理综合执法试点工作,并在此基础上出台了《深圳市人民政府关于全面推进街道综合执法工作的决定》(深府〔2006〕268号),同时废止了深府〔2001〕143号文件。

深府〔2006〕268号文件以创新街道行政管理体制、改进行政执法状况、提高行政执行力为目标,在全市范围内推进街道综合执法工作,在强化属地管理责任的基础上,相应加强基层的执法权限,丰富基层的执法手段,通过科学、合理配置行政资源,实行执法权力下沉、管理重心下移,以解决基层行政执法中长期存在的多头执法、重复处罚、权责分割、执法效率不高、基层执法薄弱等问题。

根据该决定,各区城市管理执法局在辖区各街道设立街道执法队,作为区城市管理执法局的派出机构,街道执法队以区城市管理执法局的名义实施行政处罚。市、区城市管理执法局原有的执法队伍分别调整为市城市管理执法监察支队和区城市管理执法监察大队,由市、区编制部门分别核定其机构人员编制。街道执法队实行"条块结合、以块为主"的管理体制,人事、财务由街道办事处管理,日常工作由各街道办事处指挥、调度和考核。街道执法队的领导人数与内设机构由各区政府结合自身实际研究决定,街道执法人员在确定的编制内向社会公开招考,具有公务员身份且符合条件的人员可直接调入街道执法队。街道执法队所需经费由财政部门全额拨款,严格实行罚缴分离、收支两条线制度。

该决定明确划定了街道综合执法的范围,共21项。此外,该决定还规定,市、区相关行政机关不得擅自增加街道综合执法机构的执法事项。各区政府确需扩大街道综合执法范围的,须报市政府批准。

该决定重新梳理了市、区城市管理执法局和街道执法队的职责,规定市、区和街道综合执法机构要按各自职责密切配合。对列入街道综合执法的事项,应以街道执法队查处为主,市、区城管执法局在街道辖区内发现的违反城市管理法规的行为应交由街道执法队依法处理,不再直接实施具体的行政处罚。

对有关城市管理综合执法机构与其他行政机关的关系,深府〔2006〕268号文件首次规定应建立综合执法联席会议制度和六大机制,包括公安保障机制、信息资源共享机制、责任追究机制、执法监督机制、执法协调机制、行政复议机制,并首次规定应加强综合执法的规范化建设,通过立法建立和完善综合执法长效管理机制。

2007年,街道综合执法在全市范围内全面践行。此次改革实现了执法重心下移,街道综合执法范围从过去的9项增至21项,涉及143部法规、583项执法事项,形成了"市、区监督,街道执法"的三级执法体制①。相应地,执法力量也下沉到街道一级,街道执法队人、财、物归街道统一管理,各街道执法队无论在人员数量、办公场地还是执法装备、队伍的整体素质上都得到了加强,基层执法力量薄弱的困境得到了改善,街道依法管理社会事务的能力得到加强。同时,政府执法资源进一步实现了整合,基本解决了原来多头执法造成的职权不清、效率不高等问题,提高了执法效率,降低了执法成本。此外,此次改革还有力地推进各街道积极探索和创新城市管理工作方式。2008年,市政府又发布《印发关于街道综合执法工作补充规定的通知》(深府〔2008〕190号)。

3. 持续调整:2009—2013年

尽管前一阶段街道综合执法改革取得了较大的成绩,但依然存在一些问题。如街道行政执法专项编制被占用、人员不到位、缺少专业技术人才,特别是街道执法队与其他职能部门业务关系没有完全理顺,事权划分不够清晰,综合执法法律体系不够完备、法律规定不够细致等问题,因此,改革还须进一步深化。2009年9月,深圳实行大部制改革,借此契机,深圳市进一步调整了城市管理综合执法范围,并在2013年通过地方立法确立了其边界。

2009年7—9月,深圳市公布了《深圳市人民政府机构改革方案》、《关于印发市政府工作部门主要职责内设机构和人员编制规定的通知》(深府办〔2009〕100号)、《深圳市市级行政执法主体变更公告》(深法制〔2009〕159号)和《关于进一步明确查违工作责权分工的通知》(深编〔2009〕114号)等重要文件。据此,保留深圳市城市管理局(挂深圳市城市管理行政执

---

① 深圳即将启动城管行政执法体制改革[N].深圳特区报,2014-12-10.

法局、林业局牌子），是市政府主管园林绿化、林业、环境卫生、城市市容综合管理和城市管理行政执法的工作部门。此次改革将原市农林渔业局的林业管理职责划入了市城市管理局；将市政道路、桥梁的管理维护、市政道路执法以及道路照明设施的规划、建设、改造职责划给市交通运输委，市城市管理局的职责被调整为11项；将与市容环境无关的职责调整出综合执法范围。市城市管理行政执法监察支队主要负责重大、复杂案件的查处工作，指导协调、检查监督各区城市管理行政执法机构开展工作，各区城市管理执法机构承担具体的执法工作。

2010年4月，深圳市城市管理局发布了《关于明确街道综合执法范围的通知》（深城法通〔2010〕13号），对机构改革后街道综合执法范围进行梳理，将原来的21项减少为12项。

2013年10月1日，《深圳经济特区城市管理综合执法条例》正式实施。该条例为深圳市首部有关城市管理综合执法的地方法例，只适用于深圳经济特区范围内。该条例的特点体现在如下三个方面：首先，它界定了城市管理综合执法的内涵。即市、区城市管理行政执法部门依照有关规定，相对集中行使有关城市管理领域的行政处罚权，对有关违法行为统一实施行政执法的行为。其次，它明确规定了纳入城市管理综合执法职责范围的事项应当符合一定条件。即属于城市管理行政部门职责范围内的事项，或者是与市容管理密切相关且属于现场易于判断、不需要专业设备和技术检测手段即可定性的事项。最后，进一步将综合执法职责范围减缩为8项，重新明确了市、区、街道城管综合执法工作机构的职责分工。此外，该条例明确规定综合执法部门应遵守执法操作规范和应采取的措施，明令禁止暴力执法，同时规定综合执法人员依法开展行政执法活动受法律保护，规定建立综合执法公众评议制度。

深圳市城管局（行政执法局）依据《深圳经济特区城市管理综合执法条例》，将市城管局（行政执法局）的法定执法权分解为"15+1"项，细分出来的其他执法权包括：根据食品卫生管理方面的法律、法规、规章，对街头流动饮食、食品摊档进行查处；根据建设方面的法律、法规、规章，对未取得《施工许可证》擅自进行改建工程（包括二次装修工程）施工的行为进行查处；根据燃气方面的法律、法规、规章，对未经批准或者备案擅自从事瓶装燃气经营活动的和利用机动车辆或者其他运输工具作为储存场所定点或者流动销售瓶装燃气的行为进行查处，直接为预约用户提供送气服务的除外；根据安全生产管理和矿产管理方面的法律、法规、规章，对未按规定取得许可证而擅自从事生产、经营、储存烟花爆竹和未经批准擅自进行采石、取土的行为进行查处；根据殡葬管理方面的法律、法规、规章，对非法从事或者超出核准登记经营范围从事殡葬服务业务，殡葬设备、用品的生产和销售等经营活动的行为进行查处；根据教育管理方面的法律、法规、规章，对非法设立高校、中小学校、幼儿园的行为和擅自创办教育培训机构的行为进行查处；根据《深圳市校外午托机构管理办法》规定，对未经批准或登记的校外午托机构依法取缔，并可依法对其财产予以查封、扣押；根据公路管理方面的法律、法规、规章，对未经批准在公路用地范围内设置户外广告（含标语、招牌）的行为进行查处。上述执法范围涉及行政处罚事项477个。

经过此次调整，确立了统一领导、市—区—街道分级管理、重心下移的城管综合执法模式，市城管执法机构负责建章立制，进行宏观监察；各区主要贯彻落实市里的要求和规章办法；城管执法权下沉到街道层面，由街道综合执法队完成具体的巡查、警告、处罚等措施。同时，也形成了社区、市民参与城市管理的共治格局，城市管理开始转向城市治理。

4. 重构提升：2014年至今

2014年，深圳市委出台了《贯彻落实党的十八届四中全会精神 加快建设一流法治城市的重点工作方案》（简称"1+6"方案），要求2015年启动城市管理行政执法体制改革。2015年12月24日，中共中央和国务院颁布了《关于深入推进城市执法体制改革改进城市管理工作指导意见》（中发〔2015〕37号）；2016年2月6日，《中共中央国务院关于进一步加强城市规划建设管理工作的若干意见》发布。上述两个文件深刻分析了当前我国城市发展面临的形势，明确了做好城市工作要在"建设"与"管理"两端着力，强调了抓城市工作要抓住城市管理和服务这个重点，要推动城市管理向城市治理转变，完善城市治理体系，提高城市治理能力。其中，中发〔2015〕37

号文件是中央层面首个关于城市执法体制改革和城市管理工作的顶层设计,它首次框定了城市管理的主要职责,并明确了国务院住房和城乡建设主管部门负责对全国城市管理工作进行指导,提出城市创新治理方式,要求引入市场机制、推进网格管理、发挥社区作用、动员公众参与等,提出推动形成多元共治的城市治理模式,逐步形成现代城市治理体系。2016 年 12 月,中共广东省委、省人民政府发布了《关于深入推进城市执法体制改革改进城市管理工作的实施意见》(粤发〔2016〕24 号),重构全省各城市管理综合执法体制。

在此新形势下,深圳市委、市政府近年来相继制定了《关于推进生态文明、建设美丽深圳的实施方案》《关于深入推进城市执法体制改革改进城市管理工作的实施意见》《深圳市城市管理综合执法改革实施意见》等重要文件,提出了重构深圳城市管理综合执法体制改革的目标和途径。根据这些文件,目前及未来几年内,深圳市将根据中央城镇化工作会议、城市工作会议的部署,践行创新、协调、绿色、开放、共享的发展理念,以城市管理现代化为指向,以理顺体制、完善机制、法制保障为途径,把深入推进城市管理和综合执法体制改革作为促进城市发展转型、增创新优势的重要举措,与简政放权、放管结合、转变政府职能、规范行政权力运行等有机结合,构建权责明晰、服务为先、管理优化、执法规范、安全有序的城市管理体制,推动城市管理走向城市治理,促进城市运行高效有序。到 2020 年,全市城市管理和综合执法的法规和标准体系基本完善,执法体制总体理顺,执法力量配置基本到位,队伍建设明显加强,服务管理便民高效,现代城市治理体系初步形成,城市治理效能大幅提高,人民群众满意度显著提升。

在机构设置和体制机制设计上,市城市管理局(行政执法局、林业局)更名为市城市管理和综合执法局,加挂林业局牌子(以下简称“市局”),作为市政府主管环境卫生、园林绿化、林业、景观灯光、城市市容综合管理和城市管理综合执法的工作机构,具有城市管理综合执法的主体资格。市局下设市城市管理综合执法支队,按副局级建制,具体承担全市城市管理综合执法的指导协调、指挥调度、检查监督、队伍建设、宣传培训和重大案件执法等职责;撤销市城市管理行政执法监察支队,将其职能划入市城市管理综合执法支队。各区成立区城市管理和综合执法局(以下简称"区局"),作为区政府主管城市管理和综合执法的工作机构,具有城市管理综合执法的主体资格,新区城市管理和综合执法局以委托机构名义开展执法工作。各区局下设区城市管理和综合执法局直属大队,按副处级建制,具体承担区辖区内城市管理综合执法的业务领导、案件管理、队伍管理、执法协调和组织开展跨街道执法等职责。撤销各区城市管理行政执法监察大队,将其职能划入各区局直属大队。各区局按辖区街道对应设置若干派驻街道执法大队,统一命名为"XX区(新区)城市管理和综合执法局XX(街道名称)街道执法大队",按副处级建制,作为区局的派出机构,派驻街道承担辖区内具体执法工作,并以区局的名义实施行政处罚,其人、财、物由街道负责。撤销各区街道执法队、新区办事处执法队。各区局派驻街道执法大队不再加挂"街道规划土地监察中队"牌子,不再承担查违工作职责,查违工作统一收归规土监察执法队伍行使。

城市管理综合执法范围被重点确定在与群众生产生活密切相关、执法频率高、多头执法扰民问题突出、专业技术要求适宜、与城市管理密切相关且需要集中行使行政处罚权的领域。遵循分步实施、逐步到位的原则,先集中行使15个方面的行政处罚权。根据中央和广东省的有关要求,应当纳入城市管理综合执法范围的住房城乡建设领域法律法规规定的其他处罚权,环境保护管理方面社会生活噪声污染、建筑施工噪声污染等行政处罚权,交通管理方面违法停放车辆的行政处罚权,水务管理方面城市河道违法建筑物拆除的行政处罚权,根据改革进程逐步集中到位。上述范围以外需要集中行使的具体行政处罚权及相应的行政强制权,原则上不得纳入城市管理综合执法范围;因理顺事权确需纳入的,由市政府报省政府审批。以下事项,则被调整出城市管理综合执法范围,由有关行政机关履行职责:殡葬管理方面的法律、法规、规章规定的对非法从事或者超出核准登记经营范围从事殡葬服务业务,殡葬设备、用品的生产和销售等经营活动的行政处罚权;教育管理方面的法律、法规、规章规定的对非法设立高校、中小学校(中等职业学校)、幼儿园的行为和应当经过教育行政主管部门批准而未批准、擅自创办教育培训机构的行政处罚权;《深圳市校外午托机构管理办法》规定的对未经批准或登记的校外午托机构依法取缔，并可依法对其财产予以查封、扣押的行政处罚权；安全生产管理和矿产管理方面的法律、法规、规章规定的对未按规定取得许可证而擅自从事生产、经营、储存烟花爆竹和未经批准擅自进行采石、取土的行政处罚权；畜禽屠宰管理方面的法律、法规、规章规定的对私设屠宰场、非法屠宰畜禽的行政处罚权；文化市场管理方面的法律、法规、规章规定的未经批准在室外进行营业性演出的行政处罚权。

同时，进一步厘清市、区、街道管理执法权责，政府部门有关城市管理的职责边界基本清晰，协同机制和保障机制基本建立。其中，市局的主要职责为7项，区局的主要职责为5项，派驻街道执法大队的主要职责为3项。

进一步明确政府其他各职能部门、街道办事处的相关职责。其中，各职能部门的相关职责主要体现在以下四个方面：第一，对纳入城市管理综合执法范围集中行使行政处罚权的事项，住建、环保、市场监管、交通运输、水务、食药监等有关职能部门不再行使行政处罚权和行政强制权，但应当继续加强源头监管，依法履行政策制定、行政许可、行政检查、行政指导、行政确认、事后监管及执法配合等职责，其行业监管责任主体不变。对于违法行为多发的领域和环节，有关职能部门应当完善法制建设，出台疏导政策，运用综合管理手段和措施，从源头上预防或者减少违法行为的发生，并协同城市管理和综合执法部门开展联合执法，实现管理、执法联动，避免出现监管真空地带。第二，有关职能部门应当主动建立执法信息互通共享机制，将与城市管理综合执法事项相关的行政许可和监督管理信息通过网络系统或者其他合适的方式通报给城市管理和综合执法部门，确保行政管理信息的互通和共享。有关职能部门发现违法行为线索应及时移送城市管理和综合执法部门查处，城市管理和综合执法部门应当将发现的问题和实施行政处罚的情况及时通报有关职能部门。第三，城市管理和综合执法部门在查处重大、复杂或者争议较大的违法行为过程中需要有关职能部门提供违法事实裁定、技术鉴定等专业指导意见的，有关职能部门应当自收到书面协助通知书之日起5个工作日内出具明确书面意见。必要时，城市管理和综合执法部门可以通知有关职能部门及公安部门到场，对违法行为的现场检查和勘验提供协助,有关部门应当予以配合。城市管理和综合执法部门为查处违法行为需要查询有关资料的,有关职能部门应当配合,并给予协助,提供便利。第四,有关职能部门未按要求履行监管、疏导、协作、配合等职责的,由城市管理和综合执法部门提请本级政府协调处理,并通报其上级行政机关。

街道办事处的相关职责主要体现在五个方面:第一,贯彻执行有关法律、法规、规章和国务院、省、市人民政府的决定,对街道辖区内市容市貌、环境卫生、公共空间秩序等城市管理和综合执法事项承担辖区管理责任。第二,负责区城市管理和综合执法局派驻街道执法大队的人、财、物及日常管理、年度考核、后勤保障等工作。第三,根据实际工作需要,组织、协调辖区内股份公司、社区工作站、居委会、物业管理单位及辖区公安、市场监管、安监等部门,依法支持、配合城市管理综合执法工作。第四,负责组织实施街道辖区内城市网格化管理工作,推进网格化、精细化管理。第五,依法加强基层社会治理、公共管理和公共服务职责,推进落实"门前三包"、便民疏导、契约自治等工作,强化社区自主管理能力。

可以说,2014年以来的城管综合执法体制改革除了进一步理顺机构体系和权责关系外,其深层的愿景是推动城市管理走向城市治理,为全国改革提供"深圳样板"。

二、城管执法改革的成效和亮点 ▶▶

从1984年至今,经过数十年的探索、改革和发展,深圳城管执法体系与制度从无到有、从不足到健全,取得了令人瞩目的成就。

(一)建立了统一的城管执法法规体系

经过几十年的发展,深圳市城市管理领域的法律法规框架已基本形成。深圳市委、市政府把依法治理作为城市社会治理的灵魂和关键,同时充分发挥拥有双重立法权的优势,借此立良法以行善治。深圳市人大高度重视城市治理领域的立法工作,自建市以来共制定了200多部地方性法规,成为全国地方立法最多的城市,其中40%属于城市社会治理领域的立法,确保了城市治理有法可依。其中,城管综合执法依据除了国家相关法律之外,还包括如下深圳市地方法规和规范性文件。如深圳市政府发布的《关于完善环卫市场化机制提升城市清洁水平的意见》(2009)、《关于巩固市容环境提升成果进一步加强城市管理工作的意见》(2012)、《关于印发深圳市市容环境综合考核办法(试行)的通知》(2012)、《深圳市生态文明建设考核制度(试行)》(2014)等,构建了全市统一的城市管理绩效考评体系。深圳市城市管理局也发布了《深圳市垃圾减量分类工作方案》《全面推行"垃圾不落地"模式,进一步提升环境卫生水平的工作方案(试行)》等文件,就全市各区的环境卫生、市容秩序、园林绿化、数字化城管综合执法等制订了一系列评价指标体系。以市容环境考核为例。从2012年3月开始,深圳推出了市容环境综合考核办法,对全市10个区(新区)的57个街道办市容环境管理实施公开考核。考核内容包括环境卫生、市容秩序、园林绿化和城市照明等城市管理领域的所有内容,涉及32大项、100个小项,设置了200个扣分点。考核结果按照得分高低进行排名,直接在媒体上公布,接受社会监督。考核主要是考管理,看管理到不到位、责任能否落实、作风扎不扎实。

(二)建立了统一的城管执法体制模式

第一,建立了统一的全市城管执法机构体系。到2018年初,全市设有市级监察支队、8个区监察大队、2个新区执法科和74个街道执法队,形成了以市、区、街道城管综合执法队伍为框架,覆盖全市的三级城管执法体系。到2018年底,将实现全市城市管理和综合执法机构综合设置,以及"派驻街道、区街共管、市级监管"的管理模式,实现全市城管执法机构设置统一、队伍名称统一和形象识别统一。

第二,全面厘清了城管执法部门的职责范围。实现了城管执法事项科学划转,明晰城管执法部门与其他相关职能部门的职责边界。

第三,理顺了城管执法条块关系。按照属地管理、权责一致、下移执法重心的原则,合理确定市级、区级城管执法部门的职责分工。规范区城管执法部门派驻街道的执法机构建制,派驻街道执法机构业务工作接受区城管执法部门领导,其人、财、物等日常管理所需由所在街道负责。

第四,城管执法部门与其他部门的协作机制不断得到完善。对纳入城管执法范围集中行使行政处罚权的事项,其他有关职能部门不再行使行政处罚权和行政强制权,但其行业监管责任主体不变,应当继续加强源头监管,依法履行职责。建立健全了城管执法部门与其他相关职能部门的执法信息互通共享、及时移送机制,建立健全了城管执法部门与公安等职能部门之间的行政协作机制,建立健全了城管执法部门与司法部门的工作衔接机制,实现行政执法和刑事司法无缝对接。

第五,建立了统一的城管执法人员管理体系。将全市执法人员、协管员、市容巡查员纳入统一管理平台,统一培训、统一考核监督。全市城管执法人员编制原则上均按照广东省城市管理执法人员配备比例标准核定,各区城市管理综合执法人员编制数量则按各区区域面积、常住人口、管理执法需求及社会经济发展等指标均衡配备。建成区域面积大、流动人口多、管理执法任务重、人流特别密集的功能区等地区,还可以适当提高执法人员配备比例。加强执法队伍形象规范化、标准化建设。根据国家住房和城乡建设部颁布的执法制服款式和标志,制定并完善了全市统一的城管执法形象标识、车辆标识、办公场所外观及内务规范的VI形象识别系统。队伍结构逐渐得到优化,执法专业人才配备比例不断提高,建立了协管员规范管理制度,推行协管员持证上岗、分类分级考核管理机制。

第六,建立了全市统一的执法监督体系,健全执法管理和执法监督考核评价制度,开通城管执法队容风纪、违法违纪统一受理电话和微信举报平台,正风肃纪,一查到底,严格队伍管理。

(三)建立了统一的城管执法指挥体系

首先,建立了统一的城管执法勤务指挥平台。深圳市十分重视加强城管执法的科技支撑,市城管局积极推动智慧城管项目先行先试,推进以"一云、两平台、六系统"为核心的"智慧城管"建设,建立一套集感知、分析、服务、指挥、监察"五位一体"的城管指挥运行体系。依托APP等现代信息技术手段,对城市管理态势进行实时分析和预警,及时发现问题,及时解决问题。目前,已经完成了全市统一"指挥大厅"建设、各区指挥分平台建设,以及街道执法指挥调度平台的建设,实现了全市执法行为点对点、扁平化、可视化指挥。

其次,完成了数字化城市管理系统建设。深圳市自 2006 年起就开始建设数字化城市管理系统,对市政管理公共区域内的各项设施,包括公用设施类、道路交通类、市容环境类、园林绿化类、房屋土地类等市政工程设施和市政公用设施进行全面普查,并对每个部件进行编码,实现城市管理的信息化和精细化。被纳入深圳数字化城管对象范围的包括建设部规定的六大类部件(公用设施类、道路交通类、市容环境类、园林绿化类、房屋土地类及其他有关设施)和五大类事件(市容环境、宣传广告、施工管理、突发事件、街面秩序),以及根据深圳市的实际情况而增加的 31 种部件、19 种事件。而且随着技术的发展,不断对数字城管平台进行升级改造,实现全市城市管理的科学部署、智能指挥、及时调度。

同时,促进公共数据资源共享,建立起部门协调联动机制,联动工作参与单位包括环保水务局、建筑工务局,公安局、交通运输局等相关职能部门及各街道办事处,实现了职能部门力量整合统管、管理信息互通共享、行政执法协调联动,形成上下联动、问题联处、执法联动的高效社会管理模式。此外,还努力推动了"12319"城市管理服务热线与 110 报警电话、"12345"市民热线电话等的对接工作。

最后,建立了建立全市统一的网上办案体系,全面推行网上办案,不允许出现网外办案、不上网办案的现象。

(四)形成了城管执法的特色模式

创新是深圳的生命。深圳市城管执法部门根据深圳市情与城市定位,不断创新城管综合执法模式,其中不乏一些卓有成效的模式。

(1)城管执法勤务模式。深圳在全市推广"市容巡查员"制度,实行"片区网格化"和"24 小时三班制"相结合,推进全天候管理、全区域覆盖、全过程监管,形成巡查监督、问题发现、问题处置、整改完善的全时全域全程闭环型管理机制。近年来,深圳坚持"行走深圳"一线工作法,深入推行

"721"工作法,用优质服务解决了70%的城市管理问题,用精细化管理解决20%的城市管理问题,用公平公正执法解决10%的城市管理问题,侧重源头治理,强化路面巡查,继续实行执法工作重心下移至路面、下移至一线,提升执法人员路面出勤率。

（2）律师驻队模式。"律师驻队"模式出现于2014年,既体现出用法治思维方式和手段开展市容秩序管理的优势,又体现出政府与专业化社会力量合作的趋势。"律师驻队"模式首先兴起于深圳市南山区沙河街道城管执法队,该执法队采用政府购买服务的方式与广东国晖律师事务所签订了合作协议。双方约定由国晖律师事务所委派专职律师常驻,为执法队提供相关法律服务,这些服务包括:开展普法教育、监督和规范执法、推进和落实处罚、协调不同部门等,由律师对城管执法进行全流程介入和指导等。上述服务的重点在于如下两个方面:一是规范执法队员的执法方式。律师每周至少要随执法队员外出执法一次,对执法队员们的执法行为进行监督,发现问题及时纠错,随时解答执法队员在执法过程中遇到的疑难问题。此外,律师还负责对案卷进行审核,对执法过程中的法律适用、执法程序、事实证据、程序瑕疵等细节问题进行指正并提出法律意见,对执法队员进行菜单式培训,培训内容包括执法技巧、执法规范、典型案例分析等。经过驻队律师的监督指导,执法队以前常用的直接对抗性的手段被摒弃,这使得发生在执法现场的直接冲突和对抗大大减少。二是督促违法当事人履行执法决定。对于执法队开出的行政处罚告知书或行政处罚决定,如果当事人不及时履行,驻队律师则发出律师函催告催缴;若仍不履行的,驻队律师将代理申请法院强制执行。

"律师驻队"制度实行后,从2014年7月到2015年底,沙河街道城管执法队执行到位的案件数量剧增至595件,执行率高达97.48%。同时,暴力执法、暴力抗法事件显著减少。沙河街道"律师驻队"模式的成效引发了全市其他地区的仿效。2015年,深圳市城管局联合司法局下发了《关于联合印发推广"律师要驻队"工作模式的指导意见》,要求到2016年底,80%的街道城管执法中队要采用该模式。到2016年6月底,全市已经有89%的街道城管执法中队采用了该模式。

（3）城管进社区模式。把城管执法机制创新与社区管理体制创新结合起来，推进"城管在社区"及"门前三包"工作，不断强化属地管理和社区城市管理职能。全市大多数区、街道都在社区成立了"社区城管室"，其主要职能包括：履行社区市容环境卫生责任，组织开展日常巡查，及时排查、发现、制止辖区内各类市容环境违法行为；协助开展爱国卫生工作，督促责任单位落实"门前三包"责任；协助街道城建办开展绿化、路灯等事项的日常监管工作；协助街道市政服务中心开展道路清扫保洁、环卫设施设置维护、垃圾清运日常监管以及小广告、余泥渣土的清理工作；协助相关部门对辖区的市场、住宅小区、待建地等场所的环境卫生进行整治；教育、劝改违反城市管理规范的轻度违法行为，协助城管执法部门做好辖区范围内的相关执法工作；协助开展城市管理法律法规及政策的日常宣传引导工作，组织开展文明家园创建活动；收集、汇总辖区居民有关城市管理问题的意见、建议。该模式调动了社区居民积极参与社区城市管理工作的热情，营造了"人民城市人民管"的良好氛围。

（五）建立了城管执法的社会共治机制

首先，深圳最早实现城市管理中的部分业务市场化。相较于其他城市，深圳市最早通过市场机制实现城市管理中政府职能的转变，其中又首推环卫清扫保洁作业中政府购买机制的建立。深圳从20世纪90年代初就按照政企分开、管养分开的原则，建立了环卫领域的市场管理体制。1994年，罗湖区相关部门在考察香港后，认识到城市管理的主体力量在市场，市场化是城市管理发展的必然选择，因此引入政府购买公共服务体制，打破政府与环卫工人的聘用关系，成立环卫公司，再由政府向它们购买服务。1998年，深圳市绿化管理处复制罗湖环卫工作的做法，成立园林绿化公司，再向园林绿化公司购买服务，使得政府购买公共服务模式由罗湖区上升到深圳市级层面。在此基础上建立了"政府引导、市场运作"的绿化管理模式。绿化养护实行对外招标承包制度、分类分级管理制度、绿地养护质量末位淘汰制度，将绿地保洁、保安服务全面推向市场，以市场规律来优化资源配置，实现了城市园林绿化建设管理的持续健康发展。到2001年，深圳市民营园林绿化公司已发展至百家。2005年,深圳市开始在市级管辖的公园管养中推行政府购买服务。目前,深圳民营园林绿化企业已发展至400余家。2008年,宝安区西乡街道办进一步扩大了城市管理与服务外包的广度与深度,除了市政道路和园林绿化养护等公共服务之外,还将协助城管执法队综合执法、协助城管部门进行城市管理等13项业务都外包给企业。该模式迅速被其他许多街道学习和模仿,到2012年8月,深圳市已经有35家公司参与城管服务外包业务,共雇佣了3 204名协管员。20年间,深圳城管服务外包的外延扩及三个方面:① 提供公共产品的服务外包,如园林绿化管养、市政设施维护等;② 涉及公共服务的外包,如环卫清扫保洁、垃圾处理等;③ 街道辅助综合管理类服务外包,形成了政府主导、管养分离、企业经营、市场运作的管理新机制。

这一实践不但让更多民营资本进入公共领域,促进了市场力量参与城市管理,而且使政府从过去的事务性工作中脱身而出,主要负责把握最终服务的质量。例如,原深圳市绿化管理处养护工人超过2 000名,机关编制300多人;改革后,所有养护工人进入市场,机关编制人员则进行有效分流,政府能够更好地专注于规则、服务标准的制定以及对服务提供方的监管。近年来,深圳提出"打造成为全国最干净、最优美的城市"目标,深入推行环卫作业市场化、专业化管理。截至2011年底,全市市政道路清扫保洁作业市场化率达90%,垃圾清运市场化率达75%,垃圾处理市场化率达52%。政府及其城市管理部门则负责进行制度设计和监督,2013年深圳出台了《关于社会组织参与市容秩序辅助管理若干指导意见》以及附带的4个规范性文件,对于城管部门、外包公司、协管员的各自身份及权责有了较为清晰的界定。此外,深圳还先后出台了《公用事业特许经营办法》《城市生活垃圾处理监督管理暂行办法》《公共区域环境卫生质量和管理要求》《环卫作业规范》《城市生活垃圾处理收费标准》《环卫作业服务预算定额》等政策。

其次,与社会组织进行专业化合作。近年来,深圳市城管执法部门开始注重与社会组织合作,专门从事城管事务的社会组织也逐渐兴起。这些新兴的社会组织包括如下三种类型:① 基金会,分为"有业务主管单位的基金会"和"无业务主管单位的基金会"。目前,以市城市管理局为业务主管单位的基金会有2家,即"美丽深圳公益基金会"和深圳市绿色基金会。

后者则纯粹由民间发起,如深圳市红树林湿地保护基金会。② 社会团体,也分为"有业务主管单位"和"无业务主管单位"两类。由深圳市城市管理局主管的社会团体有7家,包括深圳市风景园林协会、深圳市爱犬协会、深圳市犬类保护协会、深圳市犬类管理协会、深圳市华南流浪犬救助中心、深圳深圳市赏石协会、深圳市国艺生态园林景观研究院。其他社会团体如深圳市市政设施管理协会、深圳市清洁卫生协会、深圳市广告协会、深圳市宠物医疗协会、深圳市福田区公园管理促进会等,也涉及城市管理的业务。③ 民办非企业单位。此类组织的活动领域主要集中在垃圾分类、旧物回收利用等环保知识宣传,环保公益项目和活动策划推广等。近年来,比较活跃的民办非企业单位有深圳市绿洲环保公益事业促进中心、深圳市擦一擦环保公益事业中心、深圳市云腾环保公益事业发展中心、深圳市绿典环保促进中心、深圳市龙岗区绿之龙垃圾减量分类指导中心、深圳市康宏道环保公益事业发展中心、宝安区绿宝宝垃圾分类指导中心等。

截至2016年11月底,在市级社会组织管理局登记注册的、业务主管单位为市城市管理局,或者业务范围涉及城市管理(包括城市建设、城市规划),或者名称涉及城市的社会组织一共有54家。近年来,在区一级层面,各城区(新区)也在探索如何引入社会组织共同治理市容秩序,并且初步取得了成效。此外,城管执法部门还鼓励社区居民、商户等自发成立旨在改善社区城市管理水平的社会组织,如门店商铺自治协会、楼宇自治联谊会、社区宠物自治联谊会等。

最后,通过技术和组织手段促进市民参与。深圳市已经建立了两种正式渠道以促进市场参与城市管理:① 通过技术手段打造参与平台,吸引广大市民广泛参与;② 通过组织手段,建立城管领域的志愿者队伍和城市管理社会监督员。

市民参与的技术平台是五位一体的"美丽深圳"公众互动服务平台,市民只需通过手机微信关注"美丽深圳"微信公众号,便可通过该平台一键举报城市问题,跟踪处理进度,还能进行问题咨询、获知最新活动消息等。"美丽深圳"在运作过程中,最主要的工作是"爆料",市民可以随时随地拿起手机,拍下城市中影响居民生活的问题,上传到"美丽深圳",一键"爆料",从而出现"全城都是爆料人,执法过程全公开"的市民参与现象。"爆料"的问题类型包括市容环境、街面秩序、园林绿化、市政设施4大类18小类,基本覆盖了市民最为关心的城市问题。微信平台将收到的问题派遣到相关责任部门去处置,市民可通过平台查看问题的处理进度,并对相关责任单位的处理效率、质量进行评价,若相关单位被"差评",将被通报扣分,甚至影响下一次项目中标。"美丽深圳"微信公众互动服务平台运行起来之后,市民参与的热情明显高涨。除此之外,深圳市城管执法部门还建立了网上访谈、城管局微博、市长信箱等途径,吸引市民参与。

市民参与的组织手段主要是城管志愿者队伍。"志愿者之城"是深圳的城市名片之一。城管志愿者队伍是其中的重要组成部分。深圳市的城管志愿者队伍首先兴起于坪山新区,此后其他城区城管部门也根据管理需要陆续成立了区级志愿者队伍,还有一些街道也成立了类似的队伍。不过,这些队伍名称不一,任务各有偏重。总的看来,区级各种志愿者队伍主要履行如下任务:担任城管知识宣传员,向市民宣传有关城市管理方面的法律法规;当好环境卫生监督员,巡查监督城市环境卫生,举报、投诉各类"脏乱差"等环境卫生问题;当好城市管理义务监督员,对违反城市管理规章的行为进行监督及举报。

深圳市城管局高度重视发挥"志愿者之城"在城市管理中的优势,联合共青团深圳市委员会共同组建了"'美丽深圳'志愿者"服务队,制定了《"美丽深圳"志愿者工作方案》。"'美丽深圳'志愿者"服务队是一个社会各阶层积极参与、拥有相当服务力量、服务社会各个领域的社会公益性团体,以"服务、开放、让渡"作为工作理念,以开放的姿态积极接纳社会各界人士广泛地参与到城市管理中来,更好地引导市民参与城市管理工作,形成城市管理共建、共管、共治、共享的良好局面。"'美丽深圳'志愿者"服务队通过共建的形式,让渡政府职能,共享社会资源,主要承担垃圾治理、绿化提升、公园建设、市容秩序、生态保护和行业监管六项重点工作。

此外,深圳市城市管理局还成立了深圳市生活垃圾分类和减量志愿者服务队,与"'美丽深圳'志愿者"服务队一起形成城管领域的专项志愿者队伍体系,以志愿者为主力,通过常规服务和专项服务相结合的方式,开展

"垃圾分类和减量""垃圾不落地,深圳更美丽""走绿道 看深圳""资源回收日""自然科普教育""野生动植物科普""关爱环卫工人""森林防火安全知识宣传""文明养犬""城管法制宣传"等城市文明行动。

综上,正是依靠各级城管执法部门与各种社会协同力量,深圳城市文明指数持续提升。2005—2015年,深圳连续4次被评为"全国文明城市"。如今,深圳城管正在按照打造"全国最干净城市"和"世界著名花城"的目标,推动城市净化、绿化、美化、亮化,努力打造美丽中国的深圳样本。

三、城管执法改革中存在的问题 ▶▶

尽管40年来深圳城市管理执法体制取得了长足进步,深圳也以其美丽的市容环境傲立于世,但城市管理中的短板问题依然存在,突出表现在以下三个方面。

(一)城管法规体系中存在的问题

深圳城管法规体系中存在的问题主要表现为城管法规体系依然比较零散、滞后。以市容秩序方面的立法为例。市容秩序既然关乎城市的"脸面"和内涵,那么以立法手段对其进行管理就显得尤为重要。自2001年至2016年9月底,深圳市人大常委会、市政府、市城市管理行政执法局及其他相关部门,就城市管理行政执法领域的事项,共制定了约上百个地方法规、地方规章和其他规范性文件。仅以立法位阶最高的地方法规和地方规章而言,涉及市容环境和秩序管理的约有34个,其中以市政府令形式颁布的地方规章14个,经市人大常委会通过的地方法规14个;与以"六乱"治理为要义的"市容秩序"管理直接相关的规章有6个,包括《深圳市户外广告管理办法》(2013)、《深圳经济特区文明行为促进条例》(2012)、《深圳经济特区市容和环境卫生管理条例》(2011年修订版)、《深圳市建筑物和公共设施清晰翻新管理规定》(2010)、《深圳经济特区查处无证无照经营行为条例》(2007)、《深圳经济特区查处无照经营行为的规定》(2001);以规管体制为内容的地方法规有1个,即《深圳经济特区城市管理综合执法条例》

（2013年）。

上述制度的不足之处，主要体现在如下五个方面：

一是法规、规章之间对有关责任部门的规定存在着内在的矛盾。例如，对无照无证经营行为的查处，《深圳经济特区查处无证无照经营行为条例》一方面规定无证无照经营行为由工商行政管理部门负责查处，另一方面又规定"市政府依照国家规定决定由城市管理综合执法机关负责查处无证无照经营行为的，依照相对集中行政处罚权的有关规定执行"①。而国家对无照无证经营行为执法主体的规定分散在各种法律中，如《食品安全法》规定，未经许可从事食品生产经营活动的，其执法主体是食品药品监督管理部门。再如，《深圳经济特区城市管理综合执法条例》第九条规定，"根据道路管理方面的法律、法规、规章，对擅自占用城市市政道路、人行道等设置非交通设施、摆摊设点、销售商品的行为进行查处"，属于城市管理综合执法的职责范围；但《深圳市城市道路管理办法》规定，在道路上设置非交通设施的管理责任在于路政管理部门，且没有对在道路上摆摊设点的经营行为进行规范。

二是对市容秩序的规制条款仍然有所缺失。例如，《深圳市户外广告管理办法》并没有对张贴或涂写小广告、散发广告传单、张挂广告宣传品的行为予以规范，只能由《深圳经济特区市容和环境卫生管理条例》对此进行补充，但相关规定不够具体。2009年，深圳市城市管理局专门发出《关于加强治理乱张贴、乱涂写、乱刻画的通知》，但制度位阶和效力层次较低。目前，已经有不少城市对乱张贴、乱涂写、乱刻画、乱悬挂、乱散发等行为制定了专门的制度，不少是以市政府令的形式发布的地方规章，还有个别是由市人大常委会立法实施，制度层次较高，这对于有效遏制乱张贴、乱涂写、乱刻画、乱张挂等行为具有重要的意义。此外，对于乱摆卖、占道经营行为，也有一些城市制定了专门的制度规范。

三是对破坏市容秩序的行为进行禁止性重复规定，但有关执法程序和

---

① 而国家对无照无证经营行为执法主体的规定分散在各种法律中，如《食品安全法》规定，未经许可从事食品生产经营活动的，执法主体是食品药品监督管理部门。

执法成本的规定比较模糊。如《深圳经济特区市容和环境卫生管理条例》《深圳经济特区文明行为促进条例》都对乱张贴、乱涂写、乱刻画、乱抛废弃物等行为有禁止性规定，并列举了行政处罚办法，其中最主要的是实施经济处罚。此外，也兼有其他管制方法，如《深圳经济特区文明行为促进条例》规定，实施了不文明行为且拒不执行处罚决定的，有关行政执法部门可以将处罚决定告知违法行为人所在单位或者社区；违法行为人因违法的不文明行为受到罚款处罚的，也可以申请参加有关行政执法部门安排的社会服务。上述管制办法，对处于底层流动状态的自然人而言，实践中很难执行。

四是对市场、社区、社会力量参与市容秩序治理的规定比较空泛。如《深圳经济特区市容和环境卫生管理条例》第七条规定："任何单位和个人都应当维护城市市容和环境卫生，爱护公共设施，对违反本条例的行为有权进行劝阻、批评或者举报。"《深圳经济特区城市管理综合执法条例》第七条规定："公民、法人和其他组织应当支持、配合综合执法，发现违反城市管理的行为，有权进行劝阻、制止或者举报"；"市、区人民政府应当发挥基层自治组织、志愿者组织在城市管理中的作用，鼓励社会组织参与协助综合执法。"这些原则性规定只是对市容秩序治理的主体结构进行了前瞻性指导，而没有实施细节和措施。

五是城管执法队有时还面临着部分执法事项无法可依的窘境。如住宅商用现象，目前尚无法律与政策对违法住宅商用现象的查处主体、惩戒措施等予以明确规定，致使该现象查处困难。又如犬只饲养问题，查处乱摆卖与超门线经营问题，查处社区午托班等非法办学机构问题等，而尚无法律对执法人员进门执法、限制人身自由等强制性权力做出明确规定，执法震慑作用有限，致使违法现象久治未绝。

（二）城管执法中存在的问题

深圳城管执法中存在的问题主要表现为城管执法的方式依然比较粗放。在执法层面上，仍以控制手段和"运动式治理"为主，基层综合执法队往往投入大量的人力物力予以治理，但执法效果不佳，各类城管执法事件容易回潮反弹，治标不能治本。而且常常面临各种抗法、拒不配合执法的现象,甚至出现暴力威胁执法工作人员的现象。

"运动式治理"的常见方式是开展各种"专项行动","出重拳"集中整治一番。"专项行动"短则数周,长则数月,集中人力、物力和财力,短时间内强势作为,因此必然能收到明显的短期效果,同时可以弥补常态治理能力的不足。当正常的制度、机制不能奏效时,"运动式治理"可以打破体制机制的局限,通过临时机制来缓解问题,起到打补丁的作用①。从这些"专项行动""专项整治""专项执法"行为中,我们可以看到城市管理部门的积极作为,但也看到了"运动式治理"仍然是使用频率颇高的治理工具。

"运动式治理"之所以在政府治理工具箱中一直占据着重要地位,首要原因是"路径依赖"。长期以来,"运动式治理"方式都是政府部门对社会问题的回应性宣示,面对一些长期积累下来的社会关注度较高的痼疾,采取"运动式治理"方式,一方面可以展示政府部门对这些问题的重视态度和对民众需求的回应;另一方面以猛药见效,可以弥补常态治理能力的不足。但是,依赖"运动式治理"无法达到长治、善治的效果。虽然在"运动"期间凭借从重、从严的惩治方式而收获明显的短期绩效,但同时也会助长行政相对人的投机心理与行为,等专项行动结束后,违规行为又故态萌发。这是城市"三乱"及乱摆卖、占道经营等市容秩序及其他城市痼疾反复发作的重要原因。

(三)城管执法资源中存在的问题

深圳作为一个实管人口超过2 000万人的特大城市,无论是从管理幅度科学配置的角度看,还是与国内其他城市相比,其城管执法资源不足的问题都比较明显。

以深圳最大的行政区龙岗区为例。该区城市管理综合执法局的公务员编制还保持在20多年前的配置水平。截至2014年2月27日,全区各街道执法队的编制人数为362人,在编人员309人,而在岗人员只有253人,执法力量匮乏。全市其他地区的情况也大致如此,城管执法编制人员不足2 000

---

① 祁凡骅.告别"运动式治理"困境[N].中国社会科学报,2015-05-10.

名,而且占编、缺岗情况比较常见。这支队伍要具体负责500多个执法事项,确非易事。相较之下,上海全市城管执法系统执法人员编制达9 028个,已落实编制8 709个(而且这8 709名执法人员是全部解决了参照公务员法管理的事业编制),实有在岗人员7 710人,全市城管执法系统编制人员中,93%在一线。

此外,深圳城管执法队伍中50%左右由复退军人构成,队伍老化现象比较严重,部分基层综合执法人员专业知识较为缺乏。

四、城管执法改革的建议 ▷▷▷

针对深圳城管执法中存在的上述问题,提供如下建议。

首先,加强法制化保障。进一步完善深圳市城管法规体系,尽快解决城管法规体系零散、滞后的问题。围绕城管执法体制改革工作,抓紧填补城市管理领域的立法空白,全面梳理本市现行城管执法方面的法规、规章、规范性文件,全面清理其中与推进城管执法体制改革及精细化管理要求不相适应的内容,按程序提请修订或废止。针对一线执法需求,及时编制、出版最新的城管法律、法规、规章及其他规范性文件、执法指引和案例汇编,指导执法实践。同时,建立城管执法情况的定期评估机制,加强对城管执法年度行政复议、行政诉讼的总结和研判,明确目标风险。

同时,以法治刚性提升市民文明素质。目前,深圳已经出台了《深圳经济特区文明行为促进条例》,这是全国首个有关市民文明行为的法规。对该条例还需进一步细化,使之更具有可执行性、可操作性,让法治内化为市民文明行为习惯的精神驱动,从而降低城管执法的社会成本。

其次,推动城管执法工作精细化、常态化。继续推进管理重心和执法力量下移,加快构建城管执法标准化体系框架,对标一流、突出重点,按照行业标准化、执法标准化、管理标准化、服务标准化的要求,建立城管执法工作标准。应从基层队伍建设可视化标准、执法流程标准、工作要求标准、执法质量标准、质量评价考核标准等方面对城管执法行为进行规范,从而为精细化工作提供标尺和依据。健全执法责任制、绩效考评、责任追究、纠错问责和岗位风险防范制度,全面开展执法主体、执法程序、执法文书、执法队伍、执法监督考核等规范化建设,规范执法行为。顺应城市管理综合执法体制改革的大势,改善综合执法,建立常态化的执法机制,消除运动式执法的负面影响。

最后,科学配置城管执法力量。科学核定和加强管理人员编制,根据职责调整情况及综合执法工作实际重新核定,通过增编、划转、调剂、配备事业编制等多种途径逐步解决编制缺口。加强编制管理,严格规定不得挪用、挤占城管执法人员编制,严格控制各级城市管理和综合执法部门的编制空编率。配齐、配强基层执法队伍,逐步充实基层执法人员缺口。进一步完善行政执法人员资质考核制度,严格规范行政执法人员资格管理,完善行政执法人员培训平台建设和机制,提高行政执法人员的能力素质,加快提升基层执法人员的专业化水平。

经过40年的改革发展,深圳通过大建设、大扩张、大发展,使城市功能日臻完善,实现了由低端向中高端的跨越式发展。今后,要把城市管理的着力点,放在发挥功能效益、优化资源配置、提升环境品质、打造景观精品上,努力创造城市管理的"深圳质量"。为此,一方面要发挥城管执法部门的权威作用;另一方面还要实现由政府单向管理向社会共同治理转变,发挥整体优势和聚集效应,形成政府、市场和社会共同管理城市的机制。

第八章

深圳流动人口管理40年

聂　伟　梁婷婷①

① 聂伟,社会学博士,深圳大学城市治理研究院讲师;梁婷婷,深圳大学城市治理研究院硕士研究生。

长期以来,人口流动是经济社会发展的现实需要,也是社会开放和包容的重要标尺。人口的适度流动促进了城市劳动力资源的优化配置、社会文化的交汇融合等,但也给城市带来了公共安全、社会服务、政治稳定、劳动就业等治理难题。如何管控流动人口是任何国家在任何时代进行国家治理都必须面对的重要问题。流动人口管理(治理)是一个城市社会治理体系的重要组成部分。

　　改革开放以来,中国的城市化进程始终行驶在前进的快车道上,中国的城镇化率由1978年的17.9%上升到2017年的58.12%。人口的快速流动是影响城市化水平的重要因素。深圳作为全国深化改革的排头兵和对外开放的窗口,依靠其经济特区的区位优势、富有创新活力的经济和开放包容的社会文化,对全国的流动人口产生了巨大的"虹吸效应",吸引了来自全国各地的流动人口。深圳市统计年鉴结果显示,自从1979年建市以来,深圳常住非户籍人口为0.15万人,仅占常住人口的0.5%;1990年、2000年、2010年深圳常住非户籍人口分别增至99.13万人、512.37万人、726.21万人;到2017年深圳常住非户籍人口为818.1万人,占总人口的65.3%。2017年,北京、上海、广州的常住非户籍人口比例分别为36.6%、45.3%、38.1%。据深圳市公安局流动人口管理系统数据结果显示,截至2017年7月30日,深圳流动

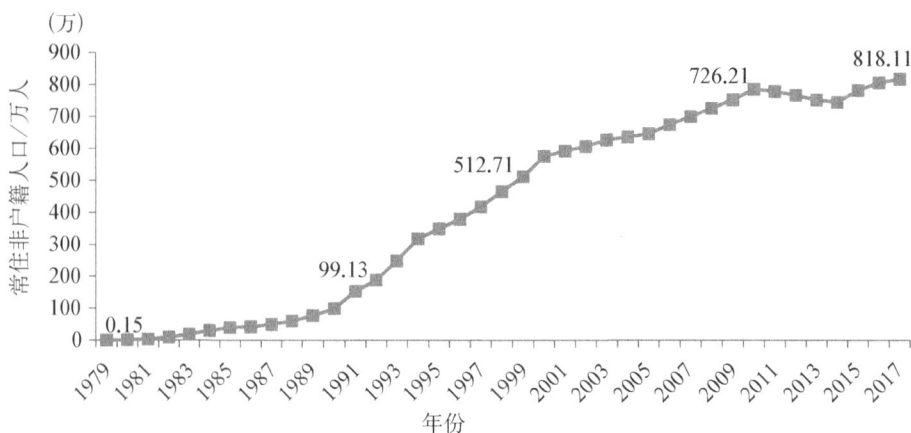

图8-1　深圳历年常住非户籍人口数量变化

人口数量为 1 635.6 万人，深圳的实有管理人口超过 2 000 万人，面临着比上海、北京、广州更大的流动人口管理压力。

一方面，庞大的外来人口是深圳经济发展过程中劳动力的重要来源，推动深圳经济持续高速与高质量发展；另一方面，流动人口的持续快速涌入，也使得深圳的人口承载力达到极限，基础设施与公共服务资源紧张，社会治安压力增大以及群体性矛盾风险集聚等城市治理问题日益突出，成为深圳和谐稳定发展的隐患。深圳作为中国改革开放的试验田，其流动人口数量和比例位居全国首位，这导致深圳流动人口管理制度和实践在全国也具有超前性，是整个中国流动人口管理的一个缩影。它所面临的问题和发展方向是观察中国未来流动人口治理的重要窗口。因此，本章拟系统梳理深圳流动人口管理政策的转变过程，勾勒深圳流动人口管理模式的发展历程，总结深圳流动人口管理的成功经验，研判流动人口管理存在的问题与困境，探讨未来流动人口治理的思路。

一、流动人口管理的发展与演变历程 ▷▷

深圳流动人口管理模式是伴随着流动人口规模的扩大和结构特征变化而不断演变的。在改革开放、社会转型、政府职能转变等宏观社会经济日益深化的背景下，流动人口管理体制机制的建构也打上了浓厚的时代烙印。基于改革开放 40 年来中央和深圳市政府有关流动人口的政策、法规、文件等现有资料的分析，深圳流动人口管理政策和制度大体经历了从社会排斥到社会融合，从单一管理控制到多元服务管理，从粗放管理到精细治理等方面的转变，基本经历了适度开放、防范控制、多元融合、精细治理四个发展阶段。

（一）适度开放（1979—1989 年）：相对限制的流动人口管理模式

1979 年 3 月撤宝安县建立深圳市。1980 年 8 月，全国人大常委会颁布了《广东经济特区条例》，批准设置深圳经济特区。改革开放的实行和深圳经济特区的设立，为人口的城乡流动提供了契机。1983 年以来，中央政府在全国农村推行家庭联产承包责任制改革,使得农民从土地中解放出来,释放大量农村剩余劳动力。与此同时,深圳经济特区成立之初,以出口外向型经济和制造业为主,大规模的基础设施建设和经济发展需要大量的外来劳动力作为补充;越来越多的农村人口逐步从全国各地涌向深圳务工经商,迫切需要解决城镇落户问题。1984年,国务院发布《关于农民进入集镇落户问题的规定》,规定"凡申请到集镇务工、经商、办服务业的农民及家属,在集镇有固定住所,有经营能力,或者在乡镇企事业单位长期务工,公安部门应准予落常住户口"。此政策打开了农村人口涌入深圳务工经商的闸门,并且日益成为一股强流,势不可挡。1979年到1982年,深圳的常住非户籍人口从0.15万人增长到9.5万人,1983年到1985年,深圳的流动人口从19万人增加到40.29万人,总人数接近常住户籍人口总数。

面对大量流动人口的涌入,对于怎样管理和控制流动人口,当时的深圳市政府并没有成熟的管理理念和对策,而是实行适度开放的政策限制外来人口的流入。首先是集中管理。1981年,深圳革命委员会关于加强外来人口管理的报告中,明确规定外来务工人员来深圳务工经商必须要有当地政府干部人员带队;而且用工单位必须要到市"清理外来人员管理办公室"领取用工许可证,并凭借许可证到公安部门为流动人口办理在深居留证件。其次是指标控制。政府部门将集中管理的思路日渐演化为指标控制,用人单位使用流动人口的数量需要事先向劳动监察部门提出申请,批准后方可执行。再次是以证控人。1984年,深圳市公安局率先在全国颁发文本式暂住证,流动人口只有凭借暂住证才可出入深圳。1985年6月24日,深圳市政府率先在全国颁布实施《深圳经济特区暂住人员户口管理暂行规定》。该法规明确规定"凡是进入到经济特区的人员,必须持有有效合法证件,根据相关规定向公安机关申办临时户口或申领《深圳经济特区暂住证》"。持有有效证件是在深圳立足的基本条件,否则容易成为政府的清理对象。最后是经济吸纳。为了解决经济快速发展过程中劳动力短缺的问题,1987年,深圳经济特区首届劳务交流大会正式举办,开创了全国内地"供需见面、双向选择"的劳动市场就业服务先河,拉开深圳打工潮的序幕。1989年,数以百万计的流动人口南下涌入深圳,形成声势浩大的"民工潮",深圳也成为当时外来人口聚集最多的城市之一。

　　相对开放的流动人口政策,促进了劳动力等生产要素的自由流动,优化了劳动力市场空间配置,推动深圳市场经济的快速发展;而经济的快速增长又促进流动人口的快速增加。1986年,深圳常住非户籍人口为42.11万人,到1990年接近百万人,为99.13万人。"七五"时期,深圳常住非户籍人口年均增长速度达19.7%。深圳常住非户籍人口数量在1989年首次超过户籍人口数量,开始出现独特的人口倒挂现象。1989年,深圳户籍人口数量为68.65万人,非户籍人口和户籍人口比例为1.44∶1。面对快速聚集的流动人口,深圳市政府并没有做好充足的准备,社会管理和人口调控能力不强,城市基础设施和公共服务资源短缺等社会问题日益突出。在问题倒逼的情境下,全面防范管制型流动人口政策应运而生。

(二)防范控制(1990—1999年):严格管制的流动人口管理模式

　　随着人口快速流入深圳,流动人口和户籍人口严重倒挂。大量的外来人口,一方面成为深圳经济建设的核心力量;另一方面,外来人口素质相对较低、结构复杂,流入渠道具有盲目性,既导致住房、医疗、教育、交通等基础设施与公共服务资源不堪重负,也由于缺乏"归属感",给城市社会管理、治安防控和计划生育等带来巨大压力,对深圳的长期和谐稳定发展产生了严重的负面影响。此时,深圳市政府继续沿用改革开放之初带有"防备"意识的控制思路,管理手段上重治安防范、轻社会服务,管理理念上从计划控制向严格以证控制转变,管理内容上重单一管理、轻综合管理。

　　1989年,国务院发布了《关于严格控制民工外出的紧急通知》,在全国拉开了流动人口管控政策的序幕。针对流动人口南下广东的大潮,1991年国务院特别针对广东民工控制提出了行政手段,当年2月,中央办公厅进一步发布《关于劝阻民工盲目去广东的通知》。在中央精神的指引下,深圳实行严格的流动人口管制政策。

　　一是强化以证管人,重收费轻服务。1990年,深圳市成立人口管理领导小组,对流动人口全面加强管控。流动人口进入深圳需要办理边防证、外出务工证、计划生育证、暂住证等多种证件。1995年,深圳市人大通过《深圳经济特区暂住人员户口管理条例》，在全国首次以立法的形式确立了"以办证管理为手段，前置管理与清查处罚相结合的管理思路"。该条例将暂住人口分为劳务暂住和非劳务暂住，并将文本式暂住证升级为卡式暂住证，承认并开办"非劳务暂住证"；并以经济辅助手段调控流动人口，该条例也规定劳务暂住人每人每年收取300元增容费，非劳务暂住证每人每年收取150元增容费，暂住证工本费20元，所收取的巨额增容费用于公安、教育、计生等部门管理流动人口经费开支。若流动人口因高额的办证成本、烦琐的办证程序而未能办理暂住证，在深圳将面临被收容遣返原籍的风险。

二是强化治安防控，推进群防群治。首先是大量招聘暂住人口户管员。在快速增长和数量庞大的流动人口以及外来人口犯罪率不断上升等治安问题面前，以户籍人口为基数配备的治安管理人员难以管控大规模的流动人口，深圳大量招聘协警（在深圳称之为"暂住人口户管员"）辅助开展流动人口管理。其次是加强警队投入，有效打击流动人口犯罪。1994年，深圳出台了《深圳经济特区社会治安综合治理条例》，并于1996年配套制定《深圳市社会治安综合治理领导责任制考核办法》，全面加强对暂住人口和流动人口的综合治理。同时，配备警察力量。1994年，深圳市公安局面向全国公开招聘1 000多名巡警，成立巡警支队。1995年，深圳南山巡警大队在岗警察达420余人，设置有500人的警力应急机构，全力打击防控流动人口犯罪。再次是实行群防群治。1990年，广东省政府发布《群众治安联防组织的规定》，全市居村开始组建治安联防队、治安巡逻队、护街和护村队等不同形式的群众性组织，并向暂住人口收取每月2.5元的治安联防费。1995年，深圳万丰村的人口规模在4万人左右，治安队员则有85人。截至2001年底，深圳2 627个小区中基本成立了治保会、治安队，全市共有社会治安力量11万人（不包括派出所户管员）。治安员和巡警队伍构成了管控流动人口的重要力量，定期对流动人口开展清查行动，对没有暂住证人员进行收容遣返。与此同时，深圳的劳动、人事、计生、民政、城管等部门广泛参与治安防控，并且借机向暂住流动人口收取高额管理费。最后是加强对重点岗位流动人口工作人员的管控。暂住人口中，保安员、报关员、仓管员、驾驶员、财会员、供销员等企业服务管理重点工作岗位的人员，熟悉企业情况，监守自盗事件时常出现；为了加强安全防范,深圳市加强对上述六类人员进行函调,在函调没有完成之前,只能拥有临时执勤证,函复确认没问题方可获得正式上岗证。

三是强化出租屋管理,以房管人。深圳流动人口犯罪率较高。1995 年到 2002 年之间,犯罪嫌疑人中流动人口的比例占 97% 以上,且出租屋发案比例高,租住人员的犯罪比例高。基于此,深圳强化对出租屋的管理,形成"以房控人"的思路。首先是出台一系列规章制度。1993 年 5 月 1 日,深圳市政府颁布《深圳经济特区房屋租赁管理条例》;1997 年,深圳进一步出台了《深圳经济特区出租屋若干管理规定》,规定用于出租的房屋需要到房管部门办理租赁许可证,与公安机关签订社会治安责任书。即使颁布了该规定,实际的管理效果也不佳。1996 年,深圳特区内罗湖、南山、福田三个区出租屋管理率只有 50% 左右,宝安、龙岗两区基本处于失控状态。其次是设置专门的房屋管理机构。在市层面专门设立房屋租赁管理部门,各区设置租赁办,街道办事处成立租赁所,对出租屋进行综合管理,负责日常租赁业务,并清查出租屋的承租人是否有治安、计划生育等证件。最后是严格出租屋管理。1996 年,深圳市南山区政府颁布《南山出租屋若干管理规定》,成立专门的出租屋管理领导小组,加强社会治安综合治理;将出租屋划分为几个列管区,每个列管区出租屋数量不超过 100 间,暂住人口数量不超过 500 人,对列管区形成责任民警—挂点民警—协管员—治安员等多重管理队伍,专人专职管理流动人口。宝安区则将出租屋的暂住人口分为混住型、集体型、组合型、流动型、家庭型,其中混住型、组合型、流动型作为重点管理对象,片区领导管理 30~50 户,责任片区民警每人管理 100~150 户,协管员管理 200~250 户。对上述重点管理对象要求每两天走访检查一次,严格管控流动人口。

这种以治安管理、全面防控为主的防范型流动人口管理模式,并未有效地引导流动人口有序流动和控制流动人口规模,流动人口呈现愈发上涨的趋势。1991 年,深圳常住非户籍人口数量为 153.14 万人,到 1995 年增长到 349.99 万人,约为 1991 年的 2.29 倍。2002 年,深圳常住非户籍人口快速上升到 576.32 万人,比 1991 年多出 422.8 万人,年均增长约 43 万人。并且流动人口和户籍人口倒挂现象日趋严重。2000 年,深圳常住户籍人口仅为 124.9

万人,比流动人口少451.4万人,常住流动人口与常住户籍人口的比例为
4.61∶1。

适度开放和全面防范的流动人口管理政策,总体上与流动劳动力体制
相吻合。这一体制通过户籍建构,形成了城市与农村、户籍人口与非户籍
人口的二元区隔。在这一体制下,地方政府的自利政策,一方面吸引工业和
服务业的雇主参与当地新兴经济的发展;另一方面吸引农村流动人口的流
入。但是,基于户口差异将流动人口的社会福利屏蔽在外,简单地将流动人
口作为管制对象,维护城市社会稳定,造成流动人口无法在城市定居,导致
其归属感缺失。此种体制下的适度开放和全面防范流动人口管理政策与实
践呈现以下特点:一是在管理理念上,防备意识突出,服务意识淡薄。个别
管理者将流动人口看作是"脏、乱、差"的代表,将社会治安和公共安全问题
归咎于非户籍流动人口,将外来流动人口看作廉价劳动力多加利用,忽略了
流动人口的高层次需求,导致在管理理念和实践偏离了"以人为本"。二是
管理手段上重单一管理、轻综合管理。从1979到1999年的流动人口管理实
践来看,流动人口的管理主体主要是单一的公安机关。一方面,市场、社会
组织、公众等主体游离于管理格局之外;另一方面,公安机关未能和计生、
劳动、教育、医疗、住房等管理部门联合形成综合管理机制,而是长期处于孤
军奋战和单打独斗的局面。流动人口的管理目标主要是治安管理和防范,
未能将流动人口的教育、医疗、住房、计生等公共服务需求纳入管理视野,针
对流动人口带来的相关问题采取简单关闭或直接遣送的强制性手段来处
理,呈现压制型管理和监视型管理模式。三是管理环节上重收费、轻管理服
务。由于流动人口管理经费投入相对不足,民政、劳动、公安、计生、房屋管
理部门等在部门利益的驱动下,向流动人口收取暂住证、就业证、婚育证等
费用,掌握流动人口信息,控制流动人口规模,却轻视流动人口的就业服务、
居住服务、计生服务等需求。

(三)多元融合(2000—2009年):社会融合型的流动人口管理模式

伴随着外来人口的常住化和家庭化,治安管理以外的劳动、居住、计划
生育、教育等服务问题日趋突出。静态、单向化的防范管理模式难以适应人

口形势的变化,深圳流动人口管理模式开始由静态、单向管理向动态、综合管理目标转变。

2000年,国务院发布了《关于促进小城镇健康发展的若干意见》,明确规定从2000年起允许中小城镇向拥有合法固定住所、在城市稳定就业的农民适度放开落户限制,且与城镇居民享有同等的子女入学、就业等福利待遇,取消对落户的农民收取城镇增容费。2002年,建设服务型政府成为政府改革的新理念。2003年,十六届三中全会提出以人为本的理念,深圳流动人口管理政策开始不断调整,不断弱化户籍概念,全面开启对流动人口从社会排斥向社会融合的转型。

(1)取消暂住人口管理费,废除收容遣送制度。2001年,国家计委和财政部联合发布《关于全面清理整顿外出或外来务工人员收费的通知》,要求各地一律取消对外来人口所征收的暂住费、暂住人口管理费等7类费用。2002年5月,深圳按照国家的上述规定取消暂住流动人口的增容费、流动人口治安联防费等费用,只收取工本费。由于经济收益的急剧下降,相关部门要求外来人口办理暂住证的热情也随之下降。2003年,广州孙志刚事件发生后,国务院废除了《城市流浪乞讨人员收容遣送办法》,开始实施《城市生活无着的流浪乞讨人员救助管理办法》。由此,深圳市收容遣送站正式摘牌,从收容遣送职能转向社会救助职能,从此来深圳的暂住流动人口不用再担心没有暂住证而被相关部门收容遣送回原籍。

(2)推进出租屋综合管理,探索联动管理模式。2003年的孙志刚事件后,深圳市政法委将房屋租赁管理队伍和公安机关的暂住户员队伍进行合并,将管人和管房有效整合,形成新的出租屋综合管理队伍,并且在市、区成立出租屋综合管理办公室,在街道、社区设置相应的管理机构,全面负责出租屋流动人口信息采集、出租屋综合管理、房屋租赁管理税费征收等工作。2005年,深圳市委、市政府发布《关于加强出租屋管理服务的意见》,配套出台7个相关管理文件(见表8-1),形成出租屋管理"1+7"文件,涵盖出租屋信息登记、管理服务建设、绩效考核、综合管理等多元管理目标。深圳在贯彻落实"1+7"文件的过程中,还成功探索出社区、警区、安全文明小区"三区联动"的管理模式,实践出租屋综合管理所所长、管理站站长、派出所所长、警长、村长（站长）"五长"联席研讨机制，以及出租屋管理员、警员、治安员、安全员、计生员等联合工作综合管理办法，在此基础上探索出旅业式、物业式、单位自管式、院区围合式、散居包片式等分类管理模式。

表8-1　2005年深圳出租屋管理"1+7"文件

序号	颁布机构	内　　　容
1	市委、市政府	《关于加强出租屋管理服务的意见》
2	市维稳综治委	《深圳市出租屋综合管理信息通报反馈实施办法》
3	市维稳综治委	《深圳市出租屋案件责任倒查实施办法》
4	市维稳综治委	《深圳市出租屋综合管理工作检查考评办法》
5	市维稳综治委	《深圳市暂住人口信息申报登记管理办法》
6	市维稳综治委	《社区出租屋管理服务建设规范》
7	市维稳综治委	《关于全面推行出租屋管理模式的通知》
8	市维稳综治委、市公安局	《关于进一步加强工作协调切实搞好出租屋和暂住人口管理工作的通知》

（3）强化流动人口多元服务，促进流动人口融合。2005年，深圳市委、市政府发布《关于加强和完善人口管理的若干意见》，并联合公安、劳动、卫生、教育等部门制定5个配套文件，形成流动人口综合治理的"1+5"文件（见表8-2）。上述6个文件不仅强调创新流动人口管理体制，推进人口管理由以条为主向以块为主的转变，形成流动人口多元管理合力，放开技能人才和投资纳税入户，全面提高人口素质；而且推进以证管理和以房管人相结合，减少暂住证类别，降低办证门槛，简化程序，明确了持证者的基本权利，强化对流动人口的就业管理服务，为流动人口办理劳动保障卡，暂住就业人员依法享受办理入户、社会保险、子女教育等多元服务。在子女入学方面，按照流入地政府为主的原则，将流动人口子女教育纳入公办中小学入学范畴。同时积极推动流动人口管理服务下沉，成立社区管理服务中心，为流动人口提供人口登记、统计、计生、劳动保障等"一站式""一条龙"服务等。

表8-2　2005年深圳流动人口管理"1+5"文件

序号	颁 布 机 构	内　　　容
1	市委、市政府	《深圳市关于加强和完善人口管理的若干意见》
2	市公安局	《深圳市户籍迁入若干规定》
3	市计生委	《深圳市流动人口计划生育工作管理办法》
4	市维稳综治委	《深圳市暂住人口证件和居住管理办法》
5	市教育局	《深圳市暂住人口子女接受义务教育管理办法》
6	市劳动局	《深圳市暂住人员就业管理办法》

（4）变暂住证为居住证管理，减少对流动人口的歧视。2007年，深圳市政府发布了《深圳市居住证实行办法》，并于9月在深圳市盐田区试点，这标志着在深圳实行了23年的暂住证制度走向终结。经过一年的试点，居住证制度于2008年在深圳市全市推广。与暂住证制度相比，居住证制度具有以下几方面特征：① 弱化户籍概念。居住证强化的是居民意识，而暂住证强调的是外来概念。② 享有部分市民待遇。根据《深圳市居住证暂行办法》的规定，居住证分为长期居住证、临时居住证、临时家属居住证。持有长期居住证享有子女入学、办驾照和车辆入户、办理港澳商务出境手续、租赁房屋、购车购房等福利待遇，甚至符合规定条件的子女就读公办中小学可免交学费和课本费，每位小学生每年减免728元，每位初中生每年减免1 042元。

随着深圳产业结构的转型升级，其经济增长方式由劳动密集型向资金技术密集型转变，"三来一补"等加工产业逐步向市外迁移，流动人口增长速度逐步放缓。2001年到2005年期间，深圳的常住非户籍人口数量从2001年的592.53万人小幅增加到2005年的645.82万人，年均增长速度仅为2.3%。深圳2010年的常住非户籍人口数量为786.17万人，相比2006年增加了111.9万人，年均增长速度为4%，远远低于1979—2000年的增长速度。但是此阶段的流动人口管理模式仍然存在一定局限性：① 管理主体单一。管理主体依然是政府职能部门，市场化主体、社会组织、流动人口自组织在流动人口体系中发挥的作用极其有限。② 管理手段的单向性。流动人口仍然只是被动管理和服务的对象，流动人口缺乏合法化、制度化、多元化的利益表达渠道。③ 服务相对有限,融合进程艰难。由于土地、财政等多方面的限制,公共服务资源紧张,通过居住证享受到基本公共服务资源的流动人口数量依然有限,而且存在较大的差别,如非户籍人口只能享受二档、三档医疗保险,公共租赁住房很少向非户籍人口开放。这些与"广泛共享社会经验和积极参与,人人享有广泛的平等,全部公民都享有基本的社会福利"等社会设想仍然存在较大的差距①。

(四)精细治理(2010年至今):协同推进的流动人口综合治理模式

伴随着流动人口规模的不断增加和部分流动人口的不断沉淀,新生代流动人口日益成为流动人口的主体。他们在市民化意愿、福利诉求、流动模式等方面与上一代相比发生了重大转变,而且流动人口的主观能动性和抗争能力也大幅提升。原有刚性、粗放式、运动式、突击式、应急式的流动人口管理模式难以满足流动人口的基本公共服务和权利诉求,影响社会的和谐稳定。在政府理念转型的背景下,深圳不断创新流动人口治理机制,以科学和理性为基础,强调流动人口治理的技术化、市民化,以问题为导向积极回应流动人口的诉求,迈向"精准"和"靶向"治理。

一是服务管理网格化。2012年和2013年深圳经由南山招商街道、龙岗南湾街道以及坪山新区区级试点,于2014年在全市推广网格化管理。截至2017年底,全市共划分为17 808个网格,配备网格员17 208个。网格员负责公安、综治维稳、消防、计生、安监、劳动等信息采集工作。网格员对流动人口的管理越来越细,包括从治安安监、劳资纠纷、计划生育、出租屋内插座充电、煤气使用等都要一一介入。网格管理日益技术化和智慧化,如宝安区创新"大巡查、大智慧、大执法、大诚信、大参与"的管理理念,形成区、街道、社区、网格的四级网格化管理体系,建立网格管理智慧指挥平台,对网格事件全流程数字化管理、全流程闭环监督、全智能分拨、全部巡办分离,实现对流动人口的社会治安精准管理。南山区在13个城中村网格内推广"视频+门禁"的管理方式,提升流动人口信息采集质量,通过视频监控对流动人口社会治安问题进行监管。

二是服务方式社会化和专业化。南山区招商街道走在网格社会化的前

---

① 阿马蒂亚·森.以自由看待发展[M].任颐,于真,译.北京:中国人民大学出版社,2013.

列,率先在全市实行网格管理服务外包模式,实行"一格三员",推行网格员外包,由市场化的外包公司管理、监督网格员工作,实现流动人口网格治理的项目化、社会化。招商街道以购买社会组织、律师事务所公共服务的形式,为流动人口提供专业化的服务。从2010年开始,南山区通过购买服务的形式,相继在街道和社区建设来深建设者服务中心近100家,为流动人口在"家门口"提供一体化管理服务,来深务工人员可以享受便民综合服务、就业服务、职业技能培训、子女托护、看病就医、纠纷调解、困难帮扶等"一站式"服务。

三是服务管理的市场化。深圳将近有1 000万流动人口居住在城中村,但城中村存在楼宇失修、消防安全隐患、相关配套缺失、租赁法律关系不明确等多方面的痼疾。深圳市委、市政府发布《城中村综合治理2018—2030年行动计划》,全面探索以政府监管、企业实施、村民参与为核心的三方联动共治城中村。2017年,深圳万科股份有限公司在全市启动万村计划,通过市场化运作模式将城中村的自建房或村民集体自有物业统一改造为长租公寓,并且配套社区商业、文化创意、创客空间、产业办公、物业管理、文体娱乐等多项综合服务内容,统一租赁、统一运营管理。改造之后,城中村的生活环境得到美化,配套设施完善,意外灾情和安全隐患等不断降低,提升了居住品质。

四是逐步推进教育等基本公共服务的均等化。2015年,深圳市颁布实施《深圳经济特区居住证条例》,来深居住、缴纳社保满一年即可办理居住证。与原来居住证相比,新版居住证的公共服务范围更广,持有新版居住证者可以享有办理港澳通行证、汽车摇号购买、子女上学、儿童成长补贴、职业技能培训与补贴、租房补贴、公共租赁住房等公共服务。为全面推进教育公共服务的均等化,从2010年起,深圳全面取消流动人口义务教育阶段的借读费。近年来,深圳加大财政投入,扩大公办学校学位供给,不断满足流动人口子女的教育需求。2017年,深圳常住非户籍儿童有87.1万人,进入公办小学和初中的有39.96万人,占常住非户籍儿童总数的45.87%;并对符合义务教育免费就读条件但就读民办学校的流动儿童给予补贴,标准为小学生每年最高7 000元,初中生每年最高为9 000元,进入到民办学校就读的随迁子女中,约有45%的学生能够获得民办学校学位补贴。由于流动人口规模过大,总体还有近三成的流动儿童不能免费享受义务教育。

五是保障流动人口的政治参与权利。2017年，深圳市在全市通过基层选举，将流动人口"变客为主"，在全市符合条件的社区选举1～2名居委会或党委会非户籍委员，全职从事社区"两委"工作。根据深圳市委组织部的统计，2017年社区"两委"换届中，全市在492个社区试点选举532名非户籍流动人口当选社区"两委"委员。此举措打破了流动人口长期被排斥在政治参与之外，逐步赋予流动人口参与社区公共事务的权利，让基层社区治理中的流动人口"不见外"，又让本地户籍居民"不排外"。

与以往粗放和刚性的流动人口管理模式不同，精细型流动人口治理方式更加柔性化，从以前刚性的"堵"变为柔性的"疏"，借助科技创新驱动发展战略，推动产业结构的优化升级。2011年到2015年期间，常住非户籍人口的增长速度明显放缓，仅从778.65万人增长到782.88万人。2017年，深圳常住非户籍人口为818.11万人，与2011年相比，年均增长约8万人，其增长速度显著低于户籍人口。流动人口治理方式也从以前的政府主导、治安管理日渐转变为综合化、网格化、技术化、精细化管理，流动人口治理的社会化、智能化、专业化、法治化水平不断提高。但精细治理目前处于起步阶段，仍然存在局限性：①流动人口参与基层治理依然有限。流动人口仍然是被动管理对象，而不是基层社会治理的重要主体，无论是社区公共事务的协商参与，还是与政府、企业的利益表达，均有拓展的空间。②流动人口基本公共服务覆盖面有待进一步提高。如深圳通过"万村"改造提升了市场化服务品质，但部分流动人口难以承受改造后的住房价格，其住房需求如何保障仍有待进一步思考。③治理手段上，"互联网+"、大数据等智慧化手段的运用相对不足。深圳虽然已采取了信息化手段采集流动人口信息，但根据流动人口的个体特征与需求有针对性地提供管理和服务，还有待进一步深化。④协同治理机制不健全。目前，深圳只有宝安区基于网格的协同治理相对比较成熟，其他区的流动人口治理仍然存在条块分割，尚未形成整体性协同治理格局，呈现流动人口治理碎片化的局面。

二、流动人口管理存在的问题与挑战 ▷▷

改革开放40年来，深圳作为先行先试的经济特区，在流动人口管理方面率先探索,相关治理实践走在全国前列,对全国其他地区流动人口的治理具有重要的示范意义。借鉴郭秀云[①]对上海市流动人口管理流程的梳理,可以发现,深圳形成了相对完整的管理和服务体系(见图8-2)。尽管深圳的流动人口管理取得了一定的成效,但是仍然面临一系列的问题与挑战。

图8-2　深圳市流动人口管理重要流程

---

① 郭秀云.大城市外来流动人口管理模式探析——以上海为例[J].人口学刊,2009(5): 44-49.

（一）流动人口管理理念相对滞后

城市人口管理是城市管理主体基于对城市人口问题的价值判断、服务于特定城市人口的发展目标，有效安排政策制度，对人口事件或人口行为进行有效的引导、调控和干预，营造城市和谐、稳定的秩序，保障城市和谐健康发展①。人口管理理念应该与上述目标保持一致。然而，长期以来，政府对流动人口的价值理念认知没有发生根本性改变，在思想认识上存在一定的误区。

一是将流动人口视为城市负担。快速增长和集聚的流动人口的确给深圳在住房、就业、教育、医疗、交通等公共服务方面带来了压力，一定程度上引发了社会治安管理问题。因此，在面对外来人口时，政府往往将外来人口视为城市的负担，尤其是低层次的流动人口。在改革开放初期，深圳一直沿袭"查、管、卡、抓、送"的人口管理思路，采取严格的计划指标、暂住证政策、收容遣返政策控制外来人口流入城市。进入21世纪以来，深圳通过产业疏解外来人口，严控外来人口继续流入深圳，从而在制度上采取非户籍流动人口和本地居民内外有别的制度设计，两者之间在政治、经济、社会地位上存在明显的二元结构。在精细治理阶段，深圳已经开始在教育等领域提供一些均等化的服务，但覆盖面仍然有限，仍然难以满足广大流动人口的需求。

二是管理与服务理念"断裂"。自改革开放以来，深圳严格实行以房管人、以证管人、以产疏人等管理手段，对流动人口进行严格管理。但管理中的权利和义务不对等，多数流动人口管理规章制度较为重视流动人口应该遵守的义务，而较少规定流动人口应享有的权利，将具体的管理事项与流动人口的权益服务割裂开来。尽管"万村"改造计划有利于减少城中村的消防安全隐患，提升城中村的公共安全。但是"万村"改造之后，将带来城中村房屋租赁价格的新一轮上涨，原本低收入群体的住房权益难以保障，导致部分低收入群体难以在深圳继续立足。实际上，在压力型体制下流动人口治理理念追求"维稳"的结果导向，体现为一种将管理本身与管理对象、管

---

① 郭秀云.大城市外来流动人口管理模式探析——以上海为例［J］.人口学刊,2009(5):44-49.

理与服务相断裂的理念①。

（二）流动人口管理体制机制相对不够完善

健全、协同的管理机制是实现对流动人口高效管理的重要保障。改革开放以来，深圳历经多次行政体制改革，流动人口管理体制逐渐形成了"两级政府、三级管理、四级网络"的管理架构，形成了自上而下、综合一体的管理网络，流动人口管理机制从单一管理向综合管理转变，但仍然存在以下不足。

（1）管理体制的"碎片化"。在流动人口管理中，政府是流动人口管理"一家独揽"的主体，职能部门分头管理、条块分割，管理流程尚未形成系统的整合，呈现"碎片化"管理的局面，影响流动人口的管理和服务效率。一方面，自1990年深圳市成立人口管理领导小组以来，经过多次调整后，流动人口管理小组涵盖发改委、政法委、人力资源和社会保障、公安、人口计生、教育、民政、工商等诸多部门。但该领导小组成立以来，一直缺乏权威的组织机构进行协调统筹，各部门根据自身职责分头管理，各自为战、各管一面，缺乏协作沟通，一定程度上造成管理成本高、管理实效性低。另一方面，"两级政府、三级管理、四级网络"的自上而下的流动人口管理运行方式，其显著特点是层级授权和任务下压②，导致流动人口的碎片化管理。市、区政府职能部门（条）通过自上而下的通道层层下压流动人口管理任务到街道（块），但街道治理呈现"二传手"趋势，大量流动人口管理事务下沉到社区居委会或社区工作站，而工作站往往又将流动人口的管理服务下沉给网格员，网格成为流动人口管理和服务的"兜底"单位。然而，社区网格员常常为了应付上级检查，无暇开展更多的流动人口服务项目。根据2017年深圳市公安局流动人口管理处的梳理发现，龙华区网格员承接上面下达的任务已经达到37类416项，宝安区为22类164项，龙岗区为24类143项③。工作

---

① 田田.国家与社会关系视野下的流动人口治理探略[J].管理观察,2018(16):52-56.

② 陈文.城市社会"碎片化治理"的生成机理与消解逻辑[J].经济社会体制比较,2017(5):54-63.

③ 深圳市公安局流动人口处.关于我市网格员队伍发展现状及加强管理建设的调研情况报告[R].2017.

任务繁重,加之他们的"临时性"身份,对社会资源缺乏支配权和执法权,导致流动人口管理与服务工作的成效不高。

（2）信息共享机制的"孤岛化"。翔实准确的流动人口数据是判断流动人口形势、把握流动人口需求、制定科学决策、实施精准服务的重要依据。长期以来深圳政府各职能部门建立了比较完善的网络体系,但各部门的网络数据库相对独立,采集标准和统计口径不一致,流动人口信息资源难以有效整合,无法实现充分共享。如公安、网格办、计生等部门均各自建有流动人口信息库,分别从部门利益出发建设数据库,公安机关人口数据库主要统计常住人口信息,网格办的人口数据库主要是统计社区实有人口和流动人口信息,而计生部门主要统计18～59岁的常住和流动人口配偶及子女的简要信息。

（3）流动人口自治、共治"虚化"。营造共建共治共享社会治理格局,关键是作为社会治理主体的人进行"共建、共治、共享",流动人口作为社会治理的重要主体,拓宽外来人口参与社会治理的渠道,是推进流动人口治理机制创新的重要途径。但当前针对流动人口的"治理"仍然以管理为主,流动人口仍然是被动管理的客体,而不是基层社会治理的参与主体。首先,非户籍委员的自治和共治身份未能有效激活。非户籍委员的介入,在一定程度上加强了流动人口在社区治理中的话语权,影响社区治理决策,打破了原有的资源和利益分配格局。非户籍委员在社区自治和共治中发挥的作用有限,更多的非户籍委员主要是从事安监、市政等工作,基本都是原部门的工作职责,在促进外来人口融合上所发挥的作用依然有限。其次,流动人口自组织和社会组织的覆盖面有限。在流动人口自我管理方面,2008年,深圳建立了全国首个"和谐企业工作室",全心全意维护外来务工者的劳动权益,深圳各区基本上建立了"同乡型"党支部,强化了流动党员的自我管理。但总体而言,流动人口自组织和社会组织参与政府、企业的利益表达协商渠道尚未完全打开,其参与社区协商治理的功能尚未得到充分体现。

（三）流动人口管理制度不够健全

完善的流动人口管理制度体系有助于优化流动人口管理服务的

基本环境。由于流动人口管理的压力,自20世纪80年代以来,深圳市政府及有关部门相继制定了一系列涉及房屋租赁、计划生育、务工经商、劳动就业、居住证制度等地方性法规或条例,外来人口管理逐步走上法制化、规范化的运行轨道。但部分制度设计仍然存在户籍二元断裂性,造成本地户籍居民和非户籍流动人口在公共服务获取上存在鸿沟。

从改革开放之初到20世纪末期,深圳流动人口获得的权益相对有限,他们获取城市公共服务资源主要通过增容费、借读费等途径购买,停留在城市公共服务产品"商品化"阶段。到21世纪初期,伴随着居住证制度、积分入户、积分入学、发放学位补贴等政策的实行,流动人口管理制度从限权逐步走向平权,流动人口的公共服务获得也从商品化日渐走向市民化阶段。但当前的市民化政策设计仍然呈现选择性排斥。目前深圳流动人口的公共服务获得主要依托于居住证制度,根据《深圳经济特区居住证条例》,在深圳只有三类人员可以申请居住证:"同时符合合法稳定居所和合法稳定职业两个条件;符合特区人才引进规定、正在特区接受全日制中高等学历教育。"这就将大批低收入流动人口排斥在外。虽然依据居住证条例,流动人口可以享受一定的教育、医疗和住房服务,但由于人口规模大,土地、财政等资源有限,因而并非所有的流动人口都能享受到免费的义务教育、公共医疗、公共性租赁住房,即流动人口难以完全实现"市民待遇"。

三、流动人口管理创新的路径与政策调整思路 ▷▷

流动人口管理是一项复杂的社会系统工程,涉及多部门的密切合作。目前,流动人口管理与服务理念的断裂、管理体制机制的缺失、管理制度的二元区隔等造成碎片化的管理困境,未来的流动人口应从碎片化治理走向整体性治理。整体性治理模式下流动人口服务管理是在跨地域、跨功能、跨部门协作下形成的,以协同为组织形态特征、以社会化服务为导向、以整合为运营机制的核心,在价值取向上更加注重整体利益,围绕社会治理体系和治理能力现代化目标展开合作共治①。基于整体性治理理念,未来流动人口治理应从以下几方面加以完善。

(一)以"以人为本"为原则,树立整体性的流动人口治理理念

首先是形成流动人口治理的整体性认识。在新型城镇化背景下,流动人口进入到城市是必然的,城市治理者应对此有充分的认识,在制定相关治理政策时需要从长远性、全局性、根本性的角度,对流动人口治理做出整体性的战略安排。其次是树立管理与服务并重的整体治理理念。作为城市治理者,不仅要承认流动人口对城市经济社会发展做出的不可或缺的贡献,而且要以共享发展理念推动流动人口基本公共服务均等化,保障流动人口的住房、医疗、教育等正当合法权益,促进流动人口管理从被动服从到主动服务的转变,从"权力管控"向"权利保障"转变。最后树立客体与主体相统一的治理理念。习近平总书记在2018年两会期间强调"要创新社会治理体制……拓展外来人口参与社会治理途径和方式,加快形成社会治理人人参与、人人尽责"的良好局面。在共建共治共享要求下,城市治理者不能只是将流动人口当作管控的客体,更应将流动人口作为社会治理的主要主体,给流动人口赋权增能,促进流动人口共同参与社会治理。

(二)以信息网络技术为纽带,构建流动人口治理的协同合作机制

长期以来,深圳对流动人口的服务与管理,各政府管理部门常常各自为政,缺乏协调统筹与信息共享,没有形成齐抓共管的合力,导致流动人口的矛盾化解不及时、服务诉求回应不精准等问题。整体性治理理论认为,政府机构之间应该通过充分的协调沟通,整合不同部门、不同利益主体的政策目标,将横向部门结构和纵向层级结构有机结合,采取横向到边、纵向到底的无缝隙治理②。这就要求整合纵向和横向多方力量,打破部门壁垒和条块分

---

① 方堃,杨欣.少数民族流动人口跨区域服务管理协作机制研究——基于整体性治理视角[J].中南民族大学学报(人文社会科学版),2017(4):32-37.

② PERRY HICKES, DINNA LEAT, KIMBER LY SELTZER,et al. Towards holistic governance: the new reform agenda[M].New York:Palgrave,2002:38.

割,建立组织严密、科学合理的跨部门合作机制,将支离破碎的流动人口治理内容重新整合成一个整体。当前"互联网+"、大数据等网络治理技术的兴起,为打破部门界限实现无缝对接提供了可能。

首先是搭建信息互通共享的流动人口大数据库。精确的人口底数是做好流动人口精准服务与精细治理的基本前提。当前流动人口数据采集分散在公安、计生、民政、工商、劳动等部门,相互之间的信息不联通,造成流动人口数据采集工作的重复性和较低利用率。深圳市人口领导小组应进一步加大统筹的力度,将分散在各个政府部门、系统中的流动人口信息进行有效整合,将流动人口的人、地、物、事、房等多维数据进行有效关联,建成集信息传输与查询、统计分析与管理服务等在内的流动人口大数据信息系统,实现流动人口信息资源跨部门、跨系统的充分共享和综合应用。

其次是推进流动人口网格化管理向网络化协同治理转变。深圳自 2008 年实行网格管理试点以来,其网格管理渗透于全市流动人口的管理服务中,但其治理理念仍然是管控思维,通过网格员采集实有人口、房屋、法人、事件信息,提高社会管理效率、化解基层社会矛盾,最终达到维护社会稳定的目的;其运行逻辑是流动人口管理权力单向的下沉扩张,并未从本质上改变各部门、各层级的碎片化管理现状。网络化治理则是一种以民为本和以服务为主的治理理念,依靠政府部门自上而下和自下而上的双向互动、部门之间的横向联动,形成治理主体合作互惠的网络化治理体系①。当前的流动人口治理亟须从网格碎片化管理走向网络化协同治理,政府应基于网格化管理信息平台,搭建流动人口公共服务大数据平台,把公安、人社、环保、民政、卫计、消防、安监、交通等部门的多项管理业务纳入治理服务平台。一方面网格员利用巡查、走访等方式采集流动人口信息,通过手持终端及时上传流动人口基本信息及服务需求等;另一方面,流动人口通过移动通信、互联网等手段反馈相关信息与自身的服务诉求。管理平台通过大数据系统将流动人口管理和服务智能分拨给相关部门,设定处理和服务时间,并通过系统向公众反馈处理结果,形成管理和服务工作流程闭环。在平台搭建过程中,需

---

① 陈潭.大数据驱动社会治理的创新转向[J].行政论坛,2016(6):1-5.

要明确各部门的管理和服务职责,将网络平台流转的管理和服务事项纳入部门绩效考核和官员晋升考核中,确保流动人口管理和服务落到实处。

(三)以共建共治共享为目标,构建政府、社会和市场多元参与机制

整体性治理要求政府围绕公共需求,再造服务流程,通过与社会、市场合作形成多中心治理架构①。面对流动人口复杂多样的需求,仅靠政府部门大包大揽式的单一管理服务显然无法满足流动人口的美好生活需求,必须整合市场、社会组织等多元力量,形成政府主导、市场和社会协同共治的格局。

首先,强化政府的主导作用。继续发挥政府在流动人口治理制度设计等方面的引领作用,且明确界定各职能部门、服务管理机构的职责权限,建立行之有效、有约束力的工作制度。在流动人口市民化政策设计上,应从选择性排斥走向普惠制②。从长远来看,应进一步完善居住证制度,针对长期在深圳生活就业并成为事实上常住人口的人群,应探索居住证转户籍的机制,促进这一群体在医疗、住房等方面获得与户籍居民同等的待遇。

其次,充分发挥流动人口和自组织的自治作用。目前,深圳通过基层选举,将流动人口纳入社区两委,但还需要进一步深化和完善非户籍委员的履职制度,明确非户籍委员在服务和联系外来人口方面的工作职责,切实发挥非户籍委员的联络、沟通、管理和服务外来人口的作用。同时,政府还应积极培育流动人口自组织,充分利用流动人口自组织的正面效应,引导流动人口自组织进行自我教育、自我管理和自我服务,疏通流动人口自组织表达合理诉求的渠道。

最后,充分发挥企业、市场性社会组织等主体的作用。流动人口的服务型政府建设,不仅要求政府善于提供各类基础公共服务,而且要政府善于提供满足流动人口需求的个性化、专业化服务;进一步加大购买服务的力度,扩大来深建设者服务中心的覆盖面;深化政府与物业服务公司的合作,督促市场企业积极落实流动人口治理的主体社会责任,维护流动人口的合法权益。

---

① 竺乾威.从新公共管理到整体性治理[J].中国行政管理,2008(10):52-58.
② 郭秀云.从"选择制"到"普惠制"——城市户籍改革政策取向与路径探析[J].社会科学,2010(3):64-71.

第九章

深圳社会保障发展40年

雷雨若①

---

① 雷雨若,法学博士,深圳大学城市治理研究院助理教授。

社会保障作为一种制度安排，是工业化革命和社会进步的产物，旨在通过建立或强制性或共济性的保障制度避免社会成员可能因战争、自然灾害、疾病、贫困、年老、生育等各种不安全、不确定因素导致的风险。目前，世界各国政府和学术界对社会保障的定义的内涵与外延有着不同的理解，大致可以将其分为两种类型。一类是从狭义层面进行界定，认为社会保障是"通过一定的组织对这个组织的成员所面临的某种风险提供保障，为公民提供保险金，预防或治疗疾病，失业时资助并帮助他重新找到工作"①，这种理解实际上是将社会保障等同于社会保险。另一类是从广义层面进行界定，认为社会保障就是国家依法强制建立的、具有经济福利性的国民生活保障和社会稳定系统②。依照这一解释，社会保障不仅包括通过立法为当前有工资收入的劳动者构建安全网，当其遭受可能的各种风险时能继续维持基本生活，从而保证劳动力再生产和扩大再生产的能力；而且包括为老弱病残、孤寡无依、流浪者等提供救助或服务。在该类概念中，社会保险制度、社会福利制度和社会救助制度都被看作是社会保障的内容。这两种类型的社会保障成为各国制定或研究社会保障制度的重要依据。

本章采用的是广义层面的社会保障概念，认为社会保障包含社会保险、社会福利和社会救助三个层次。社会保险制度属于强制缴费型的制度，强调的是保障现有的劳动群体的各项利益，消除劳动者的"后顾之忧"。社会福利制度是在保障公民"生存权"的基础上提供福利，使人们过上更加优质的生活，而社会救助则是保障贫困者的生存权，是社会保障制度最后一张"安全网"。社会福利和社会救助属于共济型、消费型、非缴费型的制度，其本质是向需要帮助之人提供物质援助或社会服务，旨在保障其基本的生存权利和尊严。按照我国著名社会保障研究专家郑秉文教授的观点，缴费型制度旨在构建社会安全网，减缓经济冲击给国家政治和社会造成的震荡，因

---

① 国际劳工组织在1942年首次如此定义。1944年，第26届国际劳工大会通过《费城宣言》，用"社会保障"代替"社会保险"。

② 郑功成.社会保障学［M］.北京：商务印书馆，2009：11.

此要求其制度设计具有可持续性,追求的是效率;而非缴费型制度实行的是国家的父爱主义,追求的是社会正义、社会公平,主要目的是不让有饿死的、衣不蔽体之人。因此,构建覆盖全体人民的社会安全网,建立必要的、适度的普惠型社会救助、社会福利体系,是一个国家社会制度健全和社会文明进步的标志。

我国《宪法》对公民的社会保障权益做了专门的规定。其第44条规定:"国家依照法律规定实行企业事业组织的职工和国家机关工作人员的退休制度。退休人员的生活受到国家和社会的保障";第45条规定:"中华人民共和国公民在年老、疾病或者丧失劳动能力的情况下,有从国家和社会获得物质帮助的权利。国家发展为公民享受这些权利所需要的社会保险、社会救济和医疗卫生事业。国家和社会帮助安排盲、聋、哑和其他有残疾的公民的劳动、生活和教育。"这些条文规定都构成了我国建构社会保障体系的基础。

改革开放近40年来,深圳经济不断创造奇迹,城市治理不断进步,其中社会保障在促进深圳经济发展和维护深圳城市稳定方面发挥着不容忽视的作用。社会保障制度的发展不仅直接推动了深圳经济的发展,确保了社会的安定,也在很大程度上带动并促进了企业制度、劳动用工制度和工资制度等相关体制的改革,为深圳迈向国际化城市奠定了坚实的基础。本章尝试从社会保险制度、社会福利制度和社会救助制度三个层次对深圳社会保障40年的发展进行回顾,总结深圳社会保障在近40年改革开放中的成就与不足,展望深圳社会保障在未来经济持续发展中的方向。

一、社会保障的发展历程及演进过程 ▷▷

深圳在改革开放之前只是一个人烟稀少的边陲小镇,中华人民共和国成立后建立的传统社会保障制度基本上没在深圳践行过,但计划经济条件下对干部管理实行部门、单位所有,不允许跨行业、跨地区流动;劳动保险采用"企业自保"方式,全部保障项目由所在单位承担,职工个人完全依附于单位等,这些规定在深圳是存在的。

随着深圳社会经济的发展和经济体制改革的深入，这种干部劳动管理体制和劳动保险制度越来越不适应形势发展的需要。一方面，不允许跨行业、跨地区流动的传统干部管理制度阻碍了深圳劳动用工制度的改革和人才资源的合理配置；另一方面，"企业自保"的劳动保险制度已经造成深圳企业养老负担畸轻畸重。像纺织、粮食、制盐、搬运等传统行业中的老企业，其退休金占企业工资总额的50%以上，个别企业的退休金甚至超过在职职工工资总额；而在一些新兴行业和新建企业中，如电子、仪表、化工等企业，其退休金不到工资总额的5%。随着老企业退休人员逐年增加，退休金支出也随之增加，新老企业之间退休金负担畸轻畸重的矛盾越来越突出，退休金由企业支付的办法已经无法保障退休人员的生活。特别是一些严重亏损的企业，因无力支付退休费用，不得不减发、停发养老金。还有一些企业为了照顾在职职工的利益，降低甚至取消退休待遇，引起退休人员及其家属的强烈不满，他们四处上访，影响社会安定。因此，改革旧的体制，建立新型社会保障制度，成为深圳社会发展的当务之急。

（一）社会保险的发展与演进

社会保险作为社会保障体系中的最核心部分，其服务对象是全体公民，内容涉及人的生老病死等方面。目前，深圳市的社会保险体系覆盖养老保险、医疗保险、失业保险、工伤保险和生育保险五个保障项目（见图9-1）。

依据深圳社会保险制度的阶段性变化，以及党和政府对社会保险发展的重大决策和部署，改革开放以来的深圳社会保险发展大体上可以划分为四大阶段：初步探索改革阶段（1982—1991年）、综合改革阶段（1992—2002年）、修补完善阶段（2003—2012年）、全面发展新阶段（2013年至今）。

1. 社会保险制度的初步探索改革阶段（1982—1991年）

1）养老保险方面

深圳社会保障制度的改革最早出现在养老保险领域。1982年，深圳率先改革劳动用工制度，打破"铁饭碗"，实行合同制。1983年，深圳市政府出台了《深圳市实行社会劳动保险暂行规定》，对全市部分所有制、单位的合同工实行社会劳动保险制度，要求合同制企业拿出员工工资的20%参加社

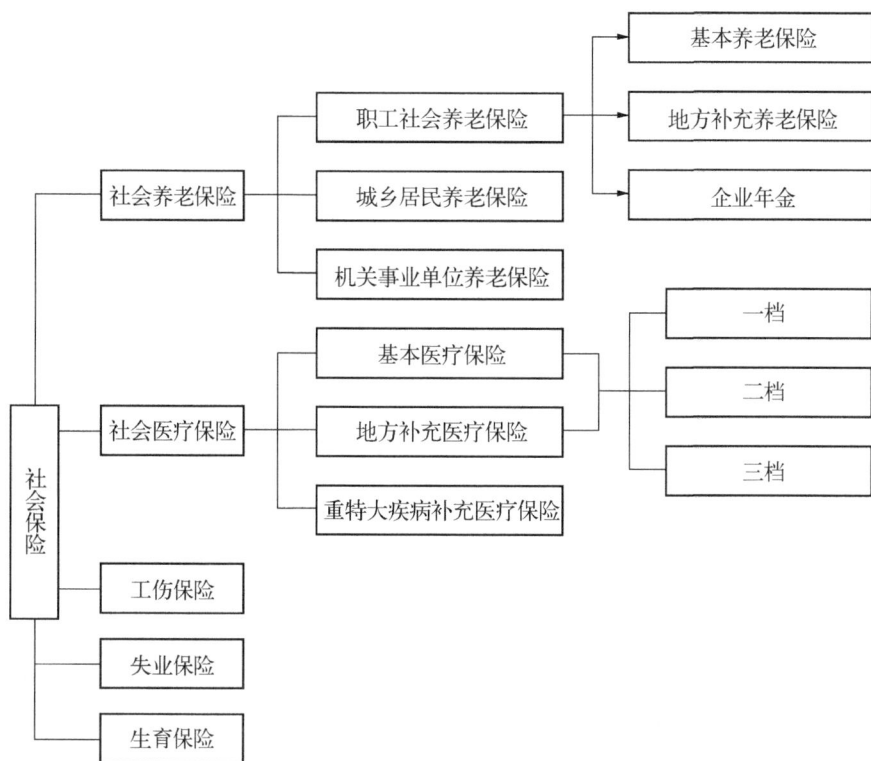

图9-1 深圳市社会保险体系

会保险,逐步建立职工劳动保险基金,并实行退休基金社会统筹,从而开始了"摸着石头过河"的社会保障改革。1985年,在国有和集体企业职工中实行退休基金社会统筹。从1986年10月起,深圳对国营企业、事业单位的全体职工和外资企业的中方职工及机关、事业单位的合同制工人实行职工待业保险基金统筹。1987年,深圳出台《深圳市临时工社会保障试行办法》。1990年,深圳出台《深圳经济特区工伤保险暂行规定》。所有这些探索和试验,一个显著的特点就是打破过去计划经济形成的与"大锅饭""铁饭碗"用工制度相配套的"单位保险制度",切实保障退休职工的养老待遇,从而迈开了社会保险的第一步。

2)医疗保险方面

随着深圳经济改革的推进,个体经济、私营经济和"三资"企业成为深圳经济的主要组成部分。但传统的仅限于公有制经济企业职工的劳保医疗制度将这些不同所有制企业的职工排斥在医疗保障制度之外,现实的矛盾迫使深圳市要进行制度改革与创新,以便让更多的城市劳动者都能得到医疗保障,享有基本医疗服务。

1989年,深圳成为国家社会保障综合改革试点城市,开始进行职工社会医疗保险制度的改革探索。1990年,深圳市起草了《深圳市医疗保险实行方案(讨论稿)》。该方案明确提出了社会统筹和个人账户相结合的医疗保险模式。但由于当时经济社会发展阶段和实际发展水平有限,该方案在当年并没正式实行。

3)工伤保险方面

深圳经济特区建立以后的一段时间内,职工的工伤保险基本沿用了1951年颁布的《中华人民共和国劳动保险暂行条例》中关于因公伤残的条款,实行"企业自保"模式,保障水平低。1989年7月,深圳市政府颁布《深圳经济特区伤、病、残劳动能力鉴定暂行办法》,建立了劳动能力鉴定程序和制度。1990年,深圳市政府对工伤保险制度进行改革,率先在全国建立起适合市场经济的工伤保险制度,颁布实施了《深圳经济特区工伤保险暂行规定》;同年7月,深圳市社会劳动保险公司增设工伤保险部,公司增配事业编制20个。

4)失业保险方面

1986年,国务院颁布实施了《国营企业职工待业保险暂行规定》。深圳根据自己的实际情况和广东省出台的实施细则,贯彻执行《国营企业职工待业保险暂行规定》,但在覆盖范围、基金筹集、申领条件、享受待遇、基金管理和管理体制等制度要素构成上有明显的调整和突破。

5)生育保险方面

深圳市的生育保险制度基本沿用国家的生育保险制度框架和条目。在改革开放的前十年,深圳市的生育保险包含在劳动医疗保险金之中,采用的是我国计划经济体制下的"企业自保"方式,即由企业负责"本单位女工人与女职员"孕产期间的检查费、接生费、生育补助费及生育假期工资。

1988年,国务院颁布《女职工劳动保护规定》。该规定一是增加了女职工的产假天数(从56天增加到90天);二是正式承认20世纪60年代初到70

年代末形成的"企业生育保险制度";三是废除1953年1月2日政务院修正发布的《中华人民共和国劳动保险条例》中有关女工人、女职员生育待遇的规定。深圳执行此规定。

2. 社会保险制度的综合改革阶段（1992—2002年）

根据《中共中央关于建立社会主义市场经济体制若干问题的决定》,深圳市社会保险制度改革进一步向规范化、法制化方向发展。

1）养老保险方面

深圳在全国首创了养老保险社会统筹与个人账户相结合的新型养老模式。1992年5月,深圳市正式出台了《深圳市社会保险暂行规定》;同年8月,深圳市政府颁布《深圳市社会保险暂行规定职工养老保险及住房公积金实施细则》,确立了社会共济与个人账户相结合的社会保障模式,统一了各类职工的社会保障政策。1996年5月,深圳市政府颁布了《深圳市养老保险暂行规定》。1997年6月,深圳市政府又制定并实施了《深圳市企业补充养老保险方案》,凡是经济效益好,已经参加深圳市基本养老保险的企业,可以根据职工工龄、贡献和工作岗位等因素为职工建立补充养老保险,旨在调动职工的劳动积极性,增强企业凝聚力,促进企业经济效益的提高,提高职工养老保险待遇。1997年,深圳还全面启动机关事业单位养老保险制度改革,但由于缴纳养老保险费与养老待遇不挂钩,失去了保险的意义,最后所缴费用以按原渠道退回财政和个人而悄然终结。1998年10月,深圳市人大颁布了《深圳经济特区企业员工基本养老保险条例》。在有关部门的支持配合下,深圳的养老保险制度在实践中不断完善,取得了长足的进步。一个多层次、社会化、制度化的养老保险制度基本建成。截至1999年底,全市基本养老保险参保人数达到88万人,户籍职工参保率达96%,积累养老保险基金46.18亿元,其中个人账户积累35.33亿元。

2）医疗保险方面

深圳市率先在全国建立了全市统一的基金、待遇一致的社会化医疗保险制度。1992年5月出台的《深圳市社会保险暂行规定医疗保险实施细则》,率先打破原有公费医疗、劳保医疗及其所有制的限制,深圳市正式进入了全面实施职工社会医疗保险的新阶段。1995年,深圳市首先在南山区进行了社会统筹与个人账户相结合的医疗保险制度改革试点。1996年5月，经过3年的实践探索，并在南山区试点的基础上颁布了《深圳市基本医疗保险暂行规定》，调整了有关医疗保险的形式和内容，使其更加合理。同年，深圳开始着手进行补充医疗保险的调研工作。1999年，在基本医疗保险制度稳步、健康发展的基础上，深圳开始试行大病互助基金，用于解决个人每年大病医疗20万元封顶线以上部分费用的补助。

3）工伤保险方面

1993年12月，深圳市颁布了《深圳经济特区工伤保险条例》。1996年10月，《深圳经济特区失业保险条例》正式出台。

1993年6月，深圳市劳动局颁布《深圳市职工因工（公）负伤与职业病评残标准》，适用于深圳市各类企业、事业单位，成为伤残鉴定、职业病鉴定的依据和标准。

1993年12月，为使深圳工伤保险依法管理有法律依据，深圳市人大通过并发布了《深圳经济特区工伤保险条例》，为深圳工伤保险依法管理提供了法律依据，标志着深圳市工伤保险制度迈上法制化轨道。1994年11月，深圳市政府出台《〈深圳经济特区工伤保险条例〉实施细则》，进一步完善了工伤保险制度，并形成了"市、区、镇"三级社会保险垂直管理格局。1996年，深圳市各区在原区社会保险、医疗保险机构的基础上组建分局，分局下设沙头角等18个社会保险管理站，改变了过去分散、多头管理、职能重叠的局面，提高了工作效率。

1995年，深圳市社会保障局制定了《关于加强深圳市工伤员工医疗管理办法》。1995年，深圳市社会保障局与市医保局合并，医务劳动鉴定委员会办公室设在新成立的深圳市社保局。

4）失业保险方面

为规范深圳市失业保险费的缴纳行为，1996年深圳市劳动服务公司下发了《深圳市失业保险费缴纳暂行规定》专项管理制度；同年3月，深圳市劳动服务公司又下发了《深圳市失业救济金发放暂行规定》，对解除劳动合同员工享受失业保险情形、失业救济金计算方法和发放标准、停发失业救济金情况作了具体规定。1996年10月，深圳市进一步调整和规范了失业保险,由市人大常委会在全国率先颁布了《深圳经济特区失业保险条例》,改变市、区分级管理失业保险金的做法,规定对失业保险基金实行全市统筹,并进一步完善了失业保险的实施范围、基金筹集、享受的待遇、运行机制和管理体制等内容。该条例的颁布实施,使深圳的失业保险更具有严肃性、公平性和权威性,从此深圳的失业保险制度与养老保险等社会保险制度一并走向了法制化、规范化和制度化的轨道。

5）生育保险方面

这个时期,深圳市进行了医疗保险制度的改革,建立医疗社会保险制度,医疗社会保险是生育医疗费的支付基础,因此,深圳的生育保险也相应地进行了改革。1992年5月发布的《深圳市社会保险暂行规定》和1996年7月开始施行的《深圳市基本医疗保险暂行规定》,是深圳医疗保险制度改革的开始,也是深圳生育保险制度改革的开始。

1994年12月,当时的劳动部发布《企业职工生育保险实行办法》,全国有了统一的生育保险基金统筹办法。生育保险基金社会统筹在很大程度上减轻了试行企业生育保险费用的压力,对妇女就业产生了积极作用。深圳市这个阶段的生育保险也相应地从企业保险走向社会统筹,其他生育待遇则仍由单位负责。

这个阶段一系列法规的颁布,标志着深圳社会保险制度综合改革拉开了序幕,深圳市社会保险工作从此跃上了一个新的台阶,基本保险与补充保险相结合的多层次的社会保险体系框架初具规模,取得了可喜的成效。

与此同时,这一时期,深圳市成立了统一的社会保险管理机构。1995年8月,深圳市政府通过并颁布了《深圳市社会保障管理体制改革方案》,将原市社会保险局和市医疗保险局合并,组建新的社会保险管理局,统一了社会保险的管理机构,实行由市社会保险委员会统一领导,市劳动、卫生等部门参与,市社会保险局和医疗保险局分头执行的社会保险管理体制。

3. 社会保险的修补完善阶段（2003—2012 年）

1）养老保险方面

这一阶段,深圳的养老保险方面有着重大突破。首先,2007年,深圳重新修订颁布《〈深圳经济特区企业员工社会养老保险条例〉实施规定》,不仅取消了非深户籍员工退休前5年连续缴费的限制,还建立了深户籍人员"延缴延退"制度、台港澳人员和外籍人员的参保制度等。2012年,深圳市出台了《广东省城镇居民社会养老保险试点实施办法》细则,这一覆盖城镇居民的养老保险新政,填补了深圳市养老保障体系的最后一个"缺口",解决了全市所有职工和居民"老有所养"的问题,标志着深圳社会保障体系真正实现了制度上的全覆盖。

其次,深圳公务员养老保险制度改革取得重大进展。2007年,深圳开启聘用制公务员试点的先河,为了解决公务员有进有出的问题,配套进行了养老保险制度改革试点,并在2008年出台《行政机关聘任制公务员职业年金计划总体方案》,开始"社会养老保险+职业年金"的养老保障模式的探索。2010年,深圳对新进行政机关的人员一律实行聘任制。同年5月,深圳市人社局与财政委员会联合发布《行政机关聘任制公务员社会养老保障实行办法》,实施行政机关聘任公务员与企业职工养老保险相类似的养老保障制度,开启全国公务员制度改革的"破冰之旅"。2012年,深圳"并轨"实验的范围进一步扩大,先是印发了《深圳市事业单位工作人员养老保障试行办法》("5号文件")。但"5号文件"主要适用于教师、医生等公益性事业单位人员,刚一出台,就遭到数千名于2010年7月以后调入深圳事业单位工作的人员的强烈反对。随后深圳重新调整出台了《深圳市事业单位工作人员养老保障试行办法》("12号文件")。"12号文件"规定对4类人员暂时"豁免",即军转干部、原市外机关事业单位在编在岗且为实行养老保障制度改革的人员、事业单位常设岗位的本市委任制公务员、交流到事业单位常设岗位的本市机关使用工勤编制的人员仍实行原退休制度。"12号文件"发布后,之前的风波平息,事业单位新聘人员参加养老保险工作得以有序推进。

2)医疗保险方面

2008年,深圳市政府发布了一系列与医疗保险相关的规章制度,包括《深圳市医疗保险办法》以及根据这一办法新制定或修订的《关于印发深圳市非从业居民参加社会医疗保险补充规定的通知》《深圳市社会医疗保险费用结算办法》《深圳市医疗保险违规行为举报奖励办法》《深圳市社会医疗保险现金报销管理办法》《深圳市社会医疗保险参保人就医管理办法》《深圳市社会医疗保险门诊大病管理办法》《深圳市社会医疗保险用药管理办法》等。其中,《深圳市社会医疗保险门诊大病管理办法》将门诊大病种类由 3 种增加到 2 类共 17 种。

深圳少儿医保是为健全深圳市医疗保障体系所制定的一项保险政策。深圳市先后出台数项通知对深圳少儿医保及大学生医保的参保范围、参保标准以及享受医保待遇标准作了详细规定。2007 年,深圳市政府发布《关于印发深圳市少年儿童住院及大病门诊医疗保险实行办法的通知》; 2009 年,深圳市发布《关于将大学生纳入城镇居民基本医疗保险的通知》; 2010 年,深圳市实施《关于将深圳市少年儿童及大学生医疗保险纳入住院医疗保险的通知》。

3）工伤保险方面

为了使《深圳经济特区工伤保险条例》更能适应深圳经济社会发展的需要,2000 年 1 月,深圳市人大对《深圳经济特区工伤保险条例》作了进一步修改,不仅明确了管理部门,提高了相应的补偿标准,还规定工伤保险缴费实行浮动费率制。浮动费率制是世界工伤保险制度成熟国家通用的做法,体现了工伤保险预防为主的原则。建立浮动费率制是为了促进企业搞好生产,使雇主致力于安全预防工作,降低事故发生率和职业病发生率。

2001 年,深圳市社保局公布并实施了《深圳市工伤医疗管理办法》,加强对工伤医疗保险的管理。2002 年 9 月,深圳市政府公布并实施《〈深圳经济特区工伤保险条例〉实施细则》,细则里对工伤事故预防支出项目的事故预防费、安全奖励金、宣传和科研经费做出了规定。

工伤保险最根本的作用就是化解劳动者的工伤风险,最有效的化解方式就是把所有劳动者都纳入工伤保险制度范围内。从 2004 年 1 月 1 日起,深圳市贯彻实施 2003 年国务院颁布的《工伤保险条例》,同时参照执行广东省出台《广东省工伤保险条例》中的部分条例,不仅实现了深圳市工伤保险制度的统一,而且将工伤保险覆盖到所有劳动者,保障了所有劳动者的工伤保险权益。

2006 年 7 月 7 日起实施的《关于事业单位、民间非营利组织工作人员工伤有关问题的通知》，规定事业单位、民间非营利组织工作人员因工作遭受事故伤害或者患职业病的，其工伤范围、工伤认定、劳动能力鉴定、待遇标准等按照《工伤保险条例》的有关规定执行。

2007年3月6日，深圳市劳动和社会保障局发布《关于调整深圳市机关事业单位工作人员因公伤亡待遇有关问题的通知》，规定自2006年7月1日起，深圳市属行政机关（含行政事务机构）的在编人员、财政全额拨款事业单位和民间非营利组织的全额拨款编制人员，其因公伤亡范围、申报时限、劳动能力鉴定、待遇标准等暂参照《工伤保险条例》的有关规定执行。

2009年，为规范建筑业等高风险企业参加工伤保险和解决深圳市农民工用人单位的参保难题，深圳市制定实施了《深圳市建筑施工企业农民工参加工伤保险试行办法》，推行按建设项目为农民工参保的方式，允许有多份兼职的农民工分别和多个用人单位建立工伤保险关系。但由于缺乏参保强制手段，建筑施工企业主动为农民工参保的数量不多。

4）失业保险方面

2000年7月，深圳市劳动局、财政局联合发布并实施《关于实行失业保险基金全市统筹的通知》，规定深圳实行失业保险基金全市统筹。同年，深圳还印发了《关于深圳市国有企业下岗员工与失业员工管理工作并轨的通知》，要求实现全市国有企业下岗与失业并轨，下岗人员依法享受失业保险待遇。

2002年，根据《关于深圳市社会保险管理局职能配置内设机构和人员编制的批复》，失业保险的职能被正式划归深圳市社保局，并实现社会保险工作全市统一集中管理和社会保险费合并统一征收。2004年，社会保障局与劳动局合并为劳动与社会保障局，下设深圳市社会保险基金管理中心。

2004年，深圳市开始建立机关事业单位雇员失业保险制度。2004年6月，深圳市政府发布《深圳市机关事业单位雇员管理试行办法》。此后，深圳又制定了《深圳市事业单位管理办法（试行）》和《事业单位职员社会保障暂行规定》，规定机关事业单位雇员应按照有关法规、规章的规定参加失业保险等社会保险，享受有关保险待遇。

2009年，深圳市政府出台《深圳市失业登记管理办法》。该办法规定，只要是深圳户籍的失业人员，可以办理失业登记，并享受相应的公共就业服务。

随着对失业问题认识的深入,西方失业保险的有关理念被引入深圳市失业保险制度当中,如失业保险与就业促进的结合,失业保险应尽可能覆盖各类劳动者,失业保险专项制度设计等。深圳市失业保险制度逐渐在原有的救济模式基础上融入了保险模式。

5）生育保险方面

从 2003 年 7 月 1 日起,深圳市开始施行《深圳市城镇职工社会医疗保险办法》,新办法首次提及"生育医疗保险",并将其连同基本医疗保险、地方补充医疗保险一起作为三个强制性医疗险种,共同组成医疗保险,以解决职工生育期间的生育医疗费用,但没有建立生育津贴制度。

4. 社会保险的全面发展新阶段（2013 年至今）

1）养老保险方面

2013 年,为了完善深圳经济特区社会养老保险制度,保障职工和居民参加社会养老保险和享受社会养老保险待遇的合法权益,根据《中华人民共和国社会保险法》以及有关法律、行政法规的基本原则,深圳市政府制定了《深圳经济特区社会养老保险条例》。2014 年 1 月,深圳市政府发布《〈深圳经济特区社会养老保险条例〉实施细则》,细则对深圳养老保险参保的范围、重复参保的处理、深圳养老保险转移的指数计算以及深圳养老保险个人账户提取等多方面的细节做出了进一步的规定,同时细则新增了 3 个条款,明确了缴费年限、实际缴费年限和视同缴费年限的内容和计算办法。

2014 年 4 月 25 日,国务院发布《事业单位人事管理条例》,明确事业单位依法参加社保。领改革风气之先的深圳,又一次率先开启"并轨"之路。截至 2014 年 4 月 30 日,深圳行政机关聘任制公务员和事业单位新聘职员总共 5 000 多人参加了养老保险。

截至 2017 年底,深圳基本养老保险参保人数为 1 134.32 万人,同比增加了 104.68 万人。其中,城镇职工基本养老保险参保人数为 1 133.53 万人,城乡居民基本养老保险参保人数为 0.79 万人[①]。

---

① 深圳统计局.深圳市 2017 年国民经济和社会发展统计公报［EB/OL］.（2018-04-17）［2018-09-30］.http://wap.sz.gov.cn/sztjj2015/xxgk/zfxxgkml/tjsj/tjgb/201804/t20180416_11765330.htm.

2）医疗保险方面

2013年9月29日,深圳市政府发布第256号令《深圳市社会医疗保险办法》。根据此办法规定,深圳将之前的综合医疗保险、住院医疗保险、农民工医疗保险分别更名为基本医疗保险一档、二档、三档,降低一档参保人总缴费比例,至此,多层次、多形式的社会医疗保险制度在深圳正式建立;同时,深圳政府建立基本医疗保险和地方补充医疗保险,首次将农民工纳入地方补充医疗保险覆盖范围,农民工从此可以享受地方补充医疗保险待遇。

2017年,深圳市出台了《深圳市离休人员医疗保障办法》。该办法规定户籍离休人员可凭社会保障卡100%报销属于社会医疗保险基金支付范围内的医疗费用,对于超出社会医疗保险基金支付范围的医疗费用,由政府按每人5万元的标准建立的离休人员专项医疗保险补助资金支付。

截至2017年底,深圳基本医疗保险参保人数为1 396.11万人,同比增加104.31万人[2]。其中一、二、三档医疗保险参保人数分别为432.84万人、579.00万人和384.27万人。

3）工伤保险方面

2016年,深圳市发布《深圳市人力资源和社会保障局 深圳市财政委员会关于调整本市工伤保险费率政策的通知》,对工伤保险缴费率做出明确规定。2017年,深圳市就事业单位参加工伤保险有关事项发出通知,要求事业单位缴纳工伤保险费按现行经费渠道解决,缴费工资总额构成,参照本市机关事业单位工作人员养老保险缴费工资项目执行。与此同时,为进一步完善工伤保险制度体系,加强建筑行业职工尤其是农民工因工受伤及职业病保障,2016年,深圳市出台了《深圳市建筑施工企业参加工伤保险办法》,明确工伤保险责任主体,建立了工伤赔偿连带责任追究机制。

总之,这一阶段深圳的工伤保险制度更加完善。深圳工伤保险制度改革,对于整个深圳经济体制改革,特别是劳动、工资制度改革起到了巩固和促进的效果。同时,对于促进安全生产、社会安定和生产力发展,发挥了积

---

① 深圳统计局.深圳市2017年国民经济和社会发展统计公报［EB/OL］.（2018-04-17）［2018-09-30］.http://wap.sz.gov.cn/sztjj2015/xxgk/zfxxgkml/tjsj/tjgb/201804/t20180416_11765330.htm.

极的作用。截至2017年底,深圳市工伤保险参保人数为 1 100.68 万人,参保率为95%,居全国大中城市首位。

4）失业保险方面

2012年,深圳市人力资源和社会保障局印发《深圳市失业登记管理暂行办法》。该暂行办法首次将异地务工人员纳入失业保险范畴,规定"在本市同一单位就业并连续参加失业保险6个月以上的异地务工人员失业的,可以办理失业登记"。

2015年,深圳发布《关于完善异地务工人员本市失业登记工作的通知》,提出在法定劳动年龄内、有劳动能力和就业要求、处于无业状态的异地务工人员,失业前在本市行政区域内的用人单位就业并连续缴交失业保险费满6个月,或者虽然连续缴交失业保险费不满6个月但失业前用人单位和本人已经缴纳失业保险费累计满一年,或者不满一年但本人有失业保险金领取限期的,可以到《深圳市失业登记管理暂行办法》规定的公共就业服务机构办理失业登记。办理失业登记的异地务工人员按本市有关规定享受失业保险待遇。

2013年1月1日起施行的《深圳经济特区失业保险若干规定》,对失业保险费的缴费标准、失业人员享受的失业保险待遇、领取失业保险金的期限等做出了规定。

2017年2月1日,深圳实施新修订的《深圳市失业登记管理办法》。该办法主要是对失业登记办理流程进行了优化,不仅深圳市失业人员可在全市任何一个街道公共就业服务机构进行失业登记申请,而且部分登记不再要求提交纸质申请,对判断灵活就业人员中断就业也有了客观标准。并将非深户籍的务工人员也包纳进来。

2017年底,深圳失业保险参保人数为 1 089.49 万人,同比增加了63.36万人。

5）生育保险方面

2013年9月29日,深圳市政府发布《深圳市社会医疗保险办法》。该办法在基本医疗保险制度中设置生育医疗保险以解决职工生育期间的生育医疗费。

2015年1月1日，广东省颁布《广东省职工生育保险规定》，深圳市人力资源和社会保障局联合发文并执行。按该规定，所有用人单位及其职工和雇工参加生育保险，生育保险由单位缴纳，职工无须再缴纳生育保险费。那些未被纳入《广东省职工生育保险规定》参保范围的深户（年满18周岁未达退休年龄）非从业或灵活就业人员，则按《深圳市社会医疗保险办法》规定参加生育医疗保险，并在参保缴费的次月起享受各项生育医疗保险待遇。生育保险待遇包括生育医疗费用和生育津贴。

从2015年10月起，深圳市调整生育保险缴费比例，缴费基数与养老保险缴费基数相同，即用人单位上月职工工资总额（每个职工月缴费基数最高为深圳市上年月社平工资的3倍，最低为市当月最低工资标准），由单位按0.5%的比例缴纳，职工个人不需要缴纳。

2016年，深圳市对生育保险报销适用范围进行了说明，属于生育医疗保险偿付范围内的费用，按不高于本市医疗收费标准、由生育医疗保险基金100%支付。

截至2017年底，深圳市生育（含生育医疗）保险参保人数为1 160.57万人，同比增加了69.92万人。

（二）社会福利体系的发展与演进

目前，国内学者对社会福利的外延有不同理解。如有的学者认为社会福利包括社会救助、社会保险、公共福利和社会互助。在民政部对社会福利的界定中，社会福利指的是以民政部门为代表，为无工作能力、无其他收入来源、无抚养人、无赡养人等老弱病残提供服务与收入保障，主要是保障社会弱势群体的基本生活。这种类型的社会福利的内涵比较狭窄，它非常重视国家的福利供给责任，强调社会福利的消费性属性、国家的兜底责任。本章采用的是民政部的狭义社会福利概念，且本研究暂不考量深圳的住房福利和教育福利，着重从老年人社会福利体系、儿童社会福利体系以及残疾人社会福利体系建设与发展三个方面论述。社会救助体系则从最低生活保障、低收入救助、专项救助和临时救助四个方面进行考量。

1. 老年人社会福利体系的建立与发展

由于深圳是个年轻的移民城市，近几年才开始进入老龄化社会，市政府对老年人福利工作不够重视，其结果是经济改革开放数十年了，老年人社会福利服务体系还未建立起来。但随着第一代来深建设者逐步迈入老年，新移民家庭的逐步稳定带来随迁老人的日趋增多，近年来，深圳老年人照料问题已受到社会各界的广泛关注和高度重视，老年人社会福利发展驶入快车道，具体表现在以下方面。

（1）在政策创制和制度建设方面。根据《国务院关于加快养老服务业的若干意见》（国发〔2013〕35号），从2013年起，深圳市相继出台《关于加快发展老龄服务事业和产业的意见》《深圳市养老设施专项规划（2011—2020）》《深圳市社会福利事业发展"十二五"规划》《深圳市老龄事业发展"十二五"规划》《深圳市无障碍设施建设与改造规划（2013—2015）》《深圳市养老服务设施用地供应暂行办法》《深圳市公办养老机构建设和运营指引》《关于印发老年人专用智能产品与服务发展行动计划（2015—2017）》《深圳市开展全国养老服务业综合改革试点实施方案（2014—2020）》等一系列政策制度，初步形成了一套符合深圳市民意愿、解决实际问题、具有深圳特色的社会养老政策体系，为深圳养老事业的发展提供了强力支撑，为深圳市养老服务业后续发展构建了良好的政策环境。2016年7月，深圳被列为全国首批养老服务业综合改革试点城市。

（2）在提供老年人福利津贴方面。2011年，深圳市出台《关于发放高龄老人津贴的通知》，为全市80周岁以上户籍老人发放高龄津贴。80～89周岁户籍老人每人每月200元，90～99周岁户籍老人每人每月300元，100周岁及以上户籍老人每人每月500元。此外，全市十个区都已为70～79岁户籍老人发放每月100元的津贴。为户籍80周岁以上老年人购买意外伤害及意外医疗保险，利用福彩公益金支付保费，被保险人若发生意外，最高可获得10万元保险赔偿。

（3）在发展老年人福利服务项目方面。一是深圳自2005年启动居家养老服务，2011年在老年人福利服务项目方面正式提出了"9073"的养老服务建设体系。其中90%的老人由家庭照料辅以专门机构和人员提供家政、助医、康复、送餐、心理慰藉等上门服务。2005年,政府对低保、优抚、生活不能自理等深圳户籍老人实行货币化居家养老补助,每月给予300元到500元不等的补助金;到2009年,深圳对居家养老服务进行相关改革,将居家养老补助金以消费券形式进行发放,老人领取消费券后可向定点服务机构购买专门服务。目前,居家养老服务已覆盖全市所有街道。7%的老人由社区提供生活照顾、护理、康复训练等多种类服务。3%的老人通过入住机构满足专业照料需求。二是推行健康体检服务。加强老人身体健康状况评估,鼓励各区每年免费为65周岁以上户籍无工作单位老人提供基本体检服务,为80周岁以上户籍无工作单位高龄老人上门提供基本体检服务。三是实施敬老优待服务。2010年,深圳出台《关于深圳市老年人享受敬老优惠待遇的通知》,实现年满60周岁的户籍女性持《深圳市敬老优待证》(蓝色)可享受免费进全市各公园,免费进全市各旅游景区,免费进全市博物馆、文化宫(馆)、美术馆、图书馆等文化场所,免费使用全市公共体育场所设施,免费使用公厕,看病挂号费享受半价优惠,免费法律援助7项优待服务。年满65周岁的户籍老人持《深圳市敬老优待证》(黄色),在上述7项优待服务的基础上,增享免费乘坐全市公共大巴、中小巴和地铁等。非户籍老人年满65周岁常住在深圳,持《暂住老人免费乘车证》,可以享受免费乘坐市内公共汽车和地铁。全市累计发放敬老优待证30万张。四是实施"幸福老人计划"。积极引导扶持资助基层老年协会、老年社会组织发展,实现老年人的自我组织、自我服务和自我管理,资助各类老年组织开展老年欢乐节等文体活动项目1 000多个,惠及全市20多万老人,有效丰富了社区老年人的精神文化生活。五是开展高龄老人紧急呼援救助项目。免费为80岁以上户籍老人安装"呼援通"紧急救助系统,提供紧急救助、走失定位、政策咨询、精神关爱、居家养老、医疗康复等十大特色为老服务。

(4)在养老设施建设方面。深圳在养老设施规划建设、产业发展、土地供应、政府购买养老服务、服务补贴、鼓励社会力量等方面,进行了有针对性的制度设计和体制机制创新。2013年,深圳市出台了《深圳市养老设施专项规划(2011—2020)》,明确规划70块养老设施用地,为进一步发展养老服务业用地预留了政策空间。2017年,为了健全公办养老机构的运行机制,公平合理地分配深圳市公办养老机构床位资源,充分发挥政府的兜底作用,特别是保障基本养老服务对象的优先入住权益,深圳市民政局出台了《深圳市公办养老机构入住评估轮候管理办法(试行)》,对入住公办养老机构的老人能力评估、轮候申请、入住管理和监督管理做了明确规定。以"规划一批、建设一批、改造一批"为原则,截至 2017 年底,深圳市为老年人与残疾人提供服务的机构(不含敬老院)有 26 家,为老年人与残疾人提供服务的床位数有 6 651 张,社区养老机构和设施共 105 个,社区日间照料床位数共 1 818 张①。2017 年,深圳发布的《关于全面放开养老服务市场提升养老服务质量的若干措施(征求意见稿)》中提出,到 2020 年,实现全市养老机构床位和社区托养床位总数达到 1.1 万张,每千名户籍老人拥有床位数不低于40 张。

(5)在专业人员培训方面。为提升养老护理人员从业技能,更好地满足市场需求,深圳市不断加大力度,补贴培训一批养老护理员,提高他们的业务素质和工作能力。据了解,每名经鉴定达到初级水平的养老护理员,政府补贴的培训费为 1 800 元左右。

2. 儿童社会福利体系的建立与发展

深圳市委、市政府历来重视儿童福利建设。2013 年 6 月,深圳市被国家民政部确定为全国首批适度普惠型儿童福利制度建设试点城市之一,2014年,深圳市又被确定为"第二批全国未成年人社会保护试点地区"。

一是成立专业的管理机构。早在 1994 年,深圳就成立了妇女儿童工作委员会,制定并实施了深圳市儿童福利发展规划。2004 年,深圳市在救助站设立深圳少年儿童救助保护中心,该中心在 2007 年更名为深圳市未成年救助保护中心。未成年人进到市救助站后,一律得到接收、养育治疗和亲人领走或遣送等服务。

二是实施"深圳少年儿童健康成长计划"。2007 年,深圳在全国率先推出"少年儿童住院及大病门诊医疗保险"制度,且率先淡化户籍界限,不

---

① 深圳民政网.2017 年 4 季度深圳社会服务统计季报[EB/OL].(2018-01-19)[2018-09-30].http://mzj.sz.gov.cn/cn/xxgk_mz/tjsj/tjjb/201804/t20180420_11776372.htm.

管有无户籍均可参保。目前,在深入园儿童均可享受每生每年1 500元的补贴,已建成503所普惠型幼儿园,基本解决"入园贵"问题。对于家境贫困的青少年,深圳张开温暖的怀抱,免除其学杂费、校服费和实验费等。2017年,深圳资助困难中小学生约210万元。除此之外,深圳还扩大了未成年人救助范围,探索监测干预遭遇家暴的未成年人,建立未成年人社会保护"监测预防、发现报告、帮扶干预"联动反应机制,构建覆盖全市的未成年社会保护网络,推动建立"以家庭监护为基础、社会监督为保障、国家监护为补充"的监护制度。

三是建立孤残儿童保障体系。2011年,深圳市建立孤儿最低养育标准制度,并建立孤儿最低养育标准自然增长机制。2017年,深圳再次调整孤儿养育标准,最低养育标准整体提高10%,社会散居孤儿每人每月为1 265元,福利机构内0～1岁孤儿每人每月为1 998元,1～3岁孤儿每人每月为1 892元,3～6岁孤儿每人每月为1 883元,6～14岁孤儿每人每月为2 253元,14岁以上孤儿每人每月为2 423元。目前,深圳制定了孤残儿童养育标准,建立了儿童大病救助制度、残疾儿童报告制度。深圳还在探索孤儿社会养育和爱心家庭领养新模式,将孤儿交给除福利院之外的其他社会福利机构代养,并定期回访。而残疾、重病和流浪三类困境儿童也已形成初步帮扶机制,参照孤儿基本生活保障制度,建立困境儿童的信息档案,落实由财政保障的相关津贴制度。

四是动员多种社会力量推动儿童社会福利事业的发展。社会力量在提供直接服务方面有着政府没有的优势。深圳市委、市政府广泛动员社会力量,为有着不同需求的困难儿童提供政府暂时力所不及的特色服务,形成全社会共同关注儿童福利事业的氛围。目前,深圳有自闭症研究会、民爱、华阳等多家民间残障儿童康复教育机构为特殊儿童提供照料、托管、康复、教育等各方面的服务;有深圳市慈善会设立雏鹰展翅、关爱劳务工基金、首彩爱心慈善基金、儿童大病慈善基金等专项基金或冠名基金为有着不同需求的困难儿童募集资金。2012年,国内首家由非公募基金会——爱佑慈善基金会成立的深圳市爱佑和康儿童康复中心正式运行。爱佑基金会将依托此项目,发起、运营社会企业,通过"政府补贴一部分、社会赞助一部分、家庭承担一部分"的形式,积极推动中国孤贫患儿医疗救助及康复事业的发展。

3. 残疾人社会福利体系的建立与发展

深圳市委、市政府一直高度重视残疾人的福利与保障,先后出台了25项法律法规,推进残疾人就业创业、康复、教育、托养制度的发展,确保残疾人享有与健全人相同的权利,并使残疾人在同等机会下,为社会做出特殊的贡献。

(1)在政策法规建设方面。2004年,深圳市结合《深圳市国民经济和社会发展第十个五年计划》制定了《深圳市残疾人事业"十五"计划纲要》。该纲要提出的大目标是:残疾人事业与国民经济和社会发展同步,在率先基本实现现代化中基本实现残疾人事业现代化。具体主要目标是:残疾人社会保障体系基本确立,残疾人状况得到全面改善,残疾人事业发展得到强有力的法律保障,残疾人参与社会生活的环境更加文明,残疾人自身素质得到普遍提高,为残疾人提供服务的能力得到增强。2005年12月2日,深圳市人民政府签署《深圳市扶助残疾人办法》,对残疾人的劳动就业、培训、教育、医疗教育、文化教育、法律服务等扶助工作做了明确规定。"十三五"时期是我国全面建成小康社会的决胜阶段,习总书记指出"没有残疾人的小康,就不是真正意义上的全面小康"。2015年,国家出台了《关于推进残疾人小康进程的意见》(国发〔2015〕7号),标志着残疾人将与全国人民一道全面迈进小康社会。此后,国家还出台了《国家人权计划(2016—2020年)》、《"十三五"加快残疾人小康进程规划纲要》(国发〔2016〕47号)等文件。广东省人民政府紧接着发布了《关于推进残疾人小康进程的实施意见》(粤府〔2015〕121号)。深圳自2016年开始也相继出台了多项意见办法,包括《深圳市加快残疾人小康进程"十三五"规划》《深圳经济特区实施〈中华人民共和国残疾人保障法〉办法》《深圳市残疾人联合会改革实施方案》《深圳市关于建立健全社区残疾人协会的通知》等,从制度上保障深圳市的残疾人能够共享全面建成小康社会的成果。

(2)在就业创业方面。1998年,深圳市颁布《深圳市分散按比例安排残疾人就业暂行规定》,规定本市行政区域内的机关、团体、企业(外商投资企业除外)、事业单位和城乡集体经济组织,应按不低于本单位在职职工总数的0.5%安排本市城镇残疾居民就业,对安排残疾人就业超过规定比例的单位,经残疾人劳动就业服务机构核定,由市人民政府残疾人工作协调委员会给予表彰和奖励。2001年,深圳市实行《残疾人就业实行工伤管理优惠措施》。2004年,深圳市出台《关于切实做好残疾人就业工作的意见》,要求各级政府及有关部门要充分认识到做好残疾人就业工作的重要意义,加强领导,采取有力措施,切实保障残疾人劳动就业权利的实现。2016年,深圳出台《深圳市残疾人就业保障金征收使用管理办法》,加强对残疾人就业保障金的管理。

（3）在社会保险方面。2008年3月25日,深圳市出台了《深圳市残疾人参加社会保险试行办法》,对自谋职业的残疾人、低保残疾人、失业残疾人和无业重度残疾人分类施行社会保险补贴。这一倾斜性的举措直接提升了深圳市残疾人社会保险覆盖率。

（4）在医疗康复与出行方面。1999年,深圳市出台《关于将残疾人社区康复纳入社区康复服务工作的意见》,建立残疾人社区康复站,为每一位残疾人建立康复档案,为康复对象制定训练计划,将残疾儿童的早期筛查工作纳入妇幼保健日常工作,对在社区、家庭的精神病患者,做好监护服务和管理工作等。2014年,深圳市出台《深圳市残疾少年儿童康复救助服务办法》,建立健全深圳市残疾少年儿童康复救助保障机制,规范残疾少年儿童救助项目、标准、流程和管理。2016年,深圳又先后发布《深圳市加快发展康复辅助器具产业的实施方案》《深圳市残疾人精准康复服务手册》,为残疾人康复提供精准服务。2017年,深圳市对《深圳市残疾少年儿童康复救助服务办法》部分规定做了相关调整,出台《关于优化我市残疾少年儿童康复救助政策的通知》,将救助对象年龄上限由原来的16周岁提高为18周岁,并对服务补贴标准、评估转介机制和经费结算方式进行了调整。2016年出台的《深圳市残疾人特殊困难救助办法》,以残疾补贴和特困救助这两种倾斜性权利配置方式提升了深圳残疾人的社会福利水平。

为方便残疾人出行,保障残疾人及其他有需要者平等参与社会生活的权利,促进社会文明进步,2002年,深圳市公安局发布《关于残疾人专用车管理的通告》,保障残疾人的合法权益,维护残疾人的行车安全。2009年,深圳制定了《深圳市无障碍环境建设条例》,加强无障碍设施建设,无障碍设施建设发展规划包括无障碍设施建设与改造、公共交通建设、信息交流建设、宣传教育等内容。

（5）在托养与教育住房方面。2012年，深圳市出台了《深圳市残疾人托养服务办法》，坚持以残疾人为本，以需求为导向，分类托养，重点发展居家安养服务，大力开展社区日间照料服务，有计划地推动市、区机构集中托养服务。2015年，深圳市出台《深圳市残疾人特殊困难救助办法》，残疾人通过国家教育考试被录取进入高等院校后，在校期间可申请学杂费补助，最高补助标准为：大专每学年4 000元，本科每学年6 000元，硕士及博士研究生每学年8 000元。残疾人家庭或者单身残疾人居民，未购买过任何形式的政策性住房或者保障性住房、未租住公共租赁住房、未领取住房货币补贴，且残疾人家庭成员或者单身残疾人居民无任何形式自有住房的，可以申请住房补助，补助标准为每人每年3 000元。

（三）社会救助体系的建立与发展

社会救助主要是为收入低于贫困线的贫困群体提供基本生活保障（即最低生活保障）、低收入救助、专项救助和临时救助等，维护居民的基本生活权益，保障居民的基本生活安全。

自1997年实施最低生活保障制度以来，深圳社会救助逐渐建立起以低保制度为基础，特困人员供养、医疗救助、教育救助、住房救助、就业救助、受灾人员救助等专项救助相配套，临时救助和社会互助为补充的社会救助体系，在国内率先建立巨灾保险制度、适度普惠的基本民生保障制度等，社会救助的体制机制和政策不断完善，救助对象范围不断扩大，救助标准不断提高，救助方式不断创新。

1. 最低生活保障体系的建立与发展

最低生活保障制度是维护社会稳定、和谐的最后一道"安全网"，是社会救助中最重要的部分。社会救助中的专项救助或者临时救助都需要建立在此基础上。

深圳市最低生活保障制度自1997年起实施，比全国统一实施的《城市居民最低生活保障条例》早两年。1997年3月，深圳市颁布了《深圳市城乡居民最低生活保障暂行办法》，标志着深圳实施城乡同步的最低生活保障制度。城乡困难居民基本生活得到法制化的保障，是深圳社会救助制度的一大进步。2000年，深圳颁布了《关于建立深圳市城镇特困人员基本医疗保障制度的通知》，开始建立低保对象医疗保障制度；2002年，深圳颁布《深圳市城乡居民最低生活保障办法》，进一步完善低保制度。

2010年，针对家庭收入微高于低保户又不能享受低保政策的困难群体，深圳在全国率先推出了低保"边缘群体"救助制度，通过"第二保障线"使他们获得基本生活、住房、医疗、教育等方面的公共服务。2015年，深圳市出台《深圳市残疾人特殊困难救助办法》，对民政部认定的低保、低保边缘家庭残疾人提供困难生活补助，其中低保家庭残疾人每人每月200元，低保边缘家庭残疾人每人每月100元。深圳市2017年的最低生活保障标准为每人每月900元，低保标准处于国内大中城市领先水平。

2. 专项救助项目的建立与发展

深圳的专项救助项目是指针对低收入居民实施的医疗救助、教育救助、住房救助、法律援助、就业援助、养育扶助等方面的专项救助。低收入群体是指家庭人均月收入低于深圳市认定的最低生活保障标准的户籍居民，包括家庭人均月收入低于最低生活保障标准的居民（即低保人员）及家庭人均月收入高于最低生活保障标准，但低于认定标准的居民（即低保边缘人员）。

（1）医疗救助。需要申请资助医疗保险费的，由民政部门统一办理参保手续，办理参保后，由福利彩票公益金向社会保险机构支付相应的保险费。2015年，深圳市出台《深圳市残疾人特殊困难救助办法》，对重度残疾、一户多残、老残一体的残疾人可申请每人每月400元的护理补助。

（2）教育救助。需要申请免学杂费、学生服费的，每学期学生开学注册时向所在学校申请，所在学校审核登记后予以免收。区属学校在每学期开学后一周内，将享受有关费用减免的学生名单及《低保证》或《低保边缘证》复印件和免收金额报区教育部门汇总后报市教育部门；市直属中小学直接将上述材料报市教育部门。市教育部门会同市民政部门核实后，将减免的费用划拨至学校。

（3）住房救助。申请住房救助的,参照《关于印发深圳市廉租住房保障管理办法的通知》(深国房〔2008〕38号)的有关申请程序办理。

（4）就业援助。申请就业援助的,到人力资源保障部门申请办理。

（5）法律援助。申请法律援助的,到司法行政部门申请办理。

2018年,深圳出台《深圳市困难群众医疗救助暂行办法》,探索全面建立综合救助制度,健全救助、就业、保险和慈善的"四环联动"等,使人民获得感、幸福感、安全感更加充实、更可持续。

（6）养育扶助项目。2010年,深圳市出台的《深圳市低收入居民社会救助暂行办法》规定,低收入居民家庭成员有以下情况的,可申请享受养育扶助金：学龄前婴幼儿;在全日制学校就读;患重大疾病或二级以上残疾或生活不能自理。重大疾病是指《深圳市社会医疗保险办法》(深圳市人民政府令第180号)中规定的有关门诊大病。养育扶助金按月发放,低保人员发放标准为最低生活保障标准的30%,低保边缘人员发放标准为最低生活保障标准的20%。一名家庭成员只能享受一份养育扶助金。低收入居民家庭中有两名以上残疾人员无本条第一款规定情形,以及子女未满18周岁或子女已满18周岁仍在校读书的单亲家庭,可申请享受一份养育扶助金。

3. 临时救助项目的建立与发展

深圳的临时救助项目是指针对低收入居民遭受自然灾害等意外实施的临时性、应急性救助。2010年,深圳市出台实施的《深圳市低收入居民社会救助暂行办法》规定,低收入居民有下列情况之一的,可以向区民政部门申请临时救助：一是因自然灾害、疾病、突发意外,造成人员死亡、家庭劳动人口完全或者部分丧失劳动能力或者家庭财产损失较大等严重后果的;二是诉讼费、医疗费等支出较大,依靠低保救助、项目救助仍无法解决困难的;三是因刑事、民事案件受害致贫,无法从相关渠道获得补偿,依靠低保救助、项目救助仍无法解决困难的。临时救助主要由各区实施,视申请人的困难状况,可给予1 000～6 000元的一次性救助。

（1）对流浪乞讨人员的救助。流浪乞讨人员是社会最弱势群体,是临时救助的主要对象,对他们的关爱力度也是考量城市文明的重要指数之一。深圳对流浪乞讨人员的救助,遵循自愿、无偿、公开救助的原则,以市救助管理站为中心，以宝安、龙岗两区救助管理站为东西两翼，形成了覆盖全市的流浪乞讨人员救助管理网络。深圳对流浪乞讨人员进行分类管理。对那些确实是因老迈、残疾流落街头的乞讨者，深圳救助站经与其户籍民政部门联系后送返家乡，或协助其申请低保，或协调入住福利院。对于流浪者中的未成年人，经市、区救助站接回后，联系户籍地民政部门，3天内一律送返读书。对于涉嫌利用儿童偷盗乞讨的，公安等相关部门将会进行严厉打击。2012年，深圳市民政部门牵头建立"情暖鹏城"街面应急救助制度。"情暖鹏城"求助热线"82419094"现24小时开通，救助工作人员接报后30分钟即抵达现场，确保每名流浪人员"应救必救"。在每年出现极端天气时，市救助站还会派出专业社工轮流到罗湖区、福田区、盐田区、南山区等流浪者聚集地，主动寻找需要帮助的流浪乞讨人员，为其送上衣物、食品、药品等物资，劝导他们到救助站寻求帮助。2017年灾害天气期间，全市共庇护、救助457人次，市救助站"情暖鹏城"街面应急救助项目发现并劝导流浪乞讨人员903人次，未发生一起流浪人员冻死、病死、饿死街头事件。深圳街面应急救助制度的快速响应，吸引了包括香港特别行政区在内的40多个城市来深"取经"。而根据深圳"9+3"民政重大公共设施规划建设规划，市救助站改扩建工程、市社会救助安置院等项目已动工，同时还将推动现有宝安、龙岗两个区级救助站升级，推动龙华区、坪山区、光明新区新增3个区级救助站，提高深圳的救助能力。

（2）对困难群体的临时救助。深圳救助站以"救急难、避风寒、供住宿、寻亲人、助返乡"为职责，可提供一年最多两次，每次上限为10天的免费食宿。"来了深圳就是深圳人"，深圳已经连续开展12届"爱心福彩——资助来深建设者春节返乡"活动，深圳福彩爱心大巴、爱心火车的线路驶向全国14个省67个城市，累计投入福彩公益金2 650万多元，资助48 500多名来深建设者返乡，来深建设者关爱基金运行11年来，累计资助重病来深建设者及其子女超过1.85万人次，累计资助人民币超过1.92亿元。2017年底，深圳出台《实施困难群体临时救助暂行办法》。该办法明确规定，持有效居住证的非深户居民可以向辖区街道申请临时救助，视情况获得2～12月最低生活保障标准的补助，原则上一年最多可以申请两次。如果不是深户也没有居住证,困难群体还可以通过市民政局和市慈善会共同搭建的"寻找需要帮助的人"项目或其他慈善机构,申请"雪中送炭"救命钱。

（3）巨灾救助。2013年9月,当时保监会批复深圳作为全国巨灾保险的首批试点地区之一。2013年12月30日,《深圳市巨灾保险方案》经深圳市政府常务会议审议通过,率先在全国建立巨灾保险制度。2014年5月,深圳市民政局与人保财险深圳市分公司正式签署《深圳市巨灾救助保险协议书》,标志着深圳巨灾保险制度正式进入实施阶段。深圳市政府每年拨付财政资金作为保费为深圳市行政区域范围内的所有自然人购买巨灾救助保险,以确保受灾者在遭遇15种灾害及次生灾害时获得不低于特定限额的损失补偿（以人身伤亡救助费用为例,每人每次灾害限额为10万元,每次灾害总限额为20亿元）。同时,根据《深圳市巨灾保险方案》,深圳市成立了巨灾保险工作联席会议制度,对深圳市巨灾保险方案进行集体领导和决策,并对保险公司和第三方评估公司进行业务监管。

二、社会保障发展取得的成就与不足 ▷▷

（一）社会保障发展取得的伟大成就

从对社会共济与自我保障相互关系的处理方式看,世界各国的社会保障制度可以分为社会共济主导型、自我保障主导型、并存型和组合型等形式。深圳作为中国改革开放的"领头羊",在市场和政府力量的共同作用下,40年来,以实行社会共济与自我保障有机结合为总原则,根据深圳职工的收入以及特定的社会环境等实际状况,借鉴国际国内的经验,力图把社会共济与自我保障有机结合起来,对深圳的社会保障制度进行了一系列大胆的探索和创新,走出了一条不同于世界各国的新路,基本上实现了从单位到社会的市场化发展。迄今为止,深圳已建立起了多层次的社会保障体系,深圳建立了比较完善的基本养老保险、基本医疗保险、工伤保险、失业保险、生育保险等社会保险体系,以及以老年人、儿童、残疾人、居民最低生活保障为主的社会福利和救助制度,建立了具有深圳特色的新型多层次的社会保障体系。

1. 自我保障式普惠发展型的社会保险政策已建立

深圳的社会保险采用了自我保障加普惠均等化的发展方式,在北上广深四大一线城市中,深圳的社会保险覆盖率最高,尤其是养老保险覆盖率和医疗保险覆盖率明显领先。2017年,深圳养老保险参保人数为1 134.25万人,养老保险覆盖率达到90.54%;医疗保险参保人数为1 396.11万人,医疗保险覆盖率达91.87%[①]。其层次、性质、完善程度均领先全国。

表9-1　2017年末深圳市参加各类保险人数

指　　　标	参保人数/万人	比上年末增长/%
城镇职工基本养老保险参保人数	1 133.53	10.2
城乡居民基本养老保险参保人数	0.79	6.1
城镇职工基本医疗保险参保人数	1 151.01	5.3
城镇居民基本医疗保险参保人数	245.10	23.3
失业保险参保人数	1 089.49	6.2
生育保险参保人数	1 160.57	6.4
工伤保险参保人数	1 100.68	1.6
其中:异地劳务工工伤保险年末参保人数	926.83	−0.6

资料来源:深圳统计局。

2. 社会福利体系已扩大化

经过二十几年的探索和快速发展,深圳的社会福利建设已经取得了相当不错的成绩,逐步形成了符合广大人民群众需求、具有深圳特色的社会福利体系。

(1)在老人照料方面。深圳坚持的是"全民同等覆盖"和"使用时免费享受服务"两项基本原则。

(2)在残疾人福利方面。残疾人民生得到明显改善,残疾人福利保障

---

① 数据来源于2017年深圳市公报。

在全省乃至全国都处于较高水平。但我们也应该清醒地认识到,深圳市残疾人事业仍滞后于经济社会发展,残疾人总体生活状况与社会平均水平之间还存在较大差距;残疾人社会保障和社会福利制度还不健全;残疾人工作体制机制不够健全,国家化水平有待提升。

（3）在儿童福利方面。① 初步建立了适度普惠的儿童福利制度;② 社会力量成为儿童福利建设的重要力量;③ 健全了儿童福利保障网。深圳市还在探索建立未成年人社会保护"监测预防、发现报告、帮扶干预"联动反应机制,构建覆盖全市未成年人的社会保护网络,推动建立"以家庭监护为基础、社会监督为保障、国家监护为补充"的监护制度。除了政府的政策之外,深圳还在大力引进社会力量,坚持政府和社会力量"两条腿走路",正在探索孤儿社会养育新模式,试图将孤儿交给除福利院以外的其他社会福利机构代养,并定期回访。此外,深圳也将探索引入更多社会力量投入未成年人保护、困境儿童帮扶等领域。

3. 保障公民"生存权"基本理念已制度化

深圳以最低生活保障为主的社会救助水平在全国处于遥遥领先地位。深圳市 2017 年的低保标准为每人每月 900 元,低保标准处于国内大中城市领先水平。同时,为了确保低保群众的基本生活能够随着经济社会发展水平同步增长,深圳市建立了低保标准与城市经济社会发展水平和居民消费价格水平相适应的自然增长机制。

4. 管理机制体制方面

深圳市委、市政府历来对深圳的社会保障管理工作高度重视。早在 2004 年 3 月,深圳市就组建了劳动和社会保障局;同年 5 月,设立深圳市社会保险基金管理中心（简称社保中心）;2007 年 4 月,社保中心更名为社会保险基金管理局。

在信息化管理方面,深圳市社会保障一直走在前列。深圳是第一个建立数据中心,采用社会保障集中式管理,第一个建立网站,实现社会保险网上申报的城市。2004 年,深圳市建立和完善了市、区、镇三级工伤保险计算机联网,实施无纸化管理和便民服务模式。2006 年,深圳市开始整合各项网上服务,推出"网上办事大厅"。2012 年,深圳实施了人事和社保信息协同共享模式,深圳市行政机关聘任制公务员和事业单位新聘人员参保直接在网络经办即可,实现机关、事业单位和社会之间的无障碍交流。如今,深圳市社会保险信息系统已发展成为一个集政府管理职能、社会化服务功能、金融管理模式为一体的综合性管理信息系统。

2017年2月,深圳市建立社会福利和社会救助联席会议制度,形成由民政部门牵头、各区和各有关部门各负其责的社会福利和社会救助政策综合协调机制,确保社会福利和社会救助精准化衔接。深圳市社会保险管理体制的这些改革是成功的,它改变了社会保险多头管理、多层次管理的乱象,有利于加强监督管理,提高了工作效率和服务质量,保证了社会保险基金的安全增值。

自我保障式普惠发展型社会保险政策的确立,社会福利制度体系的扩大化,保障公民"生存权"基本理念的制度化,是深圳社会保障40年发展的主要特征。它表明了深圳社会保障制度伴随深圳经济的飞速发展,经过了不断改革和完善,日趋走向成熟,也彰显了深圳社会保障制度建设的国际视野。深圳的社会保险走的是自我保障加普惠型发展道路,而社会福利和社会救助采取的是分类瞄准式发展道路,即采用的是分人群实施,但保障公民"生存权"的理念渗透在每一项制度中,社会福利和救助体系均呈扩张趋势。普惠型的社会保险与分类瞄准型的社会福利与救助相结合,形成了深圳的自我保障与社会共济相结合的机制。

(二)社会保障发展存在的问题

尽管深圳的社会保障事业已取得较大成就,但是,问题与成就相伴相生。深圳社会保障体系还是存在诸多不足,具体表现为以下方面。

1. 社会保障能力和水平,与当前实际的经济发展水平和发展阶段不相符

由于深圳市有关部门对城市实际人口数量从来没有一个准确的说法,使得政府和研究机构都无法准确客观地判断深圳社会保险的覆盖面。根据有关机构对南山区招商办事处的抽样调查,有1位以上成员没参加基本养老保险的家庭占家庭总户数的48.5%,其中户籍居民占26%;有1位以上成员没有参加失业保险的家庭占家庭总户数的48.2%,其中户籍居民

占32.4%；有1位以上成员没有参加基本医疗保险的家庭占家庭总户数的42.7%，其中户籍人口占25.4%。南山区作为深圳经济比较发达的中心城区，其情况尚且如此，其他各区的社会保险覆盖情况可能更糟糕。

再者，深圳现行的社会保障制度尚未涉及遗嘱保险和残障保险，这是一个制度缺失。现行的保险规定是：一旦被保险人亡故以后，他的个人账户必须被一次性领取。其实这种制度设计是不合理的。因为投保者投保的很大部分原因是想保障其个人和家庭生活，但是现在个人账户被一次性领取后，其家属就享受不到这种保障了。另外，长期护理保险目前也只是处在摸着石头过河的试点阶段，没有确定的制度模式。

2. 社会保障体系以户籍为界，覆盖面有限，未能充分体现公平原则

深圳是一个人口结构严重倒挂的城市。根据《深圳市2017年国民经济和社会发展统计公报》，截至2017年末，深圳常住人口为1 252.83万人，常住户籍人口为434.72万人，仅占常住人口的34.7%，常住非户籍人口为818.11万人，占常住人口的65.3%[①]。户籍把深圳人割裂为两大群体，拥有深圳户籍的人群可以享受到比较好的社会福利和社会保障，而800多万非深圳户籍的常住人口被隔离在社会安全网之外，这部分人群在社会保障体系中没有获得公平的待遇。

比如，目前深圳市设立的地方补充养老保险项目只允许深圳户籍员工参与，而将占已参加基本养老保险的三分之二以上非户籍的员工排斥在外。又比如，深圳市目前的三档基本医疗保险的设置，政府规定，深圳户籍户口员工必须参加一档医疗保险，而非户籍员工可选择二档或三档，这种规定人为地造成了非户籍员工与户籍员工的医疗保险水平差异。再比如，最低生活保障是救济部分收入难以维持其基本生活需求的群众的社会救济，是城市最基本的社会安全网。深圳最低生活保障制度不仅把三分之二以上的常住人口排斥在外，造成严重的社会不公平，而且对户籍人口的最低生活保障也不是全覆盖的，不符合国家建立最低生活保障制度的基本

---

① 深圳统计局.深圳市2017年国民经济和社会发展统计公报［EB/OL］.（2018-04-17）［2018-09-30］.http://wap.sz.gov.cn/sztjj2015/xxgk/zfxxgkml/tjsj/tjgb/201804/t20180416_11765330.htm.

要求。《宪法》规定，"中华人民共和国公民在年老、残疾或失去劳动能力的情况下，有从国家和社会获得物质帮助的权利"。2017年，深圳的最低生活保障标准为900元/月，尽管在全国各地标准中位居前列，而且低保对象还可享受相应的教育救助、医疗救助、住房救助、一次性救助和临时救助以及就业援助和法律援助等，但是这一标准与深圳的经济实力和政府财政地位相去甚远。根据国家统计局深圳调查队的家庭抽样调查显示，2017年深圳居民年人均可支配收入为52 938元，如果按照国际通行的计算方式，贫困标准在社会平均收入中位线50%以下，那么深圳2017年的贫困线理论上应该是52 938*50%/12≈2 205元，深圳当前的低保标准900元/月仅相当于当年居民人均可支配收入的40.82%，属于偏低贫困线，意味着相当一部分需要得到援助的低收入居民仍然被排除在社会救助范围之外。就业援助理念也存在同样的问题。现有的就业援助制度和援助项目仅仅面向户籍人员，已经进行失业登记的非户籍员工都无法享受。这显然违背了公平正义的社会基本原则。

3. 社会福利和社会救济建设落后于社会保险制度

深圳社会保险的"五大支柱"已经基本建立并在逐步完善，而社会福利和救助项目的推进则有些"残缺不全"。

一是深圳的社会福利和救助制度惠及的并不是所有在这个城市工作、生活和学习的社会成员，而是按剩余型原则，主要针对的是拥有深圳户籍的老弱病残、贫困家庭和灾民等特殊群体，这与国家要求的建设适度普惠型社会福利制度的目标背道而驰。目前深圳的社会福利服务建设还处于刚起步阶段，各领域的服务项目比较少，离人民群众对社会福利的期盼和要求还有一大段距离，尤其是离人民群众对医疗福利和教育福利的需求相去甚远。

二是社会福利和社会救助体制机制方面也存在一定的问题。如深圳的医养融合制度，因为具有探索性和试验性，加上试点的开展时间有限，因此医养融合制度还存在着不够完善的地方。如养如何与医衔接，相关管理办法和实施细则尚未出台。

三是社会福利和救助财政支出仍然较少。国际上，一般会依据"社保投入"系数对社会保障水平进行排名，即政府对社会保障的补贴支出、对社会福利救济和抚恤的财政支出占政府财政总支出的百分比。深圳在 2017 年的财政支出为 4 549 亿元，政府在社会服务事业中的总支出为 29.180 5 亿元，其中在社会保障方面的支出为 14.093 2 亿元（包括抚恤支出 1.056 亿元，社会福利支出 6.956 1 亿元，社会救助支出 3.462 2 亿元，城市低保支出 0.569 3 亿元，直接医疗救助支出 0.090 7 亿元，资助参加基本医疗保险支出 0.042 9 亿元，临时救助支出 1.916 亿元），因此社保投入系数只有 0.31%[①]，不仅远低于北京、上海等城市，而且在全国其他城市中也是较低的。诚然，衡量一个国家或城市的社会保障水平，最主要的衡量指标应该是退休人员的养老金水平、失业居民失业救济金的水平和城市的最低生活保障线水平，但社保投入系数的高低也反映出政府在社会福利服务方面财政投入的高低。与深圳的雄厚财力相比，深圳政府在社会福利服务和社会救助方面的财政支出偏少是个不争的事实。

四是社会福利传输机制有待完善。目前，深圳市对社会组织的发展较为关注，并通过多种方式给予其发展的空间。但与此同时，政府与民间福利机构又缺乏互动整合，政府在很多领域实行大包大揽的政策，既充当服务的监管者，又充当社会福利的直接供给者，没有真正的放权给社会，实际上压缩了社会组织机构发展的空间。目前，深圳的社会救助主要还是依赖政府的物质救济，这种狭隘的救助理念容易养成福利惰性，如何在社会福利的输出与递送领域内明确政府与社会的职责，是目前亟待解决的一个重要问题。

4. 社会保障管理机构还需加强

社会保障涉及众多主管部门，虽然深圳成立了社会福利与救助的联席会议制度，但因为不是一个统筹管理机构，未能形成系统的社会福利和社会救助部门体系，终究在协调上存在很大困难。究其原因，社会保障涉及民政、教育、卫生、住建、人力资源保障等政府部门及老龄委、妇联、残联等群团组织，各相关职能部门和群团组织都在各自职能范围内主管社会福利和社会救助事务，它们的职责既有重合也有交叉。此外，虽然建立了联席会议制

---

① 数据根据 2017 年深圳市民政局统计季报计算得出。

度和福利服务平台,但仍缺乏社会福利服务体系的信息监测制度、信息报告和反馈制度。

三、对策与建议 ▶▷

在庆祝深圳改革开放40周年之际,回顾分析深圳社会保障制度的发展历史,对进一步将深圳乃至全国的社会保障制度建设推向新的历史阶段,具有重要的现实意义。

党的十九大报告指出:"我国社会主要矛盾已经转化为人民日益增长的美好生活需要和不平衡不充分的发展之间的矛盾。"要求"坚持在发展中保障和改善民生";"必须多谋民生之利、多解民生之忧,在发展中补齐民生短板、促进社会公平正义。在幼有所育、学有所教、劳有所得、病有所医、老有所养、住有所居、弱有所扶上不断取得新进展,深入开展脱贫攻坚,保证全体人民在共建共享发展中有更多获得感,不断促进人的全面发展、全体人民共同富裕"。但由于社会保障制度涉及范围广,牵涉每个人的切身利益,要想把这项制度改革顺利推向深入,必须认真研究,解决难点、重点问题,注意处理好各种关系,积极、稳妥地推进。对此,党的十九大报告对保障和改善民生制度的主要内容提出了指导意见:优先事项是"人民最关心最直接最现实的利益问题";水平是"保障群众基本生活,不断满足人民群众日益增长的美好生活需要";保障方式或实现路径是"坚持人人尽责、人人享有,坚守底线、突出重点、完善制度、引导预期,完善公共服务体系"。

作为政府的一项基础性职能,社会保障增强了深圳市政府管理和服务居民的能力,也促进了城市的和谐,但是深圳的社会保障制度在发展过程中还是存在许多需要改进和完善的地方。从政策环境和责任主体来说,深圳社会保障制度的发展与改革受诸多因素的影响和约束。有些问题因为受国家大环境和全国性政策体制的约束,在国内带有普遍性,有些问题是深圳自身的体制、政策导致的。社会保障制度的建设,不仅是经济发展的结果,而且对经济发展和城市治理有促进作用。我们有必要将深圳社会保障制度建设与深圳经济发展、城市治理关联起来。社会保障改革的目的,除了为经济体制改革创造良好的社会环境外,更深远的意义就是提高人民总体生活质量,增强国家治理能力,保证社会稳定发展。

发达国家的经验表明,社会保障制度可以帮助国民树立国家认知,同时强化国家的基础性权力。因此,在深圳城市治理现代化过程中,要善用社会保障、民生政策等工具,选择和做大做强基本民生政策项目,增强居民的获得感和幸福感,从而提高市民对国家的认知,强化国家的基础性权力。

首先,深圳社会保障制度在满足市民基本社会经济权利的同时,需要增强市委、市政府的基础性权力,特别是在人口管理、收入管理和公共服务管理方面的能力。深圳特殊的人口结构,使得深圳市有关部门对深圳实际人口数量究竟是多少从来没有一个准确的说法,因此,深圳市政府第一步要做的是尽快知晓深圳每个区以及家庭的人口变化情况。

其次,深圳社会保障未来的发展目标是适度普惠型福利社会而非福利国家。社会保障是建立在经济基础之上的,经过近 40 年的高速发展,深圳的经济实力在全国位居前列。截至 2017 年,深圳 GDP 总量位居全国第三,达到 2.2 万亿元人民币,人均国民收入在全国排名第一,达到 18.31 万元人民币,全年全市人均可支配收入为 5.293 8 万元,按照世界银行定义的高收入经济体的标准,深圳已经是高收入的经济体(见表 9-2)。

表 9-2　2007 年与 2017 年深圳
GDP、财政收入、居民人均可支配收入、平均工资数据比较

	2007 年	2017 年	增长倍数	年均增长
GDP(亿元)	6 801.57	22 438.39	3.30	12.68%
财政收入(亿元)	658	3 332	5.06	17.61%
居民人均可支配收入(元/年)	24 301	52 938	2.18	8.10%
社会平均工资(元/月)	3 233	8 348	2.58	9.95%

注:GDP 年均增长指的是名义 GDP 增长。
资料来源:张思平.2017 中国改革报告——改革在路上(内部研究报告)[R].2017.

雄厚的经济实力给深圳社会保障制度的发展提供了强有力的支持,促使深圳社会保障水平不断提升。但社会保障的发展不能高于经济的发展。

福利国家不是深圳未来的目标,深圳未来的目标应该是适度普惠型福利社会。

（1）社会保险。在保证高参保率的同时,适当降低社保缴费的比例,完善社会保险体系。目前,深圳户籍员工五险缴费比例为工资总额的32.8%（其中工伤保险按四档0.63%的基准费率计算）,2017年社会保险实际征收为1 330.88亿元,支出为394.21亿元,当年结余为936.67亿元①。过高的缴费比例将给企业和员工个人带来沉重的负担,建议适当降低社保缴费比例,达到既可减轻企业和个人负担,也可以完全满足深圳社保基金可持续发展的目的。

（2）社会福利。要健全社会福利体系。第一,继续增加社会福利项目。深圳市未来社会福利体系的基本框架可以借鉴香港模式,继续增加社会福利项目。深圳的社会福利体系仍然以资金与服务两类项目为主,资金类项目主要涵盖原有福利体系中以家计调查为基础的社会救助项目,新增不需家计调查的部分津贴项目;服务类项目以社区家庭、妇女、儿童、老人为重点服务对象,为居民个人和家庭提供"一站式"社会服务。第二,扩大社会福利覆盖面,完善福利项目,逐步扩大人群的覆盖范围。将覆盖人群先从弱势群体扩展到社会上有困难的群体,然后再扩大到社会边缘群体,继而扩展到青少年等社会一般人群,最终达到覆盖深圳市全体社会成员,包括户籍人口与非户籍人口。第三,逐步加大政府财政支出的同时,还应广开经费来源,发挥市场和社会的作用,探索建立多层次、多元化的社会投入机制,放宽基本公共服务投资的准入限制,鼓励和引导社会资金参与福利事业发展。

（3）社会保障体系。健全社会保障体系,增强其内部的功能耦合。最低生活保障是最后一道社会安全网,其负担的大小取决于其他保障项目功能的发挥,因此完善养老保险制度,落实最低工资标准,扩大失业保险的覆盖面,协调最低工资、失业保险金和最低生活保障标准之间的比例关系,能有效减轻最低生活保障的负担,也为非户籍人口进入最低生活保障创造条件。

---

① 深圳市人力资源和社会保障局.深圳市2017年12月社会保险情况概述［EB/OL］.（2018-01-23）［2018-09-30］.http://www.sz.gov.cn/szrbj/xxgk/tjsj/qttj/201801/t20180123_10 684490.htm.

　　（4）社会保险基金。实行社会保险基金政府运作与市场运作的结合。截至2017年底，深圳市的社会保险基金业已累积了5 409.481亿元。如何保值增值是深圳市社会保险基金所面临的重要问题。从长远来看，社会保险基金应以市场运作为主，政府负责监控，形成一套既有效率又较为安全的机制。要实现以市场运作为主，还需具有必要的条件。

　　（5）进一步提升社会保障管理机构的治理能力。不断增加的社会保障责任也赋予政府分配更多的财政资源的权力，对社会保障相关管理组织和机构的治理能力提出了更高的要求。深圳市社会保险实行市、区、街道三级垂直管理：市社会保险基金管理局在罗湖、福田、南山、宝安、龙岗、盐田和光明7区分别设有分局作为派出机构。未来，深圳需要构建全市社会福利统筹管理平台。以市、区社会工作委员会为统筹部门，全面梳理各级部门的福利政策，打破由各部门自行制定和推出福利产品的格局，建立由多部门组成的社会福利联系协调机制，统筹推进社会福利体系建设。研究制定综合性社会福利政策体系，建立社会福利信息统计制度、行业准入制度、服务标准制度和评估监督制度。而信息技术的进步，社会机构的积极参与，政府购买服务机制的完善，为深圳社会保障管理机构治理能力的跨越式提升提供了可能。

第十章

深圳城中村治理40年

王大威　李雪姣①

① 王大威,社会学博士,深圳大学城市治理研究院副教授;李雪姣,深圳大学城市治理研究院硕士研究生。

深圳市自国务院批准改县设市至今刚好40年。深圳市是中国改革开放伟大实践的直接成果,也是中国城市发展史上的奇迹。在短短的40年间,它的人口已是开埠百余年的国际金融中心之一的香港的近两倍,其GDP基本上与香港持平。深圳是中国人均GDP和GDP总额最高的城市之一。40年间,深圳从默默无闻的偏远渔村快速转型成为一座国际化大都市。在2017年联合国人居署发布的《全球城市竞争力报告2017—2018》中,深圳市的城市综合竞争力在全世界入围城市中高居第六位,在中国各城市中排名最高①。深圳市所取得的成就是有目共睹的,它发展的关键在于其强大的创新能力和对外来人口的包容能力。而深圳的城中村治理在其发挥了重要作用。

正因为城中村对快速增长的人口的吸纳能力,深圳才可以发展得更快。在缓解住房压力方面,深圳城中村的"农民房"的确立了大功,最起码绝大多数外来打工者来了就可以在市区内的各个城中村中找到了一个可供落脚的空间。正是因为城中村的存在,深圳的发展高速没有受到城市住房供应瓶颈的制约。城中村可以提供的租赁住房数量要远大于主流市场的租赁房源。由城中村所形成的"出租之城"让人人都可以有寻找深圳梦的机会。但是经过40年的发展,城中村的很多问题也不断涌现出来。城中村需要治理,尤其需要现代化的手段和方法来治理。当前,深圳市对城中村的治理模式无论是市场化的城市更新改造,还是以企业牵头的物业管理都比较成功。深圳市城中村治理的关键在于渐进式的改造和融合。

一、 深圳城中村的发展:从自然村到城中村 ▶▶

中国的城中村现象首先在20世纪80年代出现在广东。在广东,普通城

---

① UN-HABITAT, CASS. Center for city and competitiveness: the global urban competitiveness report［EB/OL］.（2017-11-01）［2018-09-30］. https://unhabitat.org/wp-content/uploads/2017/.../GUCR2017-2018-Short-Version.pdf.

市居民都对城中村有基本的认知,他们对城中村的了解就如同对隔壁小区一样熟悉。相反,在北方各省,城中村的概念还不是特别普及。尽管目前绝大多数中国城市都存在城中村。在快速城市化的过程中,部分城市周边甚至城市内部的分散村落变成了城市管理的灰色地带。部分城中村早期经常存在管治权模糊的问题。在整个珠三角区域,深圳是城中村最具规模的城市。

深圳市的城中村曾经是自然村。尽管深圳经常被诟病为一个没有历史与文化的地方,但是深圳的人类持续定居史有 6 000 年之久。深圳市的自然村来源非常多元,它们大体可以按照语言(方言)和历史移民迁徙潮来划分。由于受到晋朝末期、唐朝末期长时间政治乱局的影响,我国南北方的农村社会发展已经出现了较大的差异。这一时期,在北方绝大部分地区,宗族文化和祠堂文化都受到了大规模的破坏,反而是长江以南的广大区域由于在历次历史大变局中都因地理上的优势而得到缓冲,南方绝大部分区域在两千年历史中比较妥善地维护了当地的农村社会文化传统。同时,在维护传统宗族文化方面,五岭以南的广东则要比全国其他地区做得更好。这是一种历史的必然。因为在多次"衣冠南渡"的路径中,广东都是最后的落脚点,再往南就已经离开中国进入南洋了。受到五岭、珠江、莞宝山脉几道天然地理屏障保护的珠江三角洲平原地区的优势是得天独厚的。坐落在珠三角地区最南方的深圳则是更加特殊的存在。深圳的村庄都受到了时间与空间的眷顾,可以继续保留着非常经典的华南式传统村庄形态。深圳的村庄包含广东的三大民系,有扎根广东两千年讲广东话(白话)的广府人,有晋末、唐末、晚清陆续迁徙到这里讲客家话的客家人,也有讲闽南语系方言(潮州话、福佬话)的少数村落。其中部分村庄还是 1949 年后迁移至此的潮汕知青聚居所形成的新村。丰富的语言与民俗文化让深圳成为广东方言文化异常多元的地区。

早期的深圳不存在城市,只有自然村。除了两条类似于商业集市的"墟市"(东门、南头)和类似军事堡垒的大鹏所城,深圳不存在任何类似于城镇的建筑群。城市化的基本指标是人口的分类,而当时深圳所在的宝安县 95% 以上的居民都是农民,他们的基本生产活动是务农。所以这些农民所在的一个又一个的定居点就是农村。在古代和近现代,深圳隶属于不同名称的县郡级地方政府,自明朝以来被命名为新安,自民国以来被改名为宝安。1949年以后,深圳本地的农村长期由宝安县管辖。在20世纪60年代,很多村落被划分为各种生产大队。在改革开放初期,这些大队又重新合并为村。

　　深圳虽然不是鱼米之乡,但也不是不毛之地或者人烟稀少的荒原。在建市之前,宝安县的人口曾经高达30万人,放在同时期全国任何地域来说都不是人少的县①。当改革开放这一重大国家经济政策被中央批准后,中央政府决定在宝安这块土地上建立深圳经济特区和后来的深圳市。自诞生的那一天起,深圳经济特区和深圳市就肩负着重要的历史任务。深圳是一座崭新的城市。在中央政府强有力的政策支持下,深圳市开始了大规模的基建建设工程。早期的大量城市用地是深圳市政府从各个村的村集体手中低价购买过来的,但是深圳市没有买下所有的村集体土地。这也为后来深圳市城中村发展埋下了伏笔。当市政府大力建设那个主干道上"三天一层楼"的崭新城市时,另外一个深圳也同时出现了。这个深圳不是某种地下城,而是一个由村民自建形成的深圳。在西方城市学的术语中,这个深圳是一个非正式(informal)的深圳;而另一个由深圳市政府牵头建设的深圳则是一个主流的(mainstream)深圳。这两个深圳的建设是同时进行的。村民自发参与到了深圳的城市化进程中。所以,当我们首次发现这些分散在深圳市中心的各个村时,我们很难将它们定义为村。这里早已没有农田,而是有6或8层楼的公寓楼建筑群。这些后来被称为农民房的村民自建建筑群就是现在的城中村。

　　为什么村民建楼是一个很有趣的问题?因为快速的城市化过程,导致村民已经无法继续农业生产了。早期的深圳虽然不是鱼米之乡,但是盛产花生、甘蔗、红薯等低价值经济作物。改革开放后,深圳本地的村民非常有战略眼光地选择了另外一种"经济作物"——"楼"。"耕楼"成为大部分深圳本地村民的主业。这里可能存在非常大的市场诱因。由于深圳城市发展过快,市内住房非常紧缺。早期援建深圳的工程兵部队可能有自己的简陋

---

① 深圳市史志办公室.深圳改革开放纪事(1978—2009)[M].深圳:海天出版社,2009:48.

竹制工棚,早期来深的政府人员有自己的单位住宅小区,早期招商引资的合资厂都有自己的员工宿舍。但是,计划永远赶不上变化,主动脱离单位体制铁饭碗来深圳"淘金"人口的数量永远大于市建"正规"住房的承受能力,再加上早期的各种户籍登记壁垒,大量早期来深人员面临无房可住的问题。在这种情况下,村民的出租屋是不错的选择,甚至直至今日都是不少第一次来深圳的人的不错选择。当然,以往的户籍壁垒已经由高房价所替代了。一些在城中村住的人,不是因为没有房源或者户籍限制,而是因为买不起而且也租不起那些在"主流深圳"的房源。

　　城中村的出现和持续存在是各种经济与社会因素在快速城市化过程中互动的必然结果。这个必然结果可以从两个层面来解释。首先,在快速城市化过程中产生了大量的城市管理权和土地所有权划分混乱的现象。这个现象在深圳尤其明显。深圳市内的城中村不是分布在城市的边缘,它们往往散布在市中心。在各种"中心大厦"下面就有城中村。深圳市并没有将宝安县原村民的土地全部收购,只是大部分收购。很多村保留了大量集体土地,而这些集体土地按照《宪法》和《中华人民共和国土地法》是由村民集体拥有和管理的①。所以在早期建市时,深圳市政府与散布在深圳各区的城中村村集体出现了城市管理权限划分混乱的现象。部分城中村在早期的深圳并不能够完全接受市政府的领导,反而坚持村集体自治。这种现象在 1992 年后才得到缓解,因为当时绝大部分村集体组织已经由村股份公司所代替了。其次,深圳市的各种城中村村民集体非常强大。华南尤其是岭南一带的农村,在农村宗族文化发展方面要强于中国其他地域。深圳至今还是一座遍布农村祠堂的城市。尽管绝大部分城中村、原自然村已经成为以股份公司为主导的集体,但是乡村的宗族文化,那种以血脉和姓氏绘制成的关系网络和社会阶层至今影响着深圳的村集体②。这种特殊社会文化背景在改革开放后孕育出了非常有组织能力的原村民集体。这些原有的自然村,在经历了多次历史浪潮的洗礼后,至今仍然可以对个体村民发挥着非常

---

① 《宪法》第九条第一款;《土地管理法》第八条第二款。

② WANG D. Urban village in the new China: the case of Shenzhen [M].New York: Palgrave Mcmillan, 2015: 50-55.

强大的影响力。还有一点值得注意的是,深圳与香港的村落有非常紧密的血缘关系。香港的侯氏、黄氏、文氏、庄氏与深圳几个单一姓氏大村都是同祖同宗的。因此,深圳市原自然村可以利用两地村落间的亲密血缘关系面向香港招商引资。由此我们可以看出,深圳市的原自然村要远比其他普通农村集体更特殊。

二、深圳城中村的扩张与转型 ▶▶

自从1979年深圳市开启城市化的那一天起,深圳的原自然村村民也同步开始了他们的城市化。原村民所开启的自我城市化的确就如同西方学者所言,是一种非正规的(informal)城市化过程。在深圳,当主干道上的深圳市在飞速发展时,这个非正规的"城中村深圳"也在飞速扩张。

在20世纪八九十年代,深圳市原自然村的村民开启了他们的自建高潮。"三天一层楼"的速度也同样出现在城中村中。一栋又一栋的村民自建公寓拔地而起。几乎所有的城中村都没有完全按照市政有关条例向住建部门申报建筑面积、建筑高度、建筑密度等数据。城中村的村民们也没有严格按照规定申请建筑许可。大量的非正式建筑就这样由村民自建而成。从个体村民立场来看,这些竖立在各自宅基地上的自建建筑当然是越高、越密越好。高密度的自建出租公寓可以转化为利益最大化的租赁收入。所以,一时间城中村成为深圳市居住密度最大的地方。

在20世纪80年代,唯一限制村民建筑规模和密度的因素是个体村民用于自建住宅的资金规模。普通村民无法在自己的宅基地上兴建高楼大厦。所以部分村民请的是廉价的施工队伍。这也为后来深圳城中村的建筑质量埋下了隐患。深圳很多城中村村民自建建筑都存在海砂房的问题。在逐利优先的环境下,绝大部分的村民自建行动是没有科学统筹规划的。城中村内没有小区,也没有绿化。每一寸土地都被改造为可以收租的公寓,甚至连楼与楼之间的小径都被收窄为行人无法双向并行的道路。这就出现了后来的"握手楼"和"亲嘴楼"现象。由于城中村内建筑密度过大,楼距过于狭窄,有的地方出现了所谓的"一线天"现象,即因为楼距过窄而出现的常年无阳光的小径,在白天依然需要电灯来照明。经过20年的村民自建狂潮,深圳市的城中村基本成型。城中村成为深圳市的一种特殊城市状态。

城中村的扩张为流动人口提供了居住空间,而流动人口的大幅度增加不可避免地为深圳市增加了不少治安方面的问题。在20世纪90年代,深圳市一直是广东省乃至全国治安最差的城市之一。珠三角地带的广州、东莞、深圳长期都是全国城市治安排行榜的倒数三位。深圳市治安问题的突出诱因就是市内大量存在的城中村。同时期的东莞和广州的很多治安问题也是出自城中村。这个问题也非常容易解释。城中村原村民受利益驱动会优先选择把房子租出去而不会认真登记租给了什么人。长期依赖户籍登记来进行治安管理的中国城市公共安全系统,很难适应这种忽然出现而且变化不断的新型城市"三不管"地带。收保护费和群殴现象在20世纪90年代的深圳城中村时有发生。各种发廊、按摩室、钟点酒店都存在大量不合法经营问题,甚至存在涉毒现象。当然对市民影响最大的还是城中村内部及周边出现的偷窃和抢劫问题。城中村那种非常狭小、终日无光的环境很容易为偷窃和抢劫制造条件。

毋庸置疑,城中村对深圳市的整体市容造成了巨大的负面影响。城中村的"黄赌毒"都是事关市民生命健康和财产安全的巨大社会问题。深圳市是一座力争成为国际化大都市的示范型中国城市,而城中村的脏乱差则成为深圳市市容提升的阻碍。在诸多方面,深圳近年来已经跻身中国一线城市的序列。当然,深圳市的目标远不只是跻身国内一流城市。深圳市要力争成为像香港那样对周边区域乃至国际形成较大影响力的国际化大都市。但是这样的国际大都市不只需要一流的基建、开放的投资环境、对多元文化的包容能力,也需要良好的市容市貌。当前深圳市近五分之一的建筑面积是城中村。深圳市的城中村还与中国其他地区(除珠三角之外)的城中村不同。深圳并不存在数量繁多的城边村。绝大多数深圳市的城中村是散布在城市各主要行政区。也就是说,深圳市的中心区罗湖、福田、南山都存在各种各样的城中村。深圳很多地标型建筑都崛起于城中村的土地上。曾经是深圳第一高楼的京基100就是从深圳市罗湖区的蔡屋围村拔地而起。同样,经常举办大型展会的深圳市会展中心的对面就是皇岗村。从香港进入深圳的福田和皇岗口岸紧挨着渔农村和水围村。这些重要的地标型建筑物和关键公共设施往往与各种城中村隔街相望。随着时间的推移，部分城中村的脏乱差现象的确与深圳市崭新的现代化基建项目变得越来越不协调。

一直以来，由于城中村各种弊端的长期存在，无论是政府还是学界都不看好城中村的未来。如《未来没有城中村：一座先锋城市的拆迁造富神话》一书认为，深圳市的城中村只是一种城市发展的阶段性现象，是不可能长存的①。但很有趣的是，时至今日，深圳尽管已经成为一座没有农村的城市，但它仍然是一座遍布城中村的城市。城中村之所以可以在深圳长存，很大程度上受益于各村在20世纪90年代初期进行的转型，从村集体、村委会向村股份公司的转型。确切来讲，村委会和村股份公司是互不相关的。一个是村级的治理组织，一个是代表村民集体利益的经济组织。自1992年起，由深圳市政府和各区政府牵头，深圳市的各个自然村都成立了各自的村股份公司，管理各村（城中村）辖区内的土地和经济活动。本来这一举措是为了让各村尽早融入城市的统一管理中，由各街道办和居委会来代替以前的村委会。这可以被看作是一种带有缓冲和过渡作用的权宜之计，让村民自发组织的村股份公司来协助村民集体适应新变化。在城中村内，村股份公司放弃了社区管理的政治权利，但肩负起了维护村民集体经济利益的责任。

纵观全国一、二、三线城市各种类型的城中村村股份公司，只有在珠三角一带是成功运作的。在整个广东省，以深圳和广州市的城中村村股份有限公司最为成功。长期以来，中国的农民群体或多或少是受歧视的，不少人认为农民是落后的，没有文化的，是无法实现自我管理和治理的群体。然而，在很多环节上，我们往往严重低估了农民的集体智慧。华南地区尤其是珠三角地区的农民由于受宗族文化传统的影响，不少具有较强的领导能力。这里的村集体不是自私自利仅有小农意识的团体，而是带有宗族凝聚力的

---

① 南方都市报.未来没有城中村：一座先锋城市的拆迁造富神话[M].北京：中国民主法制出版社,2011.

社会集体。可能正是这种宗族意识使得深圳本地的农民可以在自然村、生产大队和股份公司的跨时代巨变中应对自如。1992年，基本上深圳市所有的原自然村、城中村都成立了自己的村股份公司，而这些村股份公司可以根据各村内部剩余的土地资源进行再开发。深圳市城中村曾经遍地是小厂房。在"三来一补"加工制造业发展的大潮中，深圳市的城中村其实是与整个城市的生产模式处于同步状态的。

三、深圳城中村的治理与更新 ▷▷

步入2000年后，深圳市城中村最大的安全隐患已经不是20世纪90年代人为犯罪的治安问题，而是大量村民自建房的建筑质量问题和消防安全问题。在"强区放权"的背景下，深圳市各区都开展了针对城中村治理的行动，开始清除大量城中村内有明显安全隐患的建筑。作为非正式建筑，城中村村民自建建筑本身就非常脆弱。城中村早年建筑潮中的监管缺失导致大量村民自建建筑密度过大，"楼望楼"和"握手楼"大量存在。这些过密的建筑最大的问题不是影响美观，而是存在巨大的火灾隐患。如龙岗舞王大火事件就是发生在城中村边缘上的歌舞厅。2008年9月20日，位于深圳市龙岗区龙岗街道的龙东村发生了因派对庆祝人员向天花板射烟花所引发的大规模火灾事故。舞王歌舞厅其实是村民自建楼改造而成的。该场所没有任何正式的经营许可和防火措施。截至2017年，虽然深圳市已经大规模启动了城中村天然气到户的管道工程，但是深圳市内还有部分城中村区域依然使用煤气罐。大量煤气罐在城中村内运输和更换，满载煤气罐的摩托车经常在城中村楼宇间的窄道上飞驰。煤气罐的大规模使用为城中村内的公寓添加了大量不可控的火灾风险。每到年底，随着气温骤降，城中村经常会发生因空气不流通和煤气泄漏所引发的一氧化碳中毒事件。此外，深圳市的城中村内还在很长一段时间里存在煤气罐黑作坊。很多城中村居民会贪便宜购买私自充填的黑市煤气罐，这些黑市煤气罐由于缺乏监管在质量方面存在很大问题。

除了火灾，深圳市的城中村尤其是原特区关外与关内边境上的城中村经常出现"插花地"危房和危险建筑问题。"插花地"一词首先出现在深圳，本来是指深圳关内与关外各区之间边境线上的行政规划模糊的地带。后来"插花地"大多是指那些坐落在二线关边境上的城中村地带。"插花地"上的城中村要比深圳关内的城中村更加混乱，因为它本身就处于某种行政管理的真空地带。但深圳市的"插花地"城中村又别具特色，经常出现沿山和沿土坡而建的危楼。这些危房危楼对山体滑坡毫无抵抗之力。2016年，时任深圳市委书记的马兴瑞曾经多次到访深圳周边的"插花地"城中村，并强调要下大功夫对这些区域的危房进行整改。此后，深圳市"插花地"城中村的危房现象得到了很大程度上的改善，部分散布在罗湖区、龙岗区、坪山区的"插花地"城中村危房被彻底清除。2015年12月，深圳市爆发了非法堆填区泥石流滑坡掩埋事件。在该起事故中，被掩埋的还是建筑质量相对过硬的工厂宿舍。类似事故要是发生在城中村自建建筑中，可能会造成毁灭性打击。2017年11月8日，深圳市政府六届九十八次常务会审议并通过了《深圳市城中村综合治理2018—2020年行动计划》。该行动计划在三年内对全市1 600多个存在危房和其他市容问题的城中村进行综合整改，彻底消灭全市范围内城中村中依然存在的各种安全隐患。

土地资源一直是各城中村股份公司握在手里的一张王牌。时至今日，深圳已经成为一座土地资源极其匮乏的城市。深圳市的土地储备形势甚至要比香港还要严峻。尽管城中村经常被认为是各种城市社会问题的根源，但不可否认的是，城中村杂乱、密集的建筑群下还存在着一定规模的土地资源。大量的土地被封存在各个城中村中，而且部分土地的地理位置非常优越。在没有新增填海或中央政府允许行政区域扩张的情况下，城中村占地的再次利用和再次开发成为深圳市未来城市发展的重中之重。当然，与20世纪80年代相比，目前已经不具备进行大规模廉价购地条件了。如今的城中村都是寸土寸金，单纯靠市政府的力量来更新这些土地功能已经不太可能。当前，深圳市采取的是与房地产商共同开发的模式。房地产开发商无论是国有的还是私营的都冲在了城中村更新改造的第一线。

2000年以后，由于土地资源的匮乏，与城中村相关的城市更新项目成为深圳市的优先发展项目。深圳市市中心的多个城中村都在2000年同时开始了大型的城市更新项目。完成这些城市更新项目绝对不是件容易的事。城中村土地的开发都涉及不同层面的利益博弈,往往相关的城中村城市更新项目都会产生巨大的资金消耗。在市民法治意识和维权意识日益增强的当今,城市拆迁一直饱受争议。无论是深圳最高建筑之一京基100所在的蔡屋围村,还是深圳市近年来最大的城市更新项目所在地岗厦村,拆迁协议的达成都不太容易。在深圳,被拆迁的村民差不多会得到原来住房面积1.3倍的新房作为补偿。很多村民非常乐意搬出他们已有数十年楼龄的自建建筑,从而搬进开发商为他们准备的回迁房。

深圳市各式各样、大小不一的城中村,一直都是不同类型房地产商发展起步的地方。大型的房地产企业如万科、金地都是从深圳城中村走出来的。深圳市最大的民营房地产开发商京基集团靠的是早期在梅林一带承包城中村内的村民自建项目而起家的。不少房地产商现在依然在做与深圳城中村相关的项目。当今深圳市城中村的更新改造已经是整个城市未来发展的希望。与城中村相关的城市更新不能再仅仅是一个又一个的商业化豪宅楼盘,而必须体现某种新的城市价值和新的城市发展理念。在这些方面,深圳市房地产开发商与本地村民集体村股份公司的合作是非常成功的,也是双赢的。深圳市没有那种千城一面的克隆式城市综合体,每一个与城中村相关的城市更新项目都会尽最大努力保存原自然村的文化特色。在华润集团开发的万象天地高端城市综合体项目中,原大冲村的庙宇、祠堂、村民广场被保留了下来,大冲村的名字没有被巨大的城市综合体所掩盖。

高房价是当前全国一、二线城市所面临的重大难题。由于经济与就业资源的过度集中,中国部分城市的人口激增,城市密度越来越大。长期以来,很多城市对土地经济高度依赖,间接地抬高了各地的地价。深圳市目前已经成为全国房价最贵的城市之一。高房价提高了外来移民进入的门槛。深圳市那句宣传语“来了就是深圳人”,已经被调侃为“有房才是深圳人”。当前政府的主导性政策是鼓励老百姓租房,但是受传统安居观念的影响,多数老百姓还是想自购房产。在这个日益买不起房的“主流”深圳,也产生了另外一种城中村住宅现象——小产权房。

就如同城中村现象一样,小产权房最早出现于深圳。小产权房的特殊意义来自其名称中的"小"。这个"小"并不是指面积小。通俗来说，小产权房并不小，只不过不正规，没有法律保障，不能在正规房产市场上流通。小产权房没有正式商品房的红本产权证，只有村民集体用房、长期居住非商品房的绿本产权证。小产权房在城中村的出现，也代表着村民已经不再选择物业出租作为其收入的唯一来源。一般来讲，小产权房并不是城中村内单纯性出租的村民自建楼宇，它有着某种商品房的特色，而且在住宅质量和环境上有明显的提升。

在深圳城市更新中还产生了大量因为拆迁专门补偿城中村原村民的回迁房。这些回迁房，往往就建在拆迁项目旁边。在某些方面，部分回迁房和小产权房非常类似。尽管在法律层面，回迁房普遍被政府规划所认可，是为城市更新而兴建的新住宅建筑。但是在深圳，很多回迁房也同样不能在市场上正常流通，因为这些回迁房的业主只有绿本和补偿合同，而并不拥有商品房的红本产权证。很多深圳市的城中村原村民将回迁房用于出租，但是也有村民试图将回迁房直接卖掉，而这种回迁房的买卖则与小产权房的交易流程非常类似，是没有法律保障的。

笔者近期走访了深圳市关内罗湖、福田、南山三个CBD中心区的小产权房和回迁房物业。对当前这些城中村的出租物业的价格和内部环境进行了初步了解。给笔者印象比较深刻的是罗湖区黄贝岭村（城中村）的深业东岭项目。该项目是由深圳市深业集团承包的旧城改造项目。从表面上来看，深业东岭是黄贝岭村最大而且最亮丽的项目。黄贝岭村的位置非常优越，毗邻罗湖区政府和文锦渡口岸（往香港），基本上在罗湖中心区偏东。部分深业东岭楼宇密度非常高，一梯十户，楼层数高达44层。由于是城中村的改造项目，该项目的建成楼盘分为有产权的外销楼盘和回迁房两种。外销楼盘有红本产权证，均价高达每平方米7万元。回迁房是给原村民的补偿房，对外没有市场价格。黄贝岭村原村民一般拥有多套因拆迁补偿而得来的回迁住房。有村民将部分回迁房出租，三室一厅的月租金在8 000元左右，而两室一厅月租金在6 500元左右。这种小产权房的租金价格是远高于其他城中村村民自建公寓的。如果做一个简单的对比，在福田中心区的福田新村，两室一厅的城中村单元的租金在4 000元左右，在深圳市皇岗村和下沙村,城中村大户型单元(两室一厅)的基本租赁价格也在 4 000 元左右。但是区别在于,在这种小产权回迁房中,有物业管理,有水、电、天然气、保安和电梯等配套设施。这些配套设施在其他城中村普通出租住宅中是没有的。笔者也走访了深圳市南山区白石洲的部分小产权房,部分非常精致的小产权房如同长租酒店公寓一般。当前深圳市的小产权房在质量上明显高于普通城中村住房。部分在销售的小产权房已经达到了平均 1.5 万元/平方米~2 万元/平方米的价格,相当于当前深圳市商品房均价的三分之一左右,与部分二线城市的平均房价接近。

当前城中村小产权房的买卖是深圳市城中村的一种新现象。至今,小产权房还未获得合法身份。但是呼吁小产权房合法化的声音不时地出现。很多人认为,由于深圳市长期房价过高,小产权房合法化和市场化是一种必然趋势。但是自小产权房出现的第一天起,深圳市政府还没有采取将其合法化的任何措施。部分城中村村民公开在城中村内开设小产权房展销处。在深圳,尽管小产权房不能在市场上正式流通,但是有关小产权房的交易却异常火爆。在高房价的深圳,小产权房的火爆是可以理解的。尽管主流房产交易市场不承认小产权房,但是小产权房在各个城中村内流通无碍。小产权房的出现,也让我们看到了城中村住宅整改成为现代化长租公寓的可能性与可行性。

四、深圳城中村的新发展与新治理 ▶▶

党的十八大以后,深圳在城中村治理方面开启了具有创新性的尝试。深圳市在全国率先开展了城中村的物业管理实践,由村股份公司牵头将物业管理外包给专业的物业管理公司。在此之前,深圳市城中村的村民自建收租楼宇的日常管理都是由各个村民家庭负责。一般由收租的村民家庭负责楼宇中所有维修、水、电、防火、保安、租户登记等事务。当然一般村民最关心的是收租,对真正意义的物业管理并不是很上心。在城中村内,村民的出租房都是"各扫门前雪",很少有村民愿意为楼宇周边的街道整洁负责。城中村的出租房变成了一个又一个的孤岛。整合型的片区或小区物业管理在城中村中不存在。很多城中村楼栋没有直通大闸的呼叫与开锁系统，楼宇大闸有时一推就开。为了节省成本，很多村民根本不在自建楼宇中聘用保安或清洁员，部分城中村楼宇连夜灯都没有。所以在城中村内，各种出租建筑的物业管理水平参差不齐。有的建筑因为长期低效管理，很快就与危房无异。很多老龄化的自建房楼宇急需专业化保养。

在这种情况下，深圳市率先提出了对城中村实行外包物业管理实践。而这种外包物业管理与城市更新一样，是以一种市场化、企业化的形式出现的。部分房地产开发商开始在与城中村相关的项目中承担起社会责任，有的试图与城中村股份公司合作保护、维护当地的乡土文化，有的则直接介入城中村管理之中。

万科集团是一家诞生和成长于深圳的房地产开发企业。尽管万科的项目已经遍布全球，但是万科的总部一直在深圳。除了在低碳住宅建筑技术方面的不断创新之外，万科集团是第一个开启协助城中村物业管理的企业。万科旗下的万村发展集团已经在深圳20多个城中村开启了专业化物业管理的项目。

万科旗下的万村发展公司的一个重要项目是位于深圳市福田南园街道的玉田村。在村股份公司的带领下，玉田村的村民集体主动将物业管理的职能外包给了万科万村发展公司①。玉田村就像深圳市很多其他关内城中村一样，是一个富村而且位置极为优越。玉田村离全国最大的电子零配件交易中心华强北只有一公里的距离。因此，村民的房子从来不缺租客，很多从外地到深圳的电器商贩喜欢在玉田租房。自2017年9月开始，万科万村发展公司对村内绝大多数村民的自建收租楼宇物业进行了统一管理。实行统一的物业管理后，玉田村的基本面貌得到了较大提升，街道变得更为整洁，商品房住宅小区类型的物业管理服务已经覆盖了整个玉田村的绝大部分区域，路边的餐饮和杂货店在消费档次方面也得到了提升。现代化的物业管理手段和方法，让玉田村已经从其他深圳城中村中脱颖而出。万科万村发展公司不只给玉田村带来了外观和消费层次上的改善。更为可贵的是，万

---

① 佟艳婷，温银妮.福田打造城中村物业管理新标杆［N］.深圳晚报，2017-10-10.

村发展公司也将最新式的现代化物业管理方法应用于玉田村的管理中。玉田村已成为深圳市第一个以大数据作为管理支撑平台的城中村,城中村普遍存在的问题在大数据的协助下变得更容易管理。大数据在城中村管理中的应用不仅是治安管理,还可以及时向居民和租客提供物业服务,各种维修和清洁都可以及时得到专业化团队的协助。从前各扫门前雪的城中村出租楼宇被大数据网罗在了一起。

万村发展有限公司是万科集团旗下的城中村专业改造公司和物业管理公司。万村发展公司在 2017 年才刚刚成立,单纯从其承包的项目来看,它既不是一家纯粹的物业管理公司,也不是负责拆迁的项目公司,其所到之地并没有出现大动筋骨的大规模拆迁行为,而是对深圳市内的部分城中村进行了微改,对部分危房进行了维修。万村发展公司对部分村民自建房屋的外观进行了集中整改,启用了现代建筑常见的外墙和窗户美化修饰手法。同时,万村发展公司还对城中村楼栋周边的街道进行了改造,让部分城中村容貌上了一个台阶,做了很多单一原村民家庭无法独立完成的事。部分媒体认为,万村发展公司把城中村单元“魔改”成了新潮的长租公寓①。

目前,万科万村发展有限公司已经在深圳市龙岗区坂田街道新围仔村、深圳福田上步街道玉田村、宝安区航城街道九围社区等 20 多个城中村,开启了这种颇具深圳特色的城中村治理实践,力图打造一村一特色、一村一规划的新型城中村社区。房地产开发企业也可以是城中村协同治理的参与者。类似于万科这种财力雄厚的特大型房地产企业在物业管理、建筑成本、建筑维修方面都是颇具经验的。它们对城中村的治理的逐步介入,比单一的政府管理更有成效,并且也符合现代城市企业化管理的思路。

五、城中村的价值 ▷▷

城中村最重要的价值是其有大量的现成租赁房源和土地开发潜力。2018 年,深圳市城中村总面积约为 320 平方公里,占城市总面积(1 997 平

---

① 徐强.城中村如何变身长租公寓? 万科打造“样板工程”[N].读特新闻,2018-01-03.

方公里）的六分之一左右。但是,深圳城中村村民自建住房却占据了整个深圳市总租赁市场70%的房源,是租赁市场最重要的供应主体之一①。绝大多数城中村租赁单元比普通小区单元更为简陋,但是在价格上有绝对优势。城中村的土地开发潜力和大量现成租赁单元将是未来深圳市城市发展最重要的治理领域。围绕城中村的拆与改将是深圳市城市未来发展的重中之重。如果改得好,城中村内的现有房源本身就可以与当前国家鼓励租房的住房政策相呼应。城中村的物业化改造尽管会略微提高租金,但在全市范围内又为整体的租赁市场进行了质的提升。毛坯型农民房将会越来越少,反而是拎包入住的城中村长租公寓会越来越多。深圳市的城中村大多位置非常优越,镶嵌于各个主要CBD中心区之间,城中村的单元从来不缺租户。当城中村环境被大幅度改善后,更多的白领或初到深圳打拼的年轻精英也会非常愿意住进城中村里。这样,城中村就可以为深圳解决因高房价问题所带来的人才进入瓶颈问题。

城中村其实是深圳城市发展的特色产物。对于城中村的评价不能片面化。城中村的确存在很多问题,但是城中村也有其内在价值。深圳经常被人称为是一座没有文化的城市,一座没有历史的城市。但事实恰恰相反,深圳也有自身独特的历史和文化。深圳虽然紧靠香港,但没有受到香港文化过多的影响,基本上是在原有的华南宗族乡村社会的基础上发展而来的。这座自诩没有农村的城市其实从来没有脱离自身的乡村文化。直至今日,只要略微留意深圳市的地铁线路图,我们会发现绝大多数地铁站的站名都是原有乡村的名字。这些村从没离开这座现代化国际大都市,而是大隐于市,与这座城市共同成长。

深圳市城中村的一个重要价值在于它是深圳市历史与文化完整传承的一条纽带。没有了城中村的深圳将是一座没有根的城市。正是因为城中村的存在,深圳的过去、现在与未来被连接在了一起。城中村是深圳这座城市的集体记忆,记载了深圳如何从村进化为城的完整过程。原村民是与深圳共同长大的。在深圳主干道之间一个又一个带着"村"字的地名,并不单单

---

① 李斌.深圳:商业用房可按规定改建为租赁住房[N].南方日报,2017-10-23.

是历史,而是一种真实的存在。在我国其他特大城市,往往城中村会被城市发展彻底淹没,甚至连名字都没有留下。深圳不是一座没有文化的城市,深圳的文化和历史恰恰可以在各个城中村中找到。深圳市城中村的原村民们选择了担当,主动肩负起了维护地方文化传承的责任。深圳是全国最早出现村民自建博物馆的地方之一。深圳市的皇岗、水围、岗厦和下沙村都分别建立了纪念原村民文化的村民博物馆,而且全部免费对外开放,由村股份公司出资维持。

无论城市怎么变化,深圳的城中村村民是不忘祖、不忘根的,他们继承了中华民族最优秀的家国情怀。尽管村民们已经脱离了农业生产,但是不少影响了中国两千多年的习俗至今还保留在这些被称为城中村的村落中。每逢重要节日,城中村的原村民就会举行重大的习俗活动。

从宏观历史层面来看,中国城市近40年的发展是中国几千年城市发展史中的一个巨变时期。这种因为快速城市化所引起的巨变深刻地影响着中国城市在21世纪的发展走向。习近平总书记在《福州古厝》的序中曾经说道:"保护好古建筑有利于保存名城传统风貌和个性。现在许多城市在开发建设中,毁掉许多古建筑,搬来许多洋建筑,城市逐渐失去个性。在城市建设开发时,应注意吸收传统建筑的语言,这有利于保持城市的个性。"① 城市发展不能仅仅是大拆大建,不能老是搞一些"奇奇怪怪的建筑物"。珠三角一带的城中村现象虽然可能在外表上比较混乱,但是它们是当地文化和历史的完整传承。城中村这种属于原村民的城市空间创造也就是众多西方学者所提到的草根城市,一种由下至上的城市空间创造②。在2015年底的城市工作会议上,中央政府提出了直至2020年全面改造棚户区和城中村的目标。这里值得注意的是,中央所提出的是改造而不是彻底清理或清除。所以,城中村、城边村的改造将是中国快速城市化发展下的大问题。如何让城中村、城边村等城市灰色区域和谐地融入城市中去,将是未来中国城市治理的一个创新点。如果将所有城中村彻底清除,这会破坏一座城市的历史

---

① 曾意丹.福州古厝[M].福州:福建人民出版社,2002.

② CASTELLS M. The city and its grassroots: a cross-cultural studies in urban social movement [M]. Berkeley: University of California Press, 1983.

与文化脉络。目前还有很多不同类型的古厝、古庙、祠堂是保留在城中村之中的。

在深圳市,大量的城中村(原自然村)目睹了完整的农村城市化过程。村民们在改革开放后的40年里与他们所在的城市共同长大,共同经历城镇化。尽管外表混乱、社会管理和治安问题繁多,但在某种程度上,城中村还承担着很多无法被替代的功能,它们是城市新移民的"落脚点",是城市强劲创新动力的源泉。在土地资源日益短缺、城市更新不断进行的今天,高房价已经成为中国城市的通病。近年来,政府提倡大力发展租赁单元而不是商品房。但是在深圳,租赁房源的供给还是远远赶不上需求。就业资源的过度集中和市内文化娱乐、公共服务资源的分布不均导致深圳成为关内与关外完全不同的城市区域。绝大部分第三产业、服务业的就业资源在关内,而加工制造业在关外。没有人愿意每天花上几个小时在路上,但是绝大部分廉租房和经济适用房都是在远离市中心的关外。在这种情况下,城中村的存在还是有价值的,因为城中村在关内与关外均有大量分布。

2017年,深圳成为住建部首批进行"供地主体多元化、推行大规模租伊赁住房供应"的试点城市之一。深圳再次将目光转向了城中村。城中村里有土地,城中村里还有大量现成的出租公寓。就此深圳市的策略从以前的"拆"转向了"改"。改造要比拆迁更有效率。深圳市提出了"允许城中村综合整治并改造成租赁住房"的政策性方针①。城中村再次变成了解决人口增长与住房短缺瓶颈性难题的解决之道。最后,我们还是要回到城中村对深圳40年城市发展与治理的贡献上。城市不是建筑的集合体,而是非农业人口的聚集体。人才的聚集让城市有未来,有希望。现任万科董事会主席郁亮曾经这样总结道:"深圳第一批建设者有两个特点,住过城中村,丢过自行车。"②很多来深打拼、创业的精英有着类似的经历。不可否认,城中村早已成为深圳精神的一部分。城中村让"来了就是深圳人"这句宣传语有实现的空间。

---

① 深圳市政府办公厅.关于加快培育和发展住房租赁市场的实施意见(深府办规〔2017〕6号).
② 冀鹏茜.直击房企业绩会 大佬举止各不同[N].国际金融报,2018-04-02(14).

后 记

　　本书是由深圳大学城市治理研究院同仁共同完成的。深圳大学城市治理研究院成立于2016年9月,是深圳大学整合"创新型城市建设与治理研究中心""当代中国政治研究所""社会管理创新研究所"等科研机构成立的直属学校的实体性研究机构。目前,研究院有"创新型城市建设与治理研究中心"(广东省协同创新国家级重点培育平台)、"当代中国政治研究所"(广东省普通高校人文社会科学重点研究基地)、"党内法规研究中心"(广东省普通高校人文社会科学重点研究基地)三个省级重点研究平台,拥有政治学一级学科硕士点、政治传播学二级学科博士点。

　　研究院以中央关于加强城市工作的战略部署为导向,立足珠三角城市群和粤港澳大湾区,关注城市治理中的重要理论和实践问题,以坚持研究对象的"本土化"特色和争取研究成果的"全球化"意义为主要特点,致力于打造城市理论与实践研究的学术高地,为城市治理体系和治理能力现代化提供理论支撑和政策供给,力争成为城市治理研究领域具有广泛影响力的高端新型智库。从2017年开始,深圳大学城市治理研究院与上海交通大学中国城市治理研究院开展了广泛的合作交流,并签署了合作备忘录,这本著作就是其中的合作成果之一。在此,衷心感谢上海交通大学中国城市治理研究院给予我们的大力支持,感谢吴建南常务副院长、张录法副院长、韩志明院长助理以及其他学界同仁的关心和帮助。感谢上海交通大学出版社,尤其是徐唯女士及相关人员在本书审稿、校对、出版等方面的辛勤付出。

　　谨以此书,献给深圳改革开放40周年!

深圳大学城市治理研究院

2018年9月12日